rororo

Hilde ist ein Mini-Goldendoodle aus Westfalen. Von ihrem Vater, einem Zwergpudel, hat sie eine gewisse Eitelkeit geerbt, was ihre Frisur anbelangt. Hildes Mutter, eine Golden-Retriever-Dame, hat ihrer Tochter ein stoisches Gemüt, eine robuste Gesundheit sowie eine angenehme, leicht unterdurchschnittliche Menge an Intelligenz vermacht. Hilde ist pflegeleicht, aber sie bellt Frauen mit großen Handtaschen an und trägt bei feuchter Witterung eine schockierende Minipli.

Ildikó von Kürthy ist Journalistin, nicht pflegeleicht und lebt mit ihrem Mann und ihren beiden Söhnen in Hamburg. Wenn sie nicht auf Grünstreifen nach Hundekot sucht, schreibt sie Bestseller. Ihre Romane und Sachbücher wurden mehr als sechs Millionen Mal verkauft. Bei feuchter Witterung sieht Frau von Kürthy nicht viel besser aus als ihr Hund.

«Wann immer sich im Leben von Frau von Kürthy etwas tut, wird ein Buch daraus. Das ist erfreulich, weil Ildikó von Kürthy einfach unfassbar unterhaltsam schreibt. Neben entzückenden Lästereien zieht sich aber auch ein ernster, manchmal fast weiser Ton durch das Frauchen-Buch.»
Hamburger Morgenpost

Ildikó von Kürthy

Hilde

Mein neues Leben als Frauchen

Sehnsucht an der Leine, Irrsinn auf der Hundewiese
und spätes Glück mit Gassibeutel

Mit Illustrationen von Nicole Iwanov

Rowohlt Taschenbuch Verlag

Veröffentlicht im Rowohlt Taschenbuch Verlag,
Hamburg bei Reinbek, Mai 2019

Umschlaggestaltung zero-media.net, München,
nach einem Entwurf von FAVORITBUERO, München
Umschlagabbildung Frank Grimm
Satz aus der Scala, InDesign,
bei Dörlemann Satz, Lemförde
Druck und Bindung
GGP Media GmbH, Pößneck, Germany
ISBN 978 3 499 63296 9

Der Wunsch, ein Tier zu halten, entspringt
einem uralten Grundmotiv – nämlich
der Sehnsucht des Kulturmenschen nach
dem verlorenen Paradies.

Konrad Lorenz

Für Imperator

PROLOG

Oder wie alles vor 266 Hundejahren mit einem plötzlichen und schrecklichen Ende seinen Anfang nahm.

Vielleicht begann es an diesem frühen Sommermorgen, als ich auf die Terrasse hinaustrat und mich wunderte.

Ich war elf, und es war kurz nach sieben. Ich brauchte einen Moment, um zu bemerken, dass etwas anders war als sonst.

Ich trug einen dünnen Schlafanzug und unansehnliche Pantoffeln. Der Himmel war wunderbar blau und ein Versprechen auf einen weiteren heißen, herrlichen Junitag.

Das war mir selbstverständlich egal.

Soweit ich weiß, interessieren sich Kinder nicht für das Wetter, für die Anmut grüner Bäume in der Morgensonne, für Schwalben in weiten, klaren Höhen oder sonstige Naturphänomene. Hauptsache, es regnet nicht. Kindheit entsteht ja erst aus den retuschierten Erinnerungen von Erwachsenen, die dann Dinge sagen wie «Früher gab es noch richtige Sommer», «An Weihnachten hatten wir immer Schnee» oder «Wie unbekümmert wir doch damals waren!».

Ich bemerkte an diesem Morgen jedenfalls nichts von meiner kindlichen Unbekümmertheit und der erwähnenswert lauen Luft, sondern fragte mich lediglich, warum ich nicht, so wie sonst, angemessen begrüßt wurde.

«Mara!»

Ich rief sie einige Male.

Nichts.

«Mara!?» Meine Stimme wurde lauter und energischer, und schließlich schob sich eine schwarze Nase kurz aus dem verwitterten, ehemals grünen Hundehäuschen heraus, um sofort wieder darin zu verschwinden.

Das war seltsam.

Mara und ich hatten zwar keine innige Beziehung zueinander, denn sie war die Blindenführhündin meines Vaters und völlig auf ihn bezogen, dennoch behandelte sie mich stets mit der herablassenden Freundlichkeit, die man als geborener Opportunist der Tochter des Chefs nun mal entgegenbringt.

Üblicherweise kam sie morgens träge mit dem Schwanz wedelnd aus ihrer Hütte hervor, wenn ich frisch und ausgeruht, wie elfjährige Menschen morgens eben sind, nach ihr rief, streckte die verschlafenen Glieder, leckte mir aus Pflichtbewusstsein kurz die Hand, um dann ins Haus zu trotten und sich auf die Suche nach dem einzigen Menschen zu machen, der ihr wirklich etwas bedeutete.

Die Führhunde meines Vaters, es waren vier im Laufe von dreißig Jahren, haben meine Mutter und mich stets wie geschätztes Personal behandelt. Wir durften ihnen den Pansen servieren, die Haare bürsten und ab und zu eine Zecke aus der Haut ziehen. Nennenswerte Emotionen wurden an uns nicht verschwendet. Echte Hundeliebe gab es nur für Herrchen.

«Mara!» Ich rief noch einmal. Aber Mara ließ sich nicht mehr blicken.

Ich streifte meine Pantoffeln ab, kroch in die Hütte hinein, tastete im Halbdunkel herum und fand ein winziges, viel zu kurzes Glück.

Der Welpe, den unsere Hündin Mara im Sommer 1979 zu Welt brachte, war von Anfang an mein Hund. Ich war der erste Mensch, der ihn sah, der ihn berührte, meine Stimme war die erste, die er in seinem Leben hörte, und es sollte auch die letzte sein.

Er war, wie ich, ein Einzelkind, was bei Hunden vergleichsweise selten vorkommt, und so war Maras Schwangerschaft von uns allen unbemerkt geblieben. Sie hatte mir dieses Hundekind völlig unvermutet direkt in meine Hände hineingeboren, und es war für mich wie ein Geschenk des Himmels, mit dem eine neue Zeitrechnung begann.

Die Zeit mit ihm.

Bei der Namenswahl für den Hundejungen sollte sich meine angehende humanistische Bildung zum ersten Mal bezahlt machen. Ich besuchte das in Ehren verstaubte Kaiser-Karl-Gymnasium in Aachen und ging in die sechste Klasse, die Quinta, wie wir alten Römer zu sagen pflegen. Latein gehörte zu den Pflichtfächern, und wir begrüßten unseren Lehrer mit «Salve, Magister!». Auch wenn ich, altsprachlich gesehen, bereits zu diesem frühen Zeitpunkt eine auffallende Missbegabung zeigte, wählte ich für meinen Welpen dennoch einen Namen, den ich aus dem Schulbuch «Roma I» kannte und der mir würdig genug erschien, meinen großartigen, kleinen Hund durch sein Leben zu begleiten: «Imperator».

So nannte ihn dann letztlich jedoch nur mein wenig später, als die erste Fünf im Zeugnis drohte, eilig engagierter Latein-Nachhilfelehrer. Alle anderen sagten «Impi».

An dieser Stelle möchte ich bemerken, dass das kleine Vermögen, das meine Eltern in meine Nachhilfestunden investiert haben, ausgesprochen schlecht angelegtes Geld war. «Mater clamat, pater vocat.» Dieser Satz ist der einzige, der mir nach neun Jahren Lateinunterricht in Erinnerung geblieben ist. Und wahrscheinlich ist der auch noch falsch.

Ist es nicht absurd, dass wir immer noch ein Schulsystem haben, in dem die Schüler angehalten sind, dort am meisten zu lernen, wo sie die schlechtesten Noten haben? Was für ein ungeheurer Energieverlust! Wie viel Lebenszeit habe ich mit Mathe und Latein verbracht, ausgerechnet den Fächern, die ich am meisten ablehnte. Hätte ich doch mehr Klavier gespielt, mehr Englisch gesprochen, ein Pferd gepflegt und Malunterricht bekommen, statt an einem nichtssagenden Abi-Durchschnitt zu feilen, den nach der Abschlussfeier niemanden mehr interessiert hat. In Mathe bin ich über ein «gerade noch ausreichend» nie hinausgekommen.

Schnell stellte sich heraus, dass unter den Rüden aus der Nachbarschaft nur einer als der uneheliche Erzeuger unseres Nachwuchses in Frage kam. Mein Imperator hatte den schönen, eleganten Kopf seiner Schäferhund-Mutter und ihre wohlgeformte, lange Schnauze. Jedoch sein kurzes braunes Fell sowie die entzückenden Schlappohren stammten eindeutig von dem Boxer vier Häuser weiter. Der hieß «Eros» und hatte in dieser Angelegenheit seinem Namen alle Ehre gemacht.

Impi war der erste Hund in unserer Familie, der keine andere

Aufgabe hatte, als ein Hund zu sein – mein Hund. Mara und ihre Vorgängerin Mackó – ungarisch für Teddybär, ein ganz und gar unpassender Name für diese humorlose, pflichtbewusste und ehrfurchteinflößende belgische Schäferhündin – waren als hervorragend ausgebildete, erwachsene Tiere zu uns gekommen, die meinen Vater sicher durch die Stadt führten, an jedem Bordstein und an der Ampel stehen blieben, die ihn um Hindernisse herumbugsierten und sich durch nichts und niemanden von ihrer Aufgabe ablenken lassen durften. An ihrer Arbeit hing schließlich ein Leben, das meines Vaters, der am anderen Ende des Geschirrs ging und dem nichts anderes übrigblieb, als sich, blind, wie er war, auf sie zu verlassen.

Diese Hunde kamen mir ernst und würdevoll vor, und abgesehen von ihrem offen zur Schau getragenen Desinteresse an mir war ich bis dahin wohl auch noch zu jung, um das Zusammensein mit ihnen bewusst genießen zu können. Ich legte zwar ab und zu meinen Kopf auf ihren Bauch, fühlte mich aber eher geduldet als gemocht. Unsere Hunde waren rund um die Uhr im Dienst.

Mein Impi dagegen hatte immer Freizeit. Er war übermütig und auf freundliche Art ungehorsam. Er grub den Garten um und rannte mich vor Freude über den Haufen. Er schlief neben meinem Bett und verabschiedete den Tag stets wahlweise mit einem wohligen Seufzen oder einem lauten Pups.

Mein Leben, das mir vorher nicht leer vorgekommen war, war plötzlich auf eine ungeahnte Weise erfüllt. Ich konnte es nicht erwarten, aus der Schule zu kommen, um mit meinem Hund im Garten zu toben, ihm beizubringen, Pfote zu geben, oder einfach neben ihm im Gras zu liegen, seinen weichen hellen Welpenbauch zu kraulen und so glücklich zu sein wie noch nie.

Impi liebte alle Menschen. Er war noch kein Jahr alt, als er daran starb.

Ich war nur einen kleinen Moment lang unachtsam an diesem Nachmittag. Ich trat aus der Haustür, und Impi huschte bestens gelaunt an mir vorbei. Voll überschwänglicher Zuneigung und mit wehenden Schlappohren rannte er auf die Straße, um dem Auto meines Onkels zu folgen, der sich gerade verabschiedet hatte.

Ich rannte hinter ihm her. Ich rief ihm nach: «Impi, komm zurück!» – und womöglich wollte er zum ersten Mal in seinem Leben gehorchen, denn er wandte sich mitten im Lauf um, und ich könnte bis heute schwören, dass er mir zugelächelt hat. Bloß das entgegenkommende Auto, das hat er dabei übersehen.

Zehn Minuten später war die Tierärztin da, um meinen Hund, noch auf der Straße liegend, einzuschläfern. Sein Schädel war gebrochen, aber er hatte keine äußeren Verletzungen und keine Schmerzen. Er lag friedlich auf der Straße und schien es mir nicht übelzunehmen, dass er sterben musste, weil ich nicht gut genug auf ihn aufgepasst hatte.

Ich weinte, ich rief seinen Namen. Und mit einem freundlichen, leichten Heben seiner Schwanzspitze nahm er Abschied von mir und von seinem schönen, kurzen Leben.

Mein Vater und ich fuhren Impi in einer Schubkarre die wenigen Meter zu uns nach Hause zurück. Am nächsten Morgen war sein Körper steifgefroren und mit Raureif bedeckt. Wir begruben ihn im Garten, und für mich begann eine neue Zeitrechnung.

Am Valentinstag 1980.

Die Zeit ohne ihn.

Oktober

✷

Das letzte Kind hat Fell: endlich ein Mädchen!

✷

Wie ein Hund nach Hause kommt und
ein neues Leben beginnt

✷

Kot auf dem Kelim, schlaflose Nächte,
getrocknete Kaninchenohren,
Übergriffigkeiten in der Welpengruppe
und sehr große Zweifel,
ob Träume immer wahr werden sollten

✷

38 Jahre später:

3. Oktober

ORT: A 1. Die Autobahn zwischen Hamburg und Köln. Ich blicke in zwei aufgeregte kleine Gesichter im Rückspiegel. Meine Söhne sind ungewöhnlich still. Diesmal, das spüren wir alle, könnte es ernst werden.
GEMÜTSZUSTAND: Bang, gebannt, gespannt, aufgeregt, froh und unsicher. Wird sich in wenigen Stunden eine uralte Sehnsucht erfüllen? Kurz denke ich an einen Sommermorgen vor grob geschätzten tausendfünfhundert Jahren. Ein Kind in einer Hundehütte. Ein Welpe auf dem Schoß. Und dann: ein toter Hund in einer Schubkarre, ein Grab vorne im Garten gleich bei den Forsythien. Mein Gefühl sagt mir, dass wir auf der Rückfahrt einer mehr sein werden.

Noch dreihundert Kilometer. Man kann mir wirklich nicht vorwerfen, dass ich zu Spontanhandlungen neige. Ich habe mir 38 Jahre Zeit gelassen.

«Ich habe nur noch zwei Hündinnen. Sie müssen sich beeilen. Am besten, Sie kommen gleich morgen früh», hatte der Züchter aus Castrop-Rauxel gesagt, als ich vorgestern Abend bei ihm anrief.

Morgen!? Nach all den Jahren und all den Zweifeln erschien mir das dann doch recht schnell, um nicht zu sagen, übereilt.

«Wir sind absolute Hundeanfänger», rief ich aufgeregt und deutlich zu laut in den Hörer. «Ich habe zwei kleine, wilde Söhne, wenig Erfahrung und einen Mann, der einen Havaneser nicht von einem Langhaarmeerschweinchen unterscheiden kann! Meinen Sie, das ist der richtige Hund für uns?»

«Ich sag mal so», antwortete der Züchter im fernen Westfalen unbeeindruckt, «wenn Sie es mit diesem Hund nicht schaffen, dann schaffen Sie es mit keinem.»

«Passt es Ihnen um elf?», hauchte ich ergriffen, war mir der Tragweite meiner Äußerung vollends bewusst und machte mich am nächsten Morgen mit meinen Kindern, einem Wäschekorb und einer rosafarbenen Kuscheldecke auf den Weg in ein neues Leben.

Das ist sonst nicht meine Art. Ich gehöre, und das sage ich eher mit Bedauern als mit Stolz, zu den Menschen, die sich schnell – um nicht zu sagen, unüberlegt – entscheiden. Reifliches Abwägen, sorgfältiges Prüfen des Sachverhaltes aus verschiedenen Blickwinkeln oder womöglich noch mal eine Nacht drüber schlafen – das sind mir völlig fremde Verhaltensweisen.

Ich bin nicht das, was man besonnen nennt. Langfristige Planung ist meine Stärke nicht. Aus diesem Grund treffen mich der Sommer und Weihnachten stets unvermutet und unvorbereitet. Im Sommer habe ich meist noch meine Weihnachtsfigur, und am 23. Dezember überlege ich, mich scheiden zu lassen, bloß damit ich meinem Mann nichts schenken muss. Die Kinder würde ich ihm zu diesem Zeitpunkt auch freiwillig überlassen.

Weitsichtiges Handeln nehme ich mir immer wieder gerne vor, aber ich habe noch keine Diät durchgehalten, ich habe keinen romantisch eingewachsenen, perfekt geplanten Garten und keine wasserdichte Altersvorsorge.

Ich bin der Typ für Schnittblumen, kurzfristige Umentscheidungen, spontane Entscheidungen, und ich verfolge bei meinen beiden Söhnen eine liebevolle, zugleich strenge Pädagogik der Inkonsequenz. Außerdem gehe ich nicht gern spazieren und bei Regen schon mal gar nicht. Einen Hundekotbeutel empfinde ich als den Gipfel der Entwürdigung. Und ich mag es nicht, wenn man mir übers Gesicht leckt, besonders wenn derjenige vorher

Exkremente oder das eigene Erbrochene zu sich genommen hat. Ich bin auch dagegen, dass jemand in mein Arbeitszimmer kackt.

Warum sollte ausgerechnet ich einen Hund haben?

Da ich mir diese Frage seit fast vierzig Jahren stelle, weiß ich mittlerweile, dass es keine zufriedenstellende Antwort gibt. In wiederkehrenden Diskussionen mit meinem Mann, einem vernünftigen Menschen, der Spaß daran hat, seinen Verstand zu benutzen, und sich deshalb weder zum Karneval noch zu Haustieren hingezogen fühlt, zog ich stets den Kürzeren.

Aus rationaler Sicht betrachtet – aber herrje, wer will die Dinge denn schon rational betrachten? Ein Bedürfnis, das mir seit jeher fremd ist! – spricht einiges, nun ja, fast alles gegen die Anschaffung eines Hundes. Er kostet Geld, Zeit und macht Dreck. Und wohin mit dem Vieh im Urlaub? Ein Hund verlangt Aufmerksamkeit, Zuwendung und Konsequenz, er ist ein weiteres Familienmitglied mit eigener Agenda und käme als zusätzlicher Organisationsaufwand in einen Familienalltag, der auch ohne haarendes und verdauendes Haustier mit Bewegungsdrang voll genug ist. Vier Leute mit gutbestückten Terminkalendern und winzigem Großstadtgarten brauchen keinen Hund.

Was soll man da sagen?

Nichts natürlich. Stimmt ja alles.

Man kann sich nur gegen besseres Wissen für einen Hund entscheiden. Ich brauche keinen Hund, aber er fehlt mir trotzdem.

Mit Rationalität hat das nicht auch nur im Entferntesten etwas zu tun.

Es geht um Sehnsucht und Wehmut. Es geht um das Gefühl, das sich einstellt, wenn dein Hund seinen Kopf auf dein Knie legt. Wie sich dann dein Herzschlag verlangsamt, wie sich für einen Moment alles zum Guten fügt und die ganze Welt für einen langen, tiefen, wohligen Atemzug zur Ruhe kommt.

Aber: Würde dich das überzeugen, wenn du Hunde und ihre

neurotischen Halter nur aus dem Park kennen würdest? Wenn deine Berührungspunkte mit Vierbeinern sich auf die Scheiße beschränken würde, die du dir ab und zu zähnefletschend aus den Rillen deiner Stiefel kratzen musst?

Es war zum Beispiel kontraproduktiv, als sich ein Pudel auf mich stürzte, während ich meinen Partner bei einem ausgeruhten Spaziergang über die Vorzüge eines Hundes informieren wollte, und versuchte, irre hechelnd mein Schienbein zu begatten. Da gehen einem schnell die Argumente aus.

Ähnlich wie bei Kindern sind auch die Hunde anderer Leute oft eher ein Grund, sich die ganze Sache doch noch mal durch den Kopf gehen zu lassen.

Ich streifte mir, elegant und souverän, wie ich fand, den Pudel vom Bein und versuchte, den Vorfall zu übergehen. Aber das Tier ließ nicht locker. Als handele es sich um ein Tinder-Supermatch, stürzte sich der lüsterne Hund immer wieder auf mich. Die Leute guckten schon, und es war mir unglaublich peinlich.

Mein Mann war einfach schon mal vorausgegangen und tat so, als hätte er die Frau mit dem kopulierenden Pudel an der Hacke noch nie zuvor gesehen.

Das Thema Hund beerdigte ich danach einmal mehr. Aber die Sehnsucht ließ irgendwie nicht locker – wobei ich sagen muss, dass ich im Laufe der Jahre meinen Sehnsüchten gegenüber etwas misstrauisch geworden bin.

Ich weiß, dass es gerade todschick und total angesagt ist, seiner Sehnsucht zu folgen. Unzählige Bücher, unter anderem meine eigenen, handeln davon.

Mit der Sehnsucht ist man immer auf der richtigen Seite. Ähnlich wie bei den Themen Mülltrennung, Mitmenschlichkeit, Tierschutz, Weltfrieden und Pilates kann man nichts falsch machen, wenn man von seinen Sehnsüchten schwärmt und die Erfüllung derselben in Angriff nimmt. Dafür gibt es in Talkshows Applausgarantie, und in geselligen Runden wird zuverlässig bestätigend genickt.

Das Aufspüren tiefster Sehnsüchte ist unter Leuten, die dafür Zeit und keine anderen Sorgen haben, absolut angesagt. Leuten wie mir.

Dabei kann einen die Sehnsucht direkt in eine sehr dunkle Sackgasse leiten. Sehnsucht ist mitunter ein tückisches kleines Biest, das uns mit Wonne ein Leben lang an der Nase herumführt.

Die Sehnsucht redet uns ein, uns würde etwas fehlen. Sie macht uns die Gegenwart madig und behauptet ständig, dass das Leben bedeutend schöner sein könne, wenn wir doch bloß auf sie hören würden.

Möchtest du denn nicht doch lieber auf dem Land leben, im Einklang mit der Natur und einem innigen Verhältnis zu flachen Schuhen, Gummistiefeln und Maulwurfshügeln? Wäre es nicht viel besser, nach einem Partner Ausschau zu halten, der sich freiwillig an Weiberfastnacht verkleidet und der nicht so tut, als sei Rosenmontag ein Tag wie jeder andere? Und sollten deine Kinder nicht lieber Hockey statt Fußball spielen und du selbst wieder Klavierunterricht nehmen und abends spazieren gehen, statt Netflix-Serien zu gucken?

Als ständig von mehr oder weniger existenziellen Sehnsüchten gebeutelter Mensch weiß ich sehr genau, wovon ich spreche, und kann nur eindringlich warnen: Keineswegs ist das, wonach wir uns sehnen, auch immer das, was uns glücklich macht.

Es hat sich zum Beispiel wider Erwarten herausgestellt, dass ich sehr gut ohne einen Dampfkochtopf zurechtkomme. Da hatte ich ihn aber schon gekauft. Auch andere lang herbeigesehnte Anschaffungen wie der Spiralschneider, der Wellensittich und die Thomas-Mann-Gesamtausgabe haben nicht gehalten, was mir meine Sehnsucht nach ihnen versprochen hatte. Die Anschaffung meines Schminkspiegels, meiner Kinder und des Toilettendeckels mit Absenkautomatik habe ich hingegen nie bereut.

Erfüllte Träume sind letztendlich nichts anderes als Realität, und manche von ihnen sind im wahren Leben gar nicht gut aufgehoben.

Der Wellensittich war mir zu fad, Thomas Mann zu anspruchsvoll, Zucchinispaghetti zu vernünftig.

Allen Tierschützern sei an dieser Stelle gesagt, dass ich den Wellensittich selbstverständlich nicht zu den Haushaltsgeräten rechne. Auch wenn ich, das muss ich zugeben, zu ihm, anders als zu meinem Schminkspiegel, nie eine Beziehung auf Augenhöhe aufbauen konnte. Der Sittich, ich bekam ihn mit elf, fand bei unserer Nachbarin ein liebevolles Zuhause und wurde steinalt.

Ich will nur sagen: Man kann böse Fehler machen, wenn man sich Träume erfüllt. Das mag bei Küchengeräten und Urlauben relativ undramatisch sein, anschließend ist man zwar deutlich ärmer, aber immerhin klüger.

Bei allem, was lebt, fühlt und dein und anderer Leute Leben grundlegend verändert, hat man die Pflicht, seine Sehnsucht sehr sorgfältig zu überprüfen und sich klarzumachen, was es bedeutet, wenn man aufhören muss zu träumen und stattdessen in Echtzeit Kinderpos oder Katzenklos sauber halten muss.

Wie ist es wirklich, wenn der nächste Supermarkt acht Kilometer weit entfernt und dein einziger Nachbar auf dem Dorf ein Mistkerl ist? Findest du es wirklich gut, wenn dein Mann an Karneval als Bockwurst mit Röstzwiebeln geht, und ist es für dich in Ordnung, Spulwürmer aus einem Hundedarm zu ziehen?

Ich frag ja nur.

Deshalb ließ ich mir für meine Entscheidung zweihundertsechsundsechzig Hundejahre Zeit und habe mir zwischenzeitlich die Sache mit dem Karnevalisten und dem Wohnsitz auf dem Land abgeschminkt.

Aber heute bin ich bereit herauszufinden, ob sich in Castrop-Rauxel, im Kreis Recklinghausen, Regierungsbezirk Münster, ein Traum erfüllen wird, den ich, so dachte ich, als Kind begraben hatte, vorne im Garten gleich bei den Forsythien.

Noch siebzig Kilometer. Gerade taucht die Ausfahrt Münster-Süd vor mir auf. Reflexartig fahre ich auf die rechte Spur und werde langsamer. Früher bin ich hier jedes Mal abgefahren. Manchmal bloß aus Pflichtbewusstsein, manchmal in Eile, ab und zu genervt, aber immer und bis zum Schluss aus alter, langer Liebe.

Und jetzt, als ich mit einem kurzen Anflug von Herzensschwere das Tempo wieder erhöhe und an der Ausfahrt vorbeifahre, weiß ich hundertprozentig genau, wie mein Hund, der womöglich bereits in Castrop-Rauxel auf mich wartet, heißen wird!

Erleuchtungsgleich kommt der Name auf Höhe der Raststätte Münsterland über mich – ähnlich wie in der Yogastunde für Schwangere vor zwölf Jahren, als mir blitzartig klarwurde, wie mein Sohn zu heißen hatte.

Mein Mann hatte damals allerdings sein Veto gegen meine Eingebung eingelegt, weil ihn der Name Johann an einen Studienkollegen mit dem Temperament einer Wanderdüne und einem üppig behaarten Muttermal auf der Stirn erinnerte.

Diesmal würde ich mir nicht in meine Erleuchtung reinquatschen lassen. Der Hund und sein Name sind allein meine Sache.

Sie wird Hilde heißen!

Für mich kam nur ein Mädchen in Frage. Da würde ich diesmal, anders als bei der Anlieferung meiner Kinder, keine Kompromisse machen. In einem männerdominierten Haushalt mit zwei Söhnen, einem Mann und zwei engagierten Patenonkeln war mein Hang zu Kitsch, rosafarbener Bettwäsche und üppig geblümten Badetüchern schon seit Jahren dramatisch zu kurz gekommen.

Mit Hilde würde das anders werden, und an meinem inneren

Auge zogen bereits Tapeten im Laura-Ashley-Stil und pink karierte Hundekörbchen vorbei. Auch ein rosa Schleifchen im Fell meines noch zu erwerbenden Hundes spielte, ich muss es zugeben, bei diesen Phantasien eine Rolle.

Hilde und ich.

Ich und Hilde.

Ein fabelhafter Name. Hilde.

Wie meine geliebte Tante, die ich mein Leben lang in Roxel besucht habe. Ausfahrt Münster-Süd und dann nur noch ein paar Kilometer bis zu dem kleinen Backsteinhaus, in dem meine Mutter groß geworden war und meine Tante Hilde bis zu ihrem Tod vor zehn Jahren lebte.

Ein Zimmer unterm Dach mit einem behaglichen Alkovenbett in einer weißen, holzvertäfelten Wand war wie mein zweites Zuhause gewesen. Daneben die Küche, in der es stets nach Kaffee und Keksen duftete, ein Bad mit einem riesigen Boiler, ein Fernsehsessel, bezogen mit dunkelbraunem Cord, und im Garten ein Kirschbaum, der die Kinder der Nachbarschaft mit Kuchen und Marmelade versorgte.

Ihre letzte Ruhe hatte meine wunderbare Tante, die wilde Hilde, widerwillig auf dem kleinen Dorffriedhof in Autobahnnähe gefunden. Da liegt sie nun, die tote Tante, direkt an meinem Weg der Sehnsucht.

Als emotional ausgerichtete Rheinländerin mit melodramatischen ungarischen Wurzeln wische ich mir einige Tränen aus den Augenwinkeln. Meine Söhne sind das gewohnt, die gucken nicht mal mehr.

Das ist Schicksal, oder? Ich spüre, wie sich ein dümmlich-seliges Lächeln auf meinem Gesicht breitmacht.

Quatsch, maßregele ich mich selbst, jetzt werd nicht peinlich.

Mal ehrlich: Ich mache keinen Fehler, oder? Was meinst du, Tante Hilde? Alles wird gut?

Ja. Ja, ganz bestimmt.

Ich nicke mir selbst ermutigend zu. Wir schauen uns die Welpen schließlich einfach nur mal unverbindlich an. Noch ist nichts entschieden.

Außer dem Namen. Der ist sicher.

Hilde.

4. Oktober

ZEIT UND ORT: **Vier Uhr morgens im Garten.**
DRESSCODE: **Ganz zwanglos in Pantoffeln und Schlafanzug.**
BEGLEITUNG: **Hilde, acht Wochen alt.**

Ich betrachte gedankenverloren den kleinen Welpen, der vor drei Minuten in unser Schlafzimmer gekackt hat. Er sitzt jetzt etwas ratlos mitten in der Nacht auf einem Stückchen Rasen in 20149 Hamburg, Bezirk Eimsbüttel. Hildes neues Zuhause.

Hilde guckt.

Ich gucke auch.

Ach du meine Güte, denke ich erschrocken und überwältigt von der plötzlichen Erkenntnis: Wir haben einen Hund!

Trotz jahrelanger Überlegungen und sorgfältigen Studiums aller in Frage kommender Rassen war Hilde in unser Leben getreten, ohne dass wir auf sie vorbereitet waren.

Ich hatte, so schien es mir, an alles Wesentliche gedacht, als wir uns auf die Fahrt zu Hilde machten. Dass ich am Tag der deutschen Einheit ohne Geld unterwegs war, bemerkte ich allerdings nicht, und das sollte sich als ernstzunehmende Hürde beim Kauf des Welpen herausstellen.

Drei Herzen klopften schneller, als wir in der Einfahrt des Züchters parkten. Der Mann, der uns öffnete, führte uns wortkarg um sein Haus herum zu einem großen Freilaufgehege.

In der Sekunde, in der wir das Gehege betraten und das Törchen hinter uns ins Schloss fiel, fiel auch meine Entscheidung.

In einem Jahr werde ich verdrängt haben, was dann geschah.

Denn bis dahin wird meine Erinnerung diesen Moment zu einer der romantischsten Situationen meines Lebens verklären. Ich werde voller Überzeugung behaupten, dass ich die innige Verbindung zwischen mir und Hilde augenblicklich und überwältigend gespürt hätte, als die fünf Welpen auf uns zustürmten.

Ich werde mit einem Emotions-Kloß im Hals sagen, dass dieses kleine helle Hundemädchen offenbar genau wusste, dass wir ihre neuen Menschen sein sollten, dass sie uns auserwählt hat und dass alles vom Schicksal genau so gewollt war. Eine Fügung, Donnerwetter, ja, ganz eindeutig. Dafür spricht ja auch die tote Tante und die Sache mit dem Geld.

Es gibt ein paar Lebensmomente, um die sich stets liebevoll und hartnäckig Legenden winden wie Klematis um Rankhilfen: Heiratsanträge, Geburten und die erste Begegnung mit deinem Welpen.

Ich hatte zum Beispiel das Pech, dass ich meine Freundin Moni nur zwanzig Minuten nach der Geburt ihres Sohnes anrief. Und ich muss sagen, ich bin bis heute froh, dass ich damals meine beiden Söhne schon zur Welt gebracht hatte. Die unzensierte Schilderung des Geburtsvorgangs und der dragonerhaften Hebamme hätte bei mir womöglich zu einer Korrektur meines Kinderwunsches und strengster Geburtenkontrolle geführt.

Wenn man Moni heute fragt, berichtet sie stets unter Tränen vom schönsten Erlebnis ihres Lebens, dieser unglaublichen Harmonie im Kreißsaal, ein perfekter Moment, ganz dicht gefolgt vom Heiratsantrag ihres Mannes. Daran, dass sie zu dieser Zeit noch eine Affäre mit Sebastian hatte und eigentlich überlegte, den zu heiraten, möchte Moni heute nicht mehr erinnert werden.

Bevor sich also die Erinnerung mit einem Weichzeichner über die Geschehnisse im Hundegehege von Castrop-Rauxel hermacht, erzähle ich es einmal so, wie es wirklich war. Der Züchter war westfälisch-grantig und hatte nicht das geringste Interesse an uns und unseren Lebensumständen. Das war mir neu und hätte mir seltsam vorkommen sollen. Denn laut Lehrbuch sollte sich jeder Hundezüchter genau erkundigen, in welche Hände er seine Welpen abgibt.

Zwei Hundefamilien und ihre Züchter hatte ich bis dahin besucht. Alle hatten stets genau erfragt, wo und wie ihre Hunde bei uns leben würden. Gab es einen Garten? Würde der Welpe viel allein sein müssen? Wer würde regelmäßig mit ihm spazieren gehen? War der Besuch einer Welpenschule geplant? Waren wir uns genau im Klaren, worauf wir uns einließen?

Eine Züchterin hatte uns ein Jahr zuvor sogar abgelehnt, weil sie den Eindruck hatte, wir seien noch nicht so weit. Damit hatte sie recht gehabt – der grauenvolle Gestank in ihrem Haus und ihr unwirtlicher Charakter hatten uns aber sowieso Abstand von dem Unterfangen nehmen lassen.

Eine wunderbare Flat-Coated-Retriever-Züchterin hatte uns derart genau erläutert, wie anspruchsvoll, wissensdurstig, intelligent, bewegungsbegierig und, äh, haarig ihre Tiere seien, dass wir es mit der Angst zu tun bekommen hatten. Auch die schiere Größe der Welpenmutter hatte uns erschreckt, denn ein hüfthohes, zugegebenermaßen bildschönes Tier schien uns dann doch eine Nummer zu groß für unsere Kleinfamilie.

Auf dem Rückweg war mein Mann dezent auf den Teich mit den Koi-Karpfen im Vorgarten der Züchterin zu sprechen gekommen. Diese stillen, haarlosen Tiere hatten ihn tief beeindruckt, und er stellte sich, so hatte er wie absichtslos hinzugefügt, ein Zusammenleben mit ihnen angenehm kontemplativ und harmonisch vor.

Aber ich war nicht bereit, mich auf diese Diskussion einzulassen. Entweder ein Hund oder gar kein Haustier. Der Reiz von Fischen, Schlangen, Vögeln, Meerschweinchen, Fauchschaben und Hamstern hat sich mir nie erschlossen. Und Katzen fühle ich mich schon seit jeher unterlegen, so jemanden hole ich mir doch nicht freiwillig ins Haus. Schlimm genug, dass mein Mann und meine Söhne mir viel zu selten, eigentlich sogar nie mit der gebotenen Unterwürfigkeit und Bewunderung begegnen.

In meiner sehnsuchtsvollen Vorstellung hatte ich mich stets an der Seite eines großen, stolzen, hochbeinigen Hundes mit schwarz oder braun glänzendem Fell und unbeugsamem Charakter gesehen, der mühelos über Gatterzäune springen und jeden Einbrecher in die Flucht schlagen konnte.

Eine schlanke Rasseschönheit, die sich gut auf unserem dunklen Räuchereichenparkett machen würde und die an der Alster neidvolle und anerkennende Blicke auf sich ziehen würde. Ein intelligentes, Ehrfurcht einflößendes, edles Tier mit Stammbaum und adeligem Züchter.

Quasi mein Ebenbild.

Es heißt ja, dass sich Hund und Halter stets ähneln und man von dem einen Rückschlüsse auf den anderen ziehen kann. Nun, da wollte ich mir doch nicht freiwillig ein treudoofes, stummelbeiniges Plüschhäschen ans Bein binden, das beim ersten Windstoß umfällt, Angst vor Regenwürmern hat und auf jeder Hundewiese zum willfährigen und demütig winselnden Spielball der coolen Weimaraner, Magyar Vizslas und Rhodesian Ridgebacks wird.

Im Zuge meiner Recherchen, meiner Besuche bei Züchtern und meiner radikalen inneren Selbstbefragung war mir jedoch leider klargeworden, dass der Hund meiner Träume nichts in meiner Realität verloren hatte.

Der Weimaraner würde zwar farblich hervorragend zu unserem Ecksofa und dem Teppich im Flur passen und ein Flat Coated Retriever zu meiner Garderobe und meiner Vorstellung von einem «richtigen Hund», aber beide wären für meinen Alltag völlig ungeeignet und sind nichts für Hundeanfänger.

Im Laufe der Zeit hatte sich für mich ein ziemlich deutliches Bild ergeben von dem Hund, der zu uns passen würde: nicht zu groß und nicht zu klein, damit die Kinder möglichst bald allein mit ihm spazieren gehen können, ohne willenlos von ihm herumgeschleift zu werden. Wenig haarend und pflegeleicht, weil ich nicht gern putze und schon mit meiner eigenen Frisur überfordert bin.

Ausgeglichen sollte er sein und familientauglich und keinen Jagdinstinkt haben, denn es erscheint mir mühsam und irgendwie auch blöd, einen Hund anzuschaffen, von dem man schon vorher weiß, dass man mit seinem Hauptcharakterzug nichts anfangen kann und ihm den erst mal abgewöhnen muss.

Ich brauche auch keine Intelligenzbestie, die man am Tag mehrere Stunden lang mit Suchspielen, Rechenaufgaben und anspruchsvollem Geschicklichkeitstraining bei Laune halten muss.

Einigermaßen ansehnlich sollte er trotz allem auch aussehen und so, dass man hinten nicht ununterbrochen reingucken kann. Ich schätze Hunde nicht, die ihren After offen tragen. Da bin ich oberflächlich. Ich hab's gern, wenn hinten was drüberhängt.

Hilde erfüllte als sogenannter Mini-Goldendoodle laut Anzeige all diese Kriterien. Vom Flat Coated Retriever war sie in etwa so weit entfernt wie ein Erdmännchen von Black Beauty oder Martin Semmelrogge von Ryan Gosling, aber sie gehörte immerhin zur Familie der Caniden, mit 42 Zähnen und vier Zehen, und sie war acht Wochen alt, und wir konnten sie sofort haben.

Das gab den Ausschlag. Ich wollte nicht länger warten.

Das Schicksal nahm seinen Lauf.

Als wir das Gehege betraten, gab es kein Zurück mehr. Eine Kugel war ins Rollen geraten, und sie würde unaufhaltbar ihr Ziel finden. Ich würde diesen Ort nicht ohne Hund verlassen.

Wir wurden von den fünf bezaubernden Welpen umringt, einige hatten die Farbe dunklen Honigs, zwei waren so hell wie der Flokati in meinem Jugendzimmer – bevor die Flasche Lambrusco darauf umgekippt war.

«Sie sollten sich jetzt entscheiden, in zehn Minuten ist der nächste Besichtigungstermin», sagte der Züchter.

«Sind das die Eltern?», fragte ich. Eine schöne Golden-Retriever-Hündin und ein Zwergpudel, über dessen Äußeres ich hier kein Wort verlieren werde, denn ich möchte mich nicht schlecht über Hildes Verwandtschaft äußern, bellten aus dem Gehege nebenan zu uns herüber. Der Züchter nickte.

«Wie können die denn zusammen Welpen erzeugen? Das ist ja rein anatomisch nur schwer möglich», fragte ich.

«Künstliche Befruchtung. Das ist aufwendig. So erklärt sich auch der Preis.»

Aha. Ich betrachtete die beiden kleinen Hündinnen, die für

uns in Frage kamen. Meine Söhne wälzten sich bereits überglücklich zwischen den Welpen am Boden.

«Wie heißen die beiden Mädchen denn?», fragte ich. Der Züchter reagierte etwas unwirsch und sagte: «Die haben keinen Namen. Den müssen Sie sich schon selbst ausdenken.»

Ich griff nach dem Flokati-Mädchen und nahm sie auf den Arm.

War das etwa unserer?

Sie machte einen freundlichen Eindruck und hatte vier Beine. Schien alles dran zu sein, was man so braucht als Hund. Mir gefiel ihre Farbe, und ich mochte ihre karamellfarbenen Ohren, die ein wenig dunkler waren als der Rest. Letztlich, ich muss es zugeben, war die Optik und nicht das Schicksal ausschlaggebend.

Ich gab mir einen Ruck und sagte den Satz, von dem ich wusste, dass er mein Leben verändern würde: «Wir nehmen diese hier. Okay?»

Meine Söhne jubelten, der Züchter sagte, für meinen Geschmack etwas zu ungerührt, er würde den Kaufvertrag fertig machen.

Ach so, ja. Der Preis. 1500 Euro.

Ich hatte 67 Euro 52 dabei.

«Da gibt es ein kleines Problem», sagte ich und setzte die zukünftige Hilde vorsichtig zurück auf den Erdboden. «Ich habe in der Aufregung nicht genug Geld mitgenommen. Heute ist ja Feiertag, und am Automaten bekomme ich nicht mehr als tausend Euro. Ob Sie uns über den Rest eine Rechnung schicken könnten? Ich lasse Ihnen auch gern ein Pfand da.»

Der Züchter schaute mich an, als hätte ich einen sehr, sehr schlechten Witz gemacht, den er noch dazu schon oft gehört hatte.

«Den Hund gibt es nur gegen den vollen Kaufpreis. Dann müssen Sie eben noch mal kommen. Ich schätze aber, dass die Mädchen bis morgen alle weg sind.»

«Aber wir sind extra aus Hamburg angereist!»

Der Züchter zuckte mit den Schultern und schaute auf die Uhr.

«Wir sind in einer Stunde wieder da. Mit dem Geld», sagte ich, warf Hilde einen verschwörerischen Bick zu, den sie nicht erwiderte, und schritt mit meinen Söhnen so stolz wie möglich zum Auto zurück.

Die Kinder waren den Tränen nahe. Ich auch.

Ich empfinde es als ehrenrührig und als persönliche Abwertung, wenn man mir unterstellt, ich sei zu einem Betrug fähig, obschon ich absolut lautere Absichten habe. Wenn ein Kaufhausdetektiv meine Tasche kontrolliert, dann kann er dabei tausendmal sagen, dass er nur seine Pflicht tue. Das ist doch Quatsch. Seine Pflicht ist es, möglichst viele Diebstähle zu verhindern. Und die Tatsache, dass er mich für fähig hält, ohne einen Nervenzusammenbruch auch nur einen Kleiderbügel aus dem Laden zu schmuggeln, zeigt, dass er kein Fachmann ist und seine Zeit an die Durchsuchung von Menschen ohne jegliche kriminelle Energie verschwendet.

Er habe schon mehrere schlechte Erfahrungen gemacht, hatte der Goldendoodle-Züchter gesagt. «Ja und?», möchte man solchen Leuten zurufen. «Dann machen Sie doch zur Abwechslung mal eine gute!»

Aber der Mann hatte nicht den Eindruck gemacht, als sei er an einer Korrektur seiner Weltsicht interessiert. Und so steuerte ich gekränkt den nächstgelegenen Geldautomaten in Herne an und bekam dort tausend Euro.

Ich fuhr zu einer nahegelegenen Tankstelle und versuchte dort mit meiner Kreditkarte mein Glück. Geld nur gegen Geheimnummer. Die hatte ich aber nicht. Meine Verzweiflung wuchs.

Hilde, wir würden dich nicht hinter den feindlichen Linien zurücklassen!

Die Kassiererin bedauerte meinen desaströsen Zustand sehr, wies mich aber darauf hin, dass die Schlange hinter mir bereits enorme Ausmaße angenommen hatte.

Ich war jetzt bereit, bis zum Äußersten zu gehen, baute mich möglichst imposant vor den etwa zehn wartenden Menschen auf, die ihre Feiertagsfrühstücksbrötchen kaufen oder eine Tankfüllung bezahlen wollten, holte Luft und sagte laut: «Könnte mir jemand von Ihnen fünfhundert Euro leihen?»

Drei Männer wandten mir langsam den Rücken zu und taten so, als hätten sie mich nicht gehört, zwei andere schauten mich an, als sei ich irgendwo ausgebrochen, wo ich besser hätte bleiben sollen.

«Ich bin mit meinen Söhnen hier, um einen Hundewelpen abzuholen. Wir kommen aus Hamburg. Am Geldautomat war ich schon, und die Banken haben heute zu. Mir fehlen noch fünfhundert Euro zum Kaufpreis. Wenn ich das Geld nicht auftreibe, müssen wir ohne das Hundebaby nach Hause fahren!»

Keine Reaktion.

Scheiß-Westfalen!, dachte ich und verließ wütend den Ort, an dem die Mitmenschlichkeit so schmählich mit Füßen getreten worden war. Am Ausgang holte mich eine junge Frau ein.

«Ich bin Studentin», sagte sie. «Es tut mir leid, ich habe gar nicht so viel Geld. Aber schauen Sie doch mal, der Mann da drüben bei den Ersatzreifen, der hat einen BMW, der ist bestimmt reich!»

Ich war ihr dankbar und steuerte wüst entschlossen auf den Mann zu, meine armen Kinder rechts und links an der Hand, quasi als Beweisstücke meiner Menschlichkeit und Seriosität. Der Herr sah freundlich, aber irgendwie nicht besonders wohlhabend aus. Er trug einen Monteuranzug, und ich wollte schon wieder abdrehen, als er uns höflich zunickte. Ich fasste neuen Mut.

«Könnten Sie mir fünfhundert Euro leihen?», fragte ich und

wiederholte meine herzzerreißende Geschichte. «Wir kommen aus Hamburg», sagte ich und deutete auf mein Auto, ebenfalls ein BMW, sogar dasselbe Modell. So was schweißt doch zusammen. Ich hoffte auf Loyalität innerhalb der Markencommunity.

Der Mann zögerte verständlicherweise. Er sagte, er habe leider sehr schlechte Erfahrungen gemacht mit dem Verleihen von Geld und ich könne ihm ja auch keine Sicherheiten bieten. Ich nickte betrübt und zeigte ihm ein Foto von Hilde aus der Anzeige des Züchters.

Keine zehn Minuten später standen wir erneut vor dem Geldautomaten in Herne. Der Mann im Monteuranzug zählte mir fünfhundert Euro auf die Motorhaube meines Wagens, gab mir seine Kontonummer und verzichtete auf ein Pfand. «Wenn Sie mir das Geld nicht zurückgeben wollen, dann nützt mir auch Ihre Handtasche nichts. Ich vertraue Ihnen jetzt einfach mal», sagte er und fuhr davon. Wir winkten ihm wie verrückt nach.

Matthias S. aus Herne, Sie haben nicht nur einem Hund ein neues Zuhause geschenkt, zwei Kinder glücklich und mich um viele wertvolle Erfahrungen reicher gemacht – Sie haben den Ruf einer ganzen Region gerettet! Danke.

Der Austausch Hund gegen Geld erfolgte zügig und emotionslos wie der von Spionen auf der Glienicker Brücke. Der seltsame Züchter, der seinen Welpen keine Namen gibt, überreichte uns mit stoischer Miene einen Sack Futter, Impfausweis, Kaufvertrag und eine sehr kurze Liste mit Tipps für die ersten Tage mit Hund. Kein tröstliches Schmusedeckchen für Hilde mit dem vertrauten Geruch ihrer Geschwister, keine Bitte, ab und zu eine Nachricht oder ein Foto zu schicken, kein Streicheln über das Köpfchen des verkauften Tieres.

Ich verstaute mein Hundchen zwischen meinen Söhnen auf dem Rücksitz, fuhr vorsichtig los und hatte nicht das Gefühl, dass

Hilde ihr altes Zuhause besonders intensiv vermissen würde. Da konnte sie ja bei meinem nordischen Ehemann auf mehr Sympathie und Herzenswärme hoffen als hier im kalten Westfalen!

Ich schickte dem Mann in Hamburg, der gerade zum ersten Mal Herrchen geworden war, ein Foto des kleinen Hildchens, wohlig versunken im Wäschekorb in der rosa Plüschdecke, mit dem Text: «Endlich ein Mädchen!»

Dann fuhren wir gemeinsam nach Hause.

Es wird allmählich doch recht frisch hier draußen.

Hilde betrachtet mich ernst und scheint sich zu fragen, was sie hier im dunklen Garten soll, wo sie es doch oben im Schlafzimmer sehr gemütlich hatte und sie auch viel lieber die zahlreichen Toiletten im Haus benutzt.

Ihren ersten Haufen hatte sie, gleich nach ihrer Ankunft, auf den nur zur Probe liegenden Kelim in meinem Arbeitszimmer gemacht.

Den beschämend teuren Teppich hatte ich mir tags zuvor ausgeliehen, um seine Wirkung zu prüfen und mich dann auf die Suche nach einem erschwinglichen Modell ähnlichen Aussehens zu machen.

Hilde hatte den Kauf durch ihr Geschäft besiegelt und die Konjunktur unseres Landes damit in nicht unbeträchtlichem Maße angekurbelt. Der Teppich ist ein Traum – ich habe ihn jedoch bis auf weiteres eingerollt, um ihn aus der direkten Schusslinie zu bringen.

Der Gestank von Hildes zweiter Verrichtung hatte mich um kurz vor vier aus dem Tiefschlaf gerissen. Statt sich, wie ich es in meinem ahnungslosen Zustand angenommen hatte, manierlich mit einem dezenten Fiepen zu melden, war Hilde ihrem Wäschekorb neben meinem Bett unbemerkt entstiegen und hatte sich, ganz ohne mir Bescheid zu sagen, auf die Suche nach einem schönen Klo gemacht. Diesmal hatte es meine Meditationsmatte getroffen, mein stilles Plätzchen, mein «Silent Cookie» – Verzeihung, diesen Scherz muss ich zwanghaft machen, sobald es sich auch nur im Entferntesten anbietet.

Exakt so, wie ich es bereits in mehreren Büchern über Welpenerziehung gelesen hatte, hatte ich mir jedes anklagende Wort verkniffen und die verdutzte Hilde eilig die Treppe hinunter in den Garten getragen.

Wobei ich mich jetzt tatsächlich, ähnlich wie der Hund auch, frage, was wir hier eigentlich sollen. Das Malheur ist ja bereits passiert, und die Situation wird nur noch schlimmer dadurch, dass ich einen Schlafanzug aus dem letzten Jahrtausend trage, dessen Anblick auf unvorgewarnte Unbeteiligte traumatisierend wirken könnte.

Ich hoffe inständig, dass jetzt kein schlafloser Nachbar einen nächtlichen Blick nach draußen wirft. Unser winziger Garten grenzt an einige andere, ebenfalls winzige Gärten und ist von einer Unzahl Fenster aus praktisch komplett einsehbar.

Um die Anlieger vor meinem Anblick zu schützen, müsste ich am Rand der immergrünen Kirschlorbeerhecke entlangrobben oder mich unter den Terrassentisch legen. Oder mich nach einem neuen Schlafanzug umsehen.

Ich muss zugeben, dass ich mich in puncto Nachtwäsche grundsätzlich weit entfernt von dem bewege, was man einen guten oder auch nur mäßigen Geschmack nennt. Dasselbe gilt für Pantoffeln.

Da ich zum Einschlafen auf ein paar grundlegende Dinge – Kuschelkissen, schnarchfreie Umgebung und bedeckte Schultern – nicht verzichten kann, kamen für mich jene spaghettibeträgerten Seidennegligés noch nie in Frage, wie sie magere Frauen grundsätzlich in Film und Fernsehen tragen.

Das belastet mich und setzt mich einem modischen Diktat aus, dem ich mich nicht unterwerfen möchte. Wann hat man in den meinungs- und stilbildenden Medien zum letzten Mal einen ordentlichen Frotté-Schlafanzug mit Rippenbündchen und Blumenmuster gesehen?

Ich versuche, im nächtlichen Garten eine würdevolle Protesthaltung einzunehmen. Die Terrassenbeleuchtung erhellt die Szenerie dürftig, aber ausreichend: Frau in Schlafanzug (Flanell, rosa) und Pantoffeln (Plüsch, gemustert) mit gezücktem Gassibeutel (schwarz, biologisch abbaubar) redet beschwörend auf kleinen Hund (karamellbeige) ein.

Ich überlege mir, wie ich Hilde auf möglichst peinlichkeitsfreie Weise deutlich machen kann, dass hier und jetzt der geeignete Ort wäre, zumindest ihr kleines Geschäft zu verrichten. Die Kommandos, die ich jetzt etabliere, gelten schließlich für ein ganzes Leben. So etwas will wohlüberlegt sein.

Morgens um vier im Garten kann es dir ja relativ egal sein, wenn sich dein Hund besonders zügig auf ein ermunternd gerufenes «Mach geschwind ein feines Kackilein!» oder «Scheiße marsch!!!» hinhockt. Aber unter strenger Beobachtung in der Welpengruppe oder auf der Hundewiese möchte ich nicht durch unflätige oder dämliche Kommandos auffallen.

Ich sage mit meiner im Umgang mit zwei Söhnen lang erprobten Chefstimme: «Mach schnell Pipi, Hildchen.» Und tatsächlich! Mein Hund hockt sich hin und macht Pipi.

Ich dreh gleich durch! Was für ein Prachtexemplar habe ich da erwischt! Hochbegabt, anpassungsfähig und sozial kompetent. Und ich selbst scheine ein pädagogisches Naturtalent zu sein, was mir bei der Erziehung meiner Kinder bisher noch gar nicht aufgefallen war.

«Feiiiiiine Hilde! Braaaaves Hundchen!», kreische ich mehrmals verzückt mit schriller Stimme, weil es meinem inneren Bedürfnis entspringt und weil ich gelesen habe, dass man einen Hund, der versehentlich das Richtige getan hat, dafür überschwänglich und in hohen Tönen loben soll.

«Feiiiiiin gemacht!!!!»

Hilde betrachtet mich indigniert, als hätte ich nicht mehr alle Tassen im Schrank, und im ersten Stock des Nachbarhauses gehen die Lichter an.

Ich greife mir zügig das Hildetier und trage es zurück in sein Wäschekörbchen neben meinem Bett. Ich lösche das Licht, und als Hilde ein leises Winseln von sich gibt, kraule ich ihr die Ohren, die karamellfarbenen, und schlafe mit der seligen Gewissheit ein, alles komplett richtig gemacht zu haben.

7. Oktober, Mitternacht

Jetzt weiß ich es ganz genau: Ich habe alles komplett falsch gemacht.

Mein Magen hat sich zu einem festen Klumpen verkrampft, der mich an das eilig angeschaffte, verwachsene Stück Wurzelholz erinnert, an dem Hilde ihre Welpenzähnchen wetzt. Mir ist leicht übel, und ab und zu steigt mir Panik aus dem Bauch bis in den Kopf, wie Meerwasser in einem Schiff, das langsam untergeht.

Ich sitze verzweifelt auf dem Fußboden im Wohnzimmer und erwarte Verständnis und Trost ausgerechnet von dem Menschen, dessen Bedenken ich zuvor gnadenlos in den Wind geschlagen hatte.

Aber darauf kann und will ich keine Rücksicht nehmen. Ich finde, Partner sind unter anderem dazu da, die Suppen auszulöffeln, die man ihnen eingebrockt hat.

«Morgen bringe ich sie zurück zum Züchter», heule ich meinen Mann an. Der bleibt provozierend ruhig. Womöglich ist ihm der Ernst der Lage nicht ganz klar?

Ich lasse meinen Kopf sinken, um meinen Worten Nachdruck zu verleihen.

Mein Mann, der es in zwanzig Ehejahren auf eine beachtliche Expertise im Umgang mit weiblichen Neurosen und Panikanfällen gebracht hat, tut nicht mal ansatzweise so, als habe er Verständnis. Verständnis, so seine Theorie, zieht das Drama nur unnötig in die Länge.

«Hilde bleibt hier. Es ist viel zu früh, um eine definitive Entscheidung zu treffen», sagt er knapp und wendet sich zum Gehen.

«Je eher ich mir den Fehler eingestehe, desto besser für uns alle!», rufe ich ihm melodramatisch und verärgert nach. Ich mag mich einfach nicht daran gewöhnen, dass meine hochsensible Art in dieser Familie so wenig wertgeschätzt wird.

Wozu regt man sich denn so schön auf, wenn man schließlich doch allein auf dem Teppich hockt, mit schwerwiegenden Befürchtungen und der düsteren Ahnung, dass das Unglück in Form eines Mischlingswelpen aus Castrop-Rauxel ins eigene Leben getreten ist?

Hilde ist oben im Schlafzimmer. Sie muss nachts zweimal

raus. Ich kann sie nicht allein lassen. Sie weint, wenn ich unter der Dusche stehe. Wenn ich Pech habe, wird sie siebzehn Jahre alt und der Methusalem unter den Mini-Goldendoodlen.

Ich könnte schon wieder heulen.

Was habe ich mir da nur angetan?

Ich starre in stummer Verzweiflung auf den Teppich. Zu meinen Füßen liegt ein Ochsenpenis.

Die Fachkraft im Hundegeschäft hatte mir dringend zum Kauf des Genitals geraten. «Ihr Hund wird es lieben, darauf herumzukauen!», hatte sie fröhlich gerufen. «Und es ist doch allemal besser, er probiert seine Zähne daran aus als an ihren Möbeln.»

Das hatte mich augenblicklich überzeugt. Und zur Sicherheit hatte ich auch noch ein paar Kaninchenohren und Pferdefleischtaler genommen.

Ochsenpenis.

Wie hatte es nur so weit kommen können?

Plötzlich schrecke ich hoch.

Da! Hat sie gefiept?

Ich eile nach oben. Hilde liegt gemütlich tief schlafend in ihrem Bettchen.

Jetzt habe ich schon Halluzinationen. So wie damals, als meine Kinder ganz frisch waren und ich ständig glaubte, sie schreien zu hören. Wie oft habe ich, mit Schaum in den Haaren und in den Augen, die Dusche abgestellt, weil ich mir sicher war, das Wehklagen meines Babys gehört zu haben? Wie oft habe ich den Fernseher auf lautlos gestellt, ein Telefonat abrupt beendet, die Dunstabzugshaube, das Radio, den Rasenmäher, die Musik ausgemacht?

Und jetzt geht das alles wieder los: die Sorge, die Verantwortung, die Unsicherheit, die Überforderung. Ratlos hineingeworfen in eine Welt der Ochsenpenisse und Wurmkuren, der Zeckenhalsbänder, Schleppleinen und Hühnerfüße.

Ich sehe die Umgebung mit anderen Augen. Überall lauern Gefahren, die Leben und Wohlsein meines Welpen bedrohen: Autos auf der Straße, Büroklammern auf dem Boden, blutrünstige Labradore auf dem Gehsteig. Die ganze Welt ist ein Tatort geworden, und ich habe keine ruhige Minute mehr. Gestern fiel mir siedend heiß auf, dass Hilde ja theoretisch zwischen den Stäben unserer Treppe hindurchfallen kann.

Nun darf sie, außer zum Schlafen, nicht mehr nach oben – was auch den Vorteil hat, dass sie ihre Zuneigung zu den Sitzsäcken meiner Söhne nicht mehr durch hingebungsvolles Bepinkeln ausdrücken kann.

Es hat aber auch den Nachteil, dass wir jetzt in einem Hochsicherheitstrakt leben, der selbst unseren laxen Vorstellungen von einem heimeligen Zuhause nicht mehr genügt. Das Absperrgitter hat unser Treppenhaus massiv verschandelt. Rein designmäßig haben wir uns, wie einst zu Krabbelkinder-Zeiten, durch den Einzug von Hilde deutlich verschlechtert. Die herumliegenden Teile toter Tiere tun ihr Übriges.

«Was habt ihr eigentlich auf meinem Teppich zu suchen, ihr widerlichen Furunkel!?» Ich wende mich in meiner düsteren Stimmung jetzt direkt an die Kaninchenohren in Premiumqualität mit besonders hohem Proteinanteil. «Werde ich die nächsten zehn Jahre in eurer Gesellschaft verbringen müssen, ihr schrumpeligen Hasenlöffel? Kann man sich an ein Leben gewöhnen, in dem die typische Handbewegung das Aufnehmen eines Scheißhaufens mit einem Gassibeutel ist? Wie kann ich einen Hund lieben, den ich noch gar nicht kenne und der mich überhaupt nicht versteht? Wenn ich ‹Komm› sage, guckt das Tier wie ein Austauschschüler aus Kasachstan an seinem ersten Tag in Deutschland. Und rufe ich energisch-fröhlich ‹Lauf!› und deute hilfreich in die von mir gewünschte Richtung, setzt sich Hilde sofort hin und betrachtet mich ratlos, jedoch stets sehr geduldig und höflich. Ich glaube, sie möchte mich nicht kränken und mir auf keinen Fall zeigen, dass sie mich für total bescheuert hält. Wie kann ich meinen inneren Frieden wiederfinden, wenn ich mich ständig fragen muss, was und wohin Hilde gerade macht?»

«Mit wem sprichst du?» Ich zucke erschrocken zusammen. Die Kaninchenohren auf der Treppenstufe hatten mir anscheinend überhaupt nicht zugehört, dafür war aber leider mein Mann von mir unbemerkt zurückgekehrt.

«Mit den Kaninchenohren», sage ich.

«Alles klar. Da will ich nicht länger stören.»

Ich rätsele noch, was es für ein Licht auf meine Ehe wirft, dass mein Mann es offensichtlich normal findet, wenn sich seine Frau mitten in der Nacht mit den Kauartikeln des neu erworbenen Hundes unterhält. Ist das Liebe? Oder Resignation?

Meine Freundin Heike fragt sich in letzter Zeit ständig, warum es ihren Mann anscheinend überhaupt nicht stört, dass sie in den letzten fünfzehn Monaten elf Kilo zugenommen hat. Und, nebenbei bemerkt, fällt die Gewichtszunahme bei Heike, ganz anders als zum Beispiel bei mir, auch wirklich sehr auf und steht ihr gar nicht gut.

«Glaubst du, er liebt mich so, wie ich bin?», fragte sie mich neulich argwöhnisch. «Oder ist es ihm egal, wie ich aussehe, weil ich ihm egal bin?»

Toleranz und Gleichgültigkeit sind manchmal nicht leicht voneinander zu unterscheiden. Meine Kollegin Melanie ist überhaupt nicht eifersüchtig, was jedoch, bei genauerer Betrachtung, nicht an ihrer weltoffenen und unkonventionellen Einstellung liegt, sondern schlicht daran, dass sie ihren Mann nicht mehr liebt und es ihr völlig gleichgültig ist, mit wem er schläft. Hauptsache nicht mit ihr.

Ist es normal, dass mein Mann mich nicht für verrückt hält? Oder tut er nur so, als hielte er mich nicht für verrückt, um die Situation nicht zu verschlimmern? Ist er im Grunde womöglich dankbar, dass die Last des Zuhörens nun auf mehrere Schultern beziehungsweise Ohren, einige davon luftgetrocknet, verteilt ist?

Pssst!

War da nicht ein Geräusch?

Ein zögerliches Tapsen?

Ein vorwurfsvolles Schnüffeln hinter der Tür?

Muss Hilde noch mal raus?

Ist sie einsam, hungrig, oder hat sie Angst?

Hat sie womöglich wieder auf mein stilles Plätzchen gekackt? Oder auf mein Kopfkissen?

Ich schaff das einfach nicht.

Ich wusste, dass es anstrengend wird, dass ich nachts rausmuss, dass jeder Welpe eine Zeit der Eingewöhnung braucht, dass er nicht gleich stubenrein und gehorsam ist und ihm womöglich nicht von Anfang an klar ist, dass Schuhe, Sofakissen und wichtige Dokumente nicht zum Verzehr geeignet sind.

Aber warum bereitet einen nichts und niemand darauf vor, dass die Anschaffung eines Welpen ein psychologischer Horrortrip sein kann?

Ich lese und höre immer nur, dass auf den Anblick eines kleinen Hundes zuverlässig die Schockverliebtheit folgt, dass man gar nicht anders kann, als dieses süße, tapsige Tierkind sofort in sein Herz zu schließen. Dass man ihm alles verzeiht, sobald es einen mit seinen Kugelaugen anschaut, und man mit einem verzückten, nachsichtigen Lächeln zerkaute Schuhe, zerfetzte Fotoalben, zerrissene Ladekabel und vollgepinkelte Badvorleger entsorgt.

Ist das alles gelogen? Oder im Nachhinein verklärt? Oder bin ich die Einzige, der es manchmal aus Furcht vor der Verantwortung für ein weiteres Leben und der Einschränkung des eigenen Lebens und aus Ekel vor einem Hundehaufen auf leeren Magen die Kehle zusammenschnürt?

Das hätte ich mir vorher überlegen sollen?

Hab ich ja! So gut ich konnte.

Aber ich fühle mich im Nachhinein schlecht informiert. Denn es steht nirgendwo, und es sagt einem auch keiner, dass mit dem knuddeligen Welpen unter Umständen auch ungemütliche Zweifel einziehen: Zweifel an der eigenen Entscheidung und an den eigenen Gefühlen.

Ich habe den Verdacht, dass in Sachen Welpenglück ähnlich viel gelogen wird wie bei den Themenbereichen Sex, Jahresverdienst und Körperfettanteil.

Über deine eigenen Kinder darfst du mittlerweile ungestraft sagen, dass du sie nicht vierundzwanzig Stunden am Tag über alles liebst, dass sie dich oft überfordern, dir den letzten Nerv rauben und du ab und zu heulend und übernächtigt überlegst, sie dem Züchter zurückzugeben, ohne auf einer Rückerstattung des Kaufpreises zu bestehen.

Aber wehe, dein Welpe rührt dich nicht ständig und bis ins tiefste Innerste. Dann giltst du als Unmensch, als Tierquäler, als herzlose Psychopathin mit dramatischem Mangel an Empathie.

Dabei bin ich einfach nur verdammt unsicher und damit verdammt allein. Keines der Welpenbücher, die sich auf meinem Nachttisch, auf meinem Schreibtisch und auf unserem Küchentisch stapeln, hat mich auf die entscheidenden großen Fragen vorbereitet, die mit der kleinen Hilde in mein Leben getreten sind: Werde ich meinen eigenen Erwartungen und denen, die die Welt der Hunde und ihrer Besitzer an mich hat, gerecht? Kann der Hund meine Hoffnungen erfüllen? Und ich seine?

Diese Fragen, ich denke, das kann ich bereits jetzt als Anfänger-Frauchen beurteilen, muss man ganz klar mit «Nein!» beantworten.

Es ist genauso wie mit Babys: Du kriegst das schlechte Gewissen frei Haus mitgeliefert, denn irgendeine Mutter hat immer das besser erzogene, das sauberere, besser konzentrierte, höflichere, klügere und bewusster und abwechslungsreicher ernährte Kind.

Heute Mittag zum Beispiel wollte ich meinen Söhnen eine Freude machen und holte sie gemeinsam mit Hilde von der Schule ab. Scharen von Kindern umringten den kleinen Hund, streichelten ihn und riefen «Ah!» und «Oh!».

Hilde genoss das Bad in der Menge und wedelte sich die Seele aus dem Leib. Sie ist ein ausgesprochen menschenfreundliches Tier. Besonders Kinder findet sie wunderbar, vielleicht weil sie ihr wie etwas groß geratene Spielzeuge mit eingebautem Mega-Squeaker vorkommen. Meine Söhne und Hilde sonnten sich in Aufmerksamkeit und Ruhm, und ein Junge machte ein Foto von Hilde mit seiner neuen iWatch. Ein Accessoire, das ich bei einem

Viertklässler in etwa so angemessen finde wie einen Schulranzen aus Kalbsleder oder eine eigene Yacht mit Skipper und Koch.

Zwei Mütter fragten mich verzückt nach der Adresse des Züchters, andere betrachteten uns mit gemischten Gefühlen. Eine Mutter raunte mir übellaunig zu: «Jetzt habe ich wieder tagelang zu Hause diese Diskussionen mit Tränen und Trampeln. Karlotta will unbedingt einen Hund, aber mein Mann ist dagegen. Andererseits denke ich mir, wenn wir erst mal so ein süßes Puschelchen haben, dann wird er sich bestimmt spontan verlieben. Oder was meinst du?»

Ich zuckte mit den Schultern. «So ein Hund ist schon auch eine Herausforderung», gab ich vorsichtig zu bedenken. «Es heißt nicht umsonst: ‹Das letzte Kind hat Fell.› Diese Nacht bin ich zweimal aufgestanden, um Hilde in den Garten zu tragen. Auch die Themen Kot, Erbrochenes, Babynahrung und Erziehungsstile kehren mit einem Welpen in dein Leben zurück. Darüber muss man sich im Klaren sein.»

«Ich glaube, ich versuche es einfach mal», sagte die Mutter und kraulte Hilde die Karamellöhrchen. Mein Welpe schob sich mit einer Hingabe und Begeisterung in die Hände dieser fremden Frau, die mir ein wenig zu weit gingen.

«So ein süßer Hund öffnet doch jedes Herz. Und wenn es gar nicht klappen sollte, finde ich notfalls woanders einen netten Platz für ihn», sagte die Mutter abschließend.

«Männer in dem Alter sind aber nicht mehr so leicht zu vermitteln», sagte ich.

Dann mussten wir los.

Meine Söhne und ich waren hochzufrieden mit der Außenwirkung unseres betörenden Hundewelpen und gingen in Richtung Park, wobei wir nicht ganz so zügig vorankamen, weil Hilde es vorzog, alle paar Meter ein kleines Päuschen einzulegen und sich mitten auf den Bordstein zu setzen.

Die ersten paar Male ließ sie sich noch durch motivierende, leider absolut lächerliche Schnalz- und Schmatzgeräusche meinerseits darauf ein, sich noch mal zu erheben. Schließlich aber funktionierte auch das nicht mehr. Hilde blieb in stummem Protest sitzen und sah mich strafend an.

Die Passanten lächelten über den eigensinnigen, niedlichen Welpen. Als ich begann, Hilde langsam und deutlich gegen ihren Willen hinter mir herzuziehen, lächelten sie nicht mehr. Einige gingen kopfschüttelnd an uns vorbei.

«Der arme Hund kann nicht mehr, das müssen Sie doch sehen!», zischte mir eine entgegenkommende Dame zu. Ich dachte erbost: «Der Hund will nicht mehr. Das ist ein großer Unterschied. Und der Chef in diesem Rudel bin immer noch ich.»

Das hoffte ich zumindest.

Als ich jedoch von weitem den Mathelehrer meiner Söhne um die Ecke biegen sah, beschloss ich spontan, meine pädagogischen Bemühungen zu vertagen, und erlaubte meinem großen Sohn, Hilde den Rest des Weges zu tragen.

Im Park ließ ich Kinder und Hund laufen und setzte mich auf eine Bank. Hilde und Söhne tollten glücklich herum, und alles schien so weit in Ordnung zu sein, bis sich meine Bekannte Helga neben mich setzte.

Helga, das hatte ich gehört, war auch vor kurzem Frauchen geworden. Ich sah jedoch zunächst keinen Hund, der zu ihr gehören könnte. Hilde rannte nach wie vor an der Leine mit meinen Söhnen über die Wiese und schnappte übermütig nach deren Hosenbeinen. Idyllisch.

«Ach, ihr habt jetzt auch einen Welpen», sagte Helga und stellte ihre große Handtasche zwischen uns auf die Bank. «Ist das ein Goldendoodle?»

«Ja», antwortete ich. «Im Miniaturformat.»

«Das haben sie bei dem Welpen von meiner Nachbarin Claudia auch gesagt. Und mittlerweile ist der so groß wie ein Kalb und haart ohne Ende. Von wegen Asthmatikerhund. Du weißt bei diesen Hybriden letztlich nie, welche Gene sich durchsetzen.»

«Oh», sagte ich und warf einen misstrauischen Blick auf Hybrid-Hilde. Ob sich ein Großkaliber in meinem puscheligen Hundchen verbarg? Sie nagte gerade gedankenverloren ein paar Meter entfernt an einem Ast und erinnerte mich an eine kleine Kokosmakrone. Keine selbstgebackene natürlich. Dann wäre Hilde schwarz, steinhart und ungenießbar.

Hybrid – das klang aus dem Mund meiner Bekannten irgendwie wie ein Schimpfwort. Dabei sind Hybridhunde letztlich nichts anderes als Mischlinge, die sich nicht zufällig gepaart haben, sondern vom Züchter beabsichtigt.

Was daran so schlecht sein soll, weiß ich eigentlich nicht. Letztlich ist ja auch jeder Rassehund durch die Einflussnahme von Züchtern entstanden, oder?

Ich schwieg vorsichtshalber. Es ist nie sinnvoll, ein Thema gereizt zu vertiefen, bei dem man sich nicht genügend auskennt. Aber innerlich ging ich auf Abstand zu Helga und ihrer riesigen Markenhandtasche, die wie ein Schutzwall zwischen uns stand.

«Und wo ist dein Hund?», fragte ich.

«Hier», sagte sie und öffnete die Tasche. Ich schaute hinein und sah eigentlich nichts.

«Süß», murmelte ich. «Was ist das für eine Rasse?»

«Tashima ist ein Shih Tzu.» Das klang für mich wie ein chinesischer Pilz oder eine der asiatischen Suppen, die immer Teil des Mittagsmenüs sind. Ich nickte interessiert.

«Der Shih Tzu stammt von den tibetischen heiligen Hunden ab und war während der Ming-Dynastie sehr beliebt.»

«Interessant», sagte ich und glaubte, jetzt in den Tiefen der Tasche die Umrisse eines schwarzen, flauschigen Tierchens zu erkennen.

«Sie sieht aus wie eine selbstgebackene Kokosmakrone! Total verbrannt!», rief ich erfreut. Das Frauchen von Tashima lachte nicht.

Frauchen sind, ähnlich wie die spätgebärenden Mütter in ausgesuchten Wohnlagen, humorbefreite Zonen, das muss man wissen, wenn man wie ich zu üblen Scherzen neigt. Neulich war ich in der Kirche von einer interessierten Hundebesitzerin gefragt worden, wie es meinem Welpen denn gehe. Ich hatte, hervorragend gelaunt, auf meine mit Kunstfell gefütterte Jacke gedeutet und gesagt: «Bestens! Er hält wunderbar warm.»

Aber das war gar nicht so gut angekommen.

Hundemenschen sind in ihrem Ernst tatsächlich vergleichbar mit den späten Müttern, zu denen ich selbst gehöre.

Es ist eine betrübliche Tatsache, dass den meisten der sogenannten Risikoschwangeren mit der Nachgeburt auch der Humor abgeht. Und da war ich leider keine Ausnahme.

Es war eine Sache, wenn ich selbst mein Baby als «Dickmops mit Kartoffelnase, der zunehmend aussieht wie Sigmar Gabriel» bezeichnete. Ich durfte das sagen, denn ich war seine Mutter, und es entsprach den Tatsachen, und ich liebte ihn ja trotzdem. Zumal sich das, ich möchte das an dieser Stelle erwähnen, im Laufe der Jahre sehr schön zurechtgewachsen hat. Meine beiden Söhne sind heute, rein objektiv betrachtet, von atemberaubender Schönheit und bemerkenswerter Intelligenz.

Aber schon der gehauchte Versuch eines Fremdscherzes auf Kosten meines Sohnes, und jahrzehntelange Freundschaften standen binnen Sekunden zur Disposition. Eine Freundin bezeichnete meinen kleinen Jungen neckisch als «langweilig», weil er ihren Besuch verschlief. Ein Freund aus Berlin sagte belustigt bei seinem ersten Besuch: «Hübsch sieht er ja nicht aus, aber dafür interessant.» Und unsere Nachbarin warf einen Blick in den Kinderwagen und rief: «Oh! Der hat aber ... äh ... süße Socken.»

Mein Mann musste mich damals tagelang trösten und an Zeiten erinnern, in denen wir selbst zu den Leuten gehörten, die glaubten, man könne mit Eltern umgehen wie mit ganz normalen Menschen und ab und zu einen harmlosen Scherz auf Kosten des Nachwuchses machen.

Weit gefehlt!

Eltern und Hundebesitzer sind schwierige Zeitgenossen, und es gibt keine harmlosen Scherze über Kinder und Welpen. Ich verbiss mir also jede weitere noch so gelungene Humorigkeit über den Shih Tzu in der Tasche und betrachtete wohlwollend mein kleines Hundchen, das sich jetzt vergnügt mit meinen Söhnen über die Wiese wälzte. Das sind die Momente, in denen du nur hoffen kannst, dass andere Menschen die Hinterlassenschaften ihres Hundes genauso sorgfältig wegräumen wie du selbst.

«Barfst du?», fragte Helga mich schließlich, und ich war mir nicht sicher, ob ich sie richtig verstanden hatte. Ihr strenger Blick ließ mich aber vermuten, dass es sich um irgendetwas Lebensnotwendiges handelte, was alle verantwortungsvollen Hundebesitzer dieser Welt kennen und praktizieren. Außer mir natürlich.

«Wie bitte? Ich habe dich akustisch nicht richtig verstanden», sagte ich vorsichtig.

«Barf. Biologisches artgerechtes rohes Futter. Das ist meiner Meinung nach die beste Art, einen Hund gesund zu ernähren. Ich gebe Tashima nur frisches rohes Fleisch, das ich mit Obst oder Gemüse ergänze und täglich frisch zubereite.»

«Ach so, ja klar, das kenne ich», log ich hastig. «Ich habe mich aber gegen Barf entschieden. Hilde bekommt sehr hochwertiges Trockenfutter.» Das Tashima-Frauchen wiegte in nonverbaler Ablehnung ihre Schultern hin und her.

«Das ist aber nicht natürlich», sagte sie und schulterte ihre Tashima. «Früher haben die Hunde ja auch kein Trockenfutter gefressen. Ich bemühe mich, mein Tier so artgerecht wie möglich zu ernähren. Trockenfutter führt zu unangenehm hartem Stuhlgang bis hin zum Darmverschluss. Aber das muss letztendlich jeder für sich selbst entscheiden. So, tschüs, ich muss zum Training.»

«Viel Spaß. Was machst du? Tennis?», fragte ich bemüht freundlich. Meine Laune war durch und durch verdorben.

«Welpentraining. Hast du noch keine Gruppe? Das ist unheimlich wichtig für die frühe Sozialisierung deines Hundes. Meine Trainerin arbeitet nach dem Klicker-Belohnungsprinzip und völlig ohne Strafe. Meiner Ansicht nach ist das das beste Konzept.»

Ich verzichtete auf weitere Nachfragen und blieb noch eine Weile sprachlos und vergrätzt auf der Bank sitzen.

Barf.

Ich bin ja schon froh, wenn es mir alle paar Tage gelingt, meinen Kindern was Frisches zu kochen. Jetzt soll ich auch noch einen Speiseplan für meinen Hund erstellen?

Und was heißt denn hier überhaupt artgerecht? Es ist doch auch nicht von der Natur vorgesehen, einen tibetischen Hund, der von der Dynastie der Ming-Vasen abstammt, in einer Designertasche durch norddeutsche Parks zu tragen.

Ich fühlte mich zutiefst verunsichert und unschön erinnert an die Zeit vor zehn Jahren, als ich in ebendiesem Park auf ebendieser Bank ganz ähnliche Gespräche geführt hatte.

Damals hatten wir hier wie preisgekrönte Legehennen nebeneinandergehockt und uns über die artgerechte Aufzucht und Pflege unserer Babys ausgetauscht.

«Meiner isst ja nur frisch gekochte, pürierte Möhren mit einem Hauch Kräutersalz.»

«Ich gebe meiner ausschließlich salzfreie Kost und ungesüßten Tee. Es ist unheimlich wichtig, dass sich die Geschmacksknospen in dieser sensiblen Phase ungestört entfalten können.»

«Meiner liebt mein Süßkartoffel-Pastinaken-Mus. Ich verfeinere es mit etwas selbstgekochter, ungewürzter Gemüsebrühe. Das kannst du übrigens auch wunderbar einfrieren.»

«Ich füttere Gläschen.» Da war ein Ruck durch die Reihe der Mütter gegangen, und ich hatte das Gefühl gehabt, dass sich zwischen ihnen und mir urplötzlich ein tiefer Krater aufgetan hatte.

Ich war als romantisierende Spätgebärende fast gänzlich unvorbereitet mitten in die sogenannten Mommy Wars geraten, die Grabenkämpfe zwischen Neu-Müttern, die – manchmal mit geradezu brutaler Hingabe – dem eigenen Kind nur das Bestmögliche angedeihen lassen möchten. Und die jeder Mutter, die sich anders entscheidet, unausgesprochen das Gefühl vermitteln, dass sie es falsch macht und froh sein kann, wenn aus ihrem Kind kein Kettensägenmörder oder Dschungelcampkandidat wird, weil sie per Kaiserschnitt entbunden, Gläschenkost gefüttert oder sich nicht rechtzeitig zum Neugeborenen-Shiatsu angemeldet hat.

Denn wenn es um das Wohl des eigenen Kindes geht, hört der Spaß auf. Die Fronten ziehen sich mitten durch die Sandkästen der Republik. Da werden die manikürten Krallen ausgefahren und der eigene Lebensentwurf, das Erziehungskonzept und der Säuglings-Speiseplan humorlos und bis aufs Messer verteidigt.

Ich geriet in Spielplatzschlachten zwischen Vollzeitmüttern und berufstätigen Müttern, die sich gegenseitig für das Schlimmste hielten, was einem Kind passieren kann.

Ich wurde von neurotischen Glucken, überengagierten Stillkühen und radikalen Rohkostschnipplerinnen in die Mangel genommen und erlebte das bedrohliche Wettrüsten auf Kindergeburtstagen, wo die gegnerischen Mütter mit bezahlten Artisten, personalisierten Muffins und monatelang geplanten Schnitzeljagden eingeschüchtert werden sollten.

Mütter, so erfuhr ich zu jener Zeit, stellen sich untereinander schmallippig so hinterhältige Fragen wie: «Ach, du willst tatsächlich nur vier Monate stillen?» Oder auch: «Was, du stillst immer noch?»

«Dein Kind soll in eine städtische Kita? Bewundernswert, dass dich die großen Gruppen und der elend hohe Lärmpegel dort nicht abschrecken.»

«Feuchttücher für den Po? Mutig, bei den fragwürdigen Inhaltsstoffen.»

«Ehrlich, dein Kind soll erst in der Schule lesen und schreiben lernen? Das ist ja abgefahren.»

Und wenn gar nichts mehr hilft, griffen die listigen Schlangenmütter immer wieder gern auf den einen gemeinen Satz zurück, der beispielsweise benutzt wird, wenn man sich entschieden hat, dem Sohn Nasentropfen zu geben, statt ihn weiträumig mit Majoranbutter einzureiben: «Das musst du letztlich selber wissen. Ist ja dein Kind.»

Und dann stand ich da, komplett verdattert, damals als Mutter und heute als Frauchen, und wünschte mir einfach nur jemanden, der mir sagt, dass der Abstieg meines Kindes oder wahlweise meines Hundes nicht vorprogrammiert ist, bloß weil ich mich mit Zweifeln und Ängsten plage und nicht jeden Tag frisch koche.

Ich sah Hilde bereits in einem Einzelzwinger in einem Heim

für schwererziehbare Hybriden mit Trockenfutter-Neurose und fest verschlossenem Darm.

Mein Telefon klingelte.

«Hallo, hier ist die Marianne aus dem Taunus!»

Auch das noch! Marianne war die ruppige Züchterin, die uns vor einem halben Jahr abgelehnt hatte. Ich hatte ihr vor ein paar Wochen eine Mail geschrieben, dass wir uns nun für bereit hielten, einen Welpen bei uns aufzunehmen, und gefragt, ob sie einen Wurf ihrer zauberhaften Flat-Coated-Golden-Retriever-Mischlinge erwarte. Aber Hilde war schneller gewesen.

«Wir haben neue Hundebabys», sagte sie. «Bist du noch interessiert?»

«Nein danke, leider nicht. Wir haben seit ein paar Tagen einen Welpen.»

«Ach nee. Und was ist es jetzt geworden?»

«Ein Mini-Goldendoodle», sagte ich trotzig. Ich ahnte bereits, dass diese Modezüchtung, die extra für Tussen aus Adresslage designt wurde, die zu faul sind, Hundehaare vom gekalkten Holzboden ihrer Stadtvilla zu fegen, von Marianne nicht akzeptiert werden würde.

In der Tat folgte eine Pause mit Anklagecharakter.

Marianne, so war es mir bei unserem Besuch bei ihr vorgekommen, hatte ihr Leben ganz ihren geschätzten zehn bis vierzehn Hunden verschrieben. Die Sozialverträglichkeit mit Menschen war ihr dabei weitestgehend verlorengegangen. Sauberkeit, frische Atemluft, Tageslicht und Rudimentärhygiene schienen in dem düsteren Gelbklinkerbungalow, in dem sie mit den Tieren in gekachelten Räumen lebte, eine untergeordnete Rolle zu spielen.

«Hunde stinken. Das ist normal und gehört dazu», hatte Marianne gesagt, als sie unsere grünlich verfärbten Gesichter gesehen hatte. Selbst meine Söhne, sonst hart im Nehmen, was Schmutz und Gestank angeht, wagten es nicht, bei Marianne zu atmen, geschweige denn, auf die Toilette zu gehen. Ein Paradies für Hunde, sicherlich. Und für Menschen ohne Nasenschleimhaut.

«Na dann, viel Spaß», hörte ich Marianne schließlich am Telefon in jenem höhnisch-beleidigten Tonfall sagen, den alle Besserwisser perfekt beherrschen und anwenden, wenn sie dir, dem Vollidioten, vermitteln wollen, dass du gegen ihren ausdrücklichen und wohlmeinenden Rat alles falsch gemacht hast.

Das konnte ich in meinem labilen Geisteszustand nun wirklich nicht auch noch gebrauchen. Ich zweifelte gerade selbst genug an meiner Entscheidung, es bedurfte keiner Verstärkung. Ich rief, den Tränen nahe: «Vielen Dank!», legte grußlos auf und schleppte mich deprimiert nach Hause.

Dort erwartete mich bereits eine E-Mail von Marianne, in der sie sich zunächst darüber beklagte, von mir abgewürgt worden zu sein. Es sei ihr ein Anliegen, mir noch etwas mit auf den Weg zu geben: «Die Wahl eures Hundes überrascht mich doch sehr, da du ja betontest, du willst einen besonders ruhigen Hund. Doch der Goldendoodle ist alles andere als ein ruhiger Hund und vor allem für Hundeneulinge wie euch gar nicht geeignet.»

So endete ich nach diesen katastrophalen Erfahrungen also mitten in der Nacht heulend in der Gesellschaft eines Ochsengenitals auf dem Teppichboden.

Ich fürchte, wenn man einen Hund hat, fühlt sich nahezu jeder berufen, seine Expertenmeinung kundzutun und notfalls auch korrigierend in den Erziehungsprozess einzugreifen. Schließlich haben wir doch alle Lassie gesehen und für den Tierschutz gespendet, da darf man sich scheinbar jede unqualifizierte Einmischung auf Hundewiesen erlauben.

Ich schleppe mich erschöpft und erschlagen hinauf zu meinem schlafenden Welpen. Womöglich schlummert in ihr ein kalbsgroßes Nervenbündel mit hartem Stuhlgang und ungeahntem Aggressionspotenzial.

Mein Hildchen sieht bezaubernd und unschuldig aus.

Sie träumt. Sie winselt und prustet leise vor sich hin, während ihre puscheligen Pfoten zucken, als sei sie in ihren Träumen auf Entenjagd oder auf einem Welpengeburtstag mit All-you-can-eat-Ochsenpenis für alle.

Ich lege meine Hand auf ihr weiches helles Bäuchlein. Ihr Atem beruhigt sich, sie gibt ein kleines wohliges Seufzen von sich und legt mir im Schlaf eine Pfote auf die Hand.

Und für ein paar Sekunden ist es da. Das Gefühl, das alles gut und ganz genau so ist, wie es sein soll.

«Wir schaffen das schon», flüstere ich Hilde zu. Sie öffnet träge ein Auge und flüstert zurück: «Daran habe ich keine Zweifel. Ich mache mir nichts aus Barf.»

8. Oktober

ORT: Wursttheke im Feinkostgeschäft «Butter Lindner».
STIMMUNG: Was kostet die Welt?! Ich habe Hilde zum ersten Mal in der Obhut meines Mannes zu Hause gelassen und fühle mich frei, jung, lebendig und ungebunden!

Ich tänzle verspielt und leichtfüßig in Richtung Roastbeef und Mailänder Salami. Ich fühle mich wie ein Sträfling auf Freigang, wie eine Säuglingsmutter zwischen zwei Stillpausen, wie ein Teenager, dessen Eltern für ein paar Tage verreist sind.

Ich will jede Minute ohne Hund genießen. Was für eine Entlastung, nicht durchgehend in pädagogischer Habachtstellung zu sein, mit gezücktem Kotbeutel und ständig auf dem Sprung, den Welpen vor Autos, Laubbläsern, Presslufthämmern und Kleinkindern in Sicherheit bringen zu müssen.

Während die Verkäuferin den gekochten Schinken in dünne Scheiben schneidet, betrachte ich voller Ehrfurcht den Golden Retriever, der wie eine Statue vor dem Geschäft sitzt. Ohne Leine, ohne Gebell. Hockt einfach stoisch da und wartet, dass sein Herrchen zurückkommt.

Mit Schaudern erinnere ich mich an meinen Versuch, gestern an der gleichen Stelle meine kleine Hilde anzuleinen, um rasch etwas fürs Abendessen einzukaufen.

Ich hatte mich noch keine zwei Schritte von ihr entfernt, als sie sich, panisch winselnd, innerhalb von Sekunden aus dem Geschirr, das mir als besonders ausbruchsicher und ergonomisch wertvoll verkauft worden war, herausgewunden hatte.

Ich erwischte sie gerade noch, ehe sie in Richtung Straße davoneilen konnte, und leinte sie erneut an. Noch war ich nicht bereit, auf mein Abendessen und meine überlegene Rudelstellung zu verzichten.

Ich sprach, ganz nach Welpen-Handbuch, beruhigend und pädagogisch wertvoll auf sie ein und ging dann festen Schrittes in Richtung Geschäft.

Bereits als ich die Glastür öffnete, hatte sich Hilde schon derart gegen ihr Schicksal aufgelehnt, sich mehrfach selbst gedreht und in ihre Leine verstrickt, dass sie nun, zu einem winzigen Paketchen verschnürt, an eine lieblos zubereitete Roulade erinnerte und mir unglücklich hinterherfiepte.

Ich ging eilig zurück und befreite das Tier aus seiner misslichen Lage. Erste strafende Blicke begannen mich zu streifen, und mehrere Passanten schüttelten demonstrativ und anklagend den Kopf.

Hast du einen Welpen, sind die Besserwisser nicht weit.

Ich fragte mich, wie ich meinem kleinen Hund beibringen sollte, vor einem Geschäft auf mich zu warten, ohne ihn jemals vor einem Geschäft auf mich warten lassen zu können.

Ich bin sicher, innerhalb weniger Minuten würde ich wegen Tierquälerei verhaftet und mein Welpe in einer Pflegefamilie untergebracht werden.

Es wurde wirklich Zeit, mich mit einem echten Experten zu beraten und andere Betroffene zu kontaktieren. Ich brauchte Rückendeckung. Im Alleingang würde ich gegen die Gutmenschen mit Hausmeistermentalität nicht ankommen, jene Allgegenwärtigen, die auch immer darauf achten, dass ich vor dem Schwimmen dusche und nicht auf dem Fahrradweg gehe. Denn die lauern überall darauf, dich bei einer Ordnungswidrigkeit, einem Fehlverhalten, einer pädagogischen oder einer Umweltsünde zu erwischen.

Ich weiß noch traumatisch genau, wie es war, als ich mein Baby im Kinderwagen vor der Bäckerei geparkt hatte. Ich war unterzuckert und einer Ohnmacht nahe und brauchte dringend Kraftnahrung in Form von Schmalzgebäck oder Sandkuchen.

Gerade als ich an der Reihe gewesen war, es hatte keine drei Minuten gedauert, war eine Dame mittleren Alters hereingestürmt gekommen und hatte mich wütend angeschrien: «Ist das Ihr Baby da draußen? Sie können das Kind doch nicht einfach so schreien lassen!»

Alle hatten mich böse angeschaut und im Gleichtakt ihre Köpfe geschüttelt, und ich hatte mich nicht mehr getraut, meinen Kuchen zu bestellen, und war mit eingezogenen Schultern und ohne nennenswerten Kreislauf nach draußen zu meinem Baby geschlichen.

«Doch!», hätte ich am liebsten der Meute zugerufen. «Ich kann mein Kind einfach so schreien lassen. Es ist nämlich mein Kind und meine Entscheidung! Die paar Minuten werden meinem Baby weniger schaden als eine Mutter, die vor lauter Hunger Leute anfällt.»

Aber ich hatte still geschwiegen und meinen inneren Hass

gegenüber den ewigen Kopfschüttlern kultiviert, die beige Jacken tragen und beige Gesichter haben und ihren ebenfalls beigefarbenen Charakter dadurch aufzuwerten versuchen, dass sie andere abwerten.

Und jetzt, Jahre später, hatten sie mich nicht als inkompetente Mutter, sondern als verantwortungsloses Frauchen identifiziert. Es war also wieder passiert. Ich hatte nichts gelernt und war mit meinem Welpen noch genauso leicht zu verunsichern wie mit meinem Baby.

Ich hatte Hilde auf den Arm genommen und mich so zügig und so unauffällig wie möglich vom Tatort entfernt.

Abends hatte es Reste und Trockenfutter gegeben.

«Hallo! Wie geht's?» Ich war so in den Anblick des wohlerzogenen Retrievers und meine Wut gegen die Kopfschüttler versunken gewesen, dass ich meinen Frauenarzt gar nicht bemerkt hatte, der jetzt neben mir an der Wursttheke stand.

Ein Berufsstand übrigens, dem man, ähnlich wie Scheidungsanwälten, Bestattern und Mathelehrern, ungern im öffentlichen Raum begegnet.

«Ich habe jetzt endlich ein Mädchen bekommen», sagte ich fröhlich. Dieser Mann wusste nur zu genau, wie enttäuscht ich gewesen war, als auch beim zweiten Kind die Ultraschall-Diagnose auf «eindeutig männlich» gelautet hatte.

«Damit fällt das Kind in die Kategorie: Hauptsache gesund», hatte meine Freundin Gerda damals aufmunternd gemeint, und mein Mann hatte kurzzeitig wieder angefangen zu rauchen.

Ich würde meine Schminktipps zwar mit ins Grab nehmen müssen, aber dank Hilde durfte ich nun so viele rosafarbene Accessoires wie nötig und möglich einkaufen.

«Es ist eine kleine Hundedame», sagte ich.

«Meiner sitzt da draußen», sagte der Arzt und deutete auf den wohlerzogenen Golden Retriever. Ein prächtiges Tier mit glänzendem Fell. Ein richtiger Hund.

«Barfen Sie?», fragte ich meinen Arzt, womöglich ein wenig aufdringlich. Aber ich wollte die Gelegenheit nutzen, eine weitere Meinung einzuholen.

«Nein. Glauben Sie mir, wir haben alles durch: Nassfutter, gekochtes Fleisch, rohes Gemüse und Barfen. Das Beste ist, Sie geben ausschließlich Trockenfutter», antwortete der Arzt und wandte sich dann kurz an die Verkäuferin mit der Bitte um zweihundert Gramm Mortadella, nicht zu dünn geschnitten.

«Und warum?», fragte ich und packte meinen Schinken in den Einkaufskorb.

«Seither macht unser Hund feste, kleine Haufen, die sich spielend leicht aufnehmen lassen. Wunderbar trocken. Nicht so weich und schleimig, wie wenn man frisch füttert. Und er furzt auch nicht mehr so penetrant.»

«Darf es sonst noch etwas sein?», fragte ihn die Verkäuferin.

«Ja, ich nehme noch hundertfünfzig Gramm von der Kalbsleberwurst.»

«Aber barfen ist so natürlich und artgerecht», wandte ich ein, die mahnende Stimme von Helga im Ohr, und probierte eine Scheibe Fenchelsalami.

«Ach Quatsch, was heißt schon natürlich! In der Natur stört es niemanden, wenn ein Hund ständig vor sich hin pupst und schmierige Riesenhaufen absondert.» Er wandte sich der Verkäuferin zu. «Ich hätte dann gern noch etwas von den frischen Salaten.»

Ich nickte erleichtert. Da hatte der Mann natürlich vollkommen recht, und ich fühlte mich in meinem Trockenfutter-Kurs wunderbar bestätigt.

Ich nahm noch zwei Puten-Wiener für meine Söhne und ging beschwingt nach Hause.

Kleine, feste Haufen.
Wünschen wir uns das nicht alle?
Besonders auf hochflorigem Teppichboden.

11. Oktober

Alle lieben Hilde.

Alle außer mir.

Und außer meinem Mann natürlich. Der hat sich jedoch immerhin bereits positiv über ihr putziges Äußeres und ihr bisher unaufdringliches Wesen geäußert. Die täglichen Anforderungen und Unannehmlichkeiten überlässt er mir und schaut sich das Projekt «Hund» aus angemessener emotionaler und geographischer Entfernung an.

Darüber will ich mich nicht beschweren. So war es abgemacht. Er wollte keinen Hund und hat trotzdem einen bekommen. Insoweit ist es nur fair, dass ich ihm den Umgang mit Kotbeuteln, die Erziehung des Tieres, Tierarztbesuche, Wurmkuren und die nächtlichen Gassigänge so weit als möglich erspare.

Von meinem Mann habe ich keine heftigen Gefühlswallungen bezüglich des Welpen erwartet. Von mir schon.

Jetzt habe ich doch endlich alles, was ich immer wollte: Mann, Kinder, Entsafter, Netflix, ein Hundemädchen und eine rosafarbene Welpendecke. Nach wie vor warte ich auf das Einschießen der Milch, auf die selige geistige Umnachtung, den totalen hormonellen Ausnahmezustand durch pure Emotion und durch mütterliche Gefühle diesem kleinen Hund gegenüber.

Wo bleiben sie denn jetzt, bitte schön, die überwältigenden Glücksgefühle?

Das Einzige, was mich in regelmäßigen Abständen überwältigt, ist die Sorge, aus einer naiven Sehnsucht heraus einen unwiderruflichen Fehler gemacht zu haben.

«Kinder sind fremde Leute», hat Gottfried Benn gesagt. Und da ist was dran, und das gilt sicherlich auch für Hundekinder. Denn neugeborene Wesen sind in erster Linie, wie der Name bereits andeutet, vor allem eines: neu.

Man kennt sich nicht, unterhalten kann man sich auch nicht, und bei einem Welpen kommt erschwerend hinzu, dass man ihn in der Regel nicht selbst geboren hat.

Das bedeutet, dass man als Frauchen auf die wunderbaren Stillhormone Prolaktin und Oxytocin verzichten muss. Das eine bewirkt, dass wir weniger Schlaf brauchen, das andere, dass wir entspannter und stressresistenter sind.

Mit einem Welpen bekommst du also ein Baby, jedoch ohne die entsprechenden Glückshormone. Das ist ein bisschen wie eine OP, bloß ohne nennenswerte Narkose.

Eine schwierige Situation, und ich brauche anscheinend überdurchschnittlich lange, um mich mit ihr anzufreunden. Hilde ist jetzt schon eine Woche bei uns, und ich schäme mich sehr, dass völlig Fremde offenbar eine größere Zuneigung und besseren Zugang zu meinem Hund haben als ich.

Ständig werfen sich Kinder und durchaus auch erwachsene Menschen vor Hilde in den Staub, knuddeln und streicheln sie und beglückwünschen mich zu diesem entzückenden Neuzugang.

Meine Freundin Maria, die ich nur selten sehe und auf die ich mich sehr gefreut hatte, verbrachte bei ihrem Besuch den ganzen Abend neben Hilde auf dem Küchenfußboden und äußerte nur wenige vollständige Sätze, von denen kein einziger interessant war.

Meine Freundin Silke, selbst seit vielen Jahren Frauchen, zückte beim Spaziergang wie selbstverständlich ihren eigenen Gassibeutel, um Hildes Hinterlassenschaft liebevoll zu entsorgen. Nicht ohne vorher die angenehm trockene Kotkonsistenz zu loben.

Jasmin, eine Bekannte, die ich zufällig im Park mit ihrer Bulldogge Bobby traf, sagte beim Anblick von Hilde bewegt: «Wie wunderbar, herzlichen Glückwunsch! Die Liebe zu einem Hund ist grenzenlos. Dein Leben wird so viel reicher und tiefer. Dein Hund ist der Spiegel deiner Seele, dein bedingungsloser Freund und Gefährte. Ich habe noch keinem Mann solche innigen und tiefempfundenen Liebeserklärungen gemacht wie meinem Hund. Dein Hund wird dich nie verlassen.»

Genau das ist meine Befürchtung. Ich nickte betroffen, und Jasmin fuhr fort: «Jetzt beginnt ein neues Leben. Und du wirst merken, dass ein Partner niemals ein gleichwertiger Ersatz für einen Hund sein kann.» Ich lachte schallend und genau so lang, bis ich merkte, dass Jasmin keinen Witz gemacht hatte.

Ich bekam nun doch mehr und mehr das Gefühl, dass sich in den vergangenen dreißig Jahren einiges in der Beziehung zwischen Menschen und ihren Hunden verändert hatte.

Meine Güte, ich habe kein Kind allein im Dschungel Malaysias zur Welt gebracht, keinen Nobelpreis in Biochemie gewonnen, kein Mittel gegen Aids entdeckt und die Welt nicht von Hunger und Krieg erlöst.

Ich habe mir bloß einen Welpen gekauft.

Eigentlich kein Grund, gleich durchzudrehen.

Jeglicher Pragmatismus im Umgang mit Hunden scheint mittlerweile verpönt zu sein, und ich bin mir gar nicht mal mehr sicher, ob man gemäß Tierschutzgesetz den Satz «Es ist doch nur ein Hund» überhaupt noch laut aussprechen darf.

Ich habe nicht gewusst, dass ich mit dem Kauf eines Welpen Teil einer Welt werde, in der Terrier in reetgedeckten Hundehütten «Modell Kampen» schlafen, in der Collies das Fell nur bei Vollmond geschnitten wird und in der das Herrchen sich einen neuen Fernsehsessel kauft, weil der alte von seinem Cockerspaniel belegt ist.

Es gibt Leute, die drehen sich nachts im Bett nicht auf die andere Seite, um den neben ihnen liegenden Husky nicht zu wecken. Andere streuen vierzig Monate lang gereiften Parmesan über das Futter, backen zu Weihnachten mit Blattgold verzierte Leberwurstkekse und ziehen ihrer menstruierenden Hündin Läufigkeitshosen mit roten Polkadots an.

Auf Hundewiesen werden in der Adventszeit Rezepte für festliche Hundemenüs ausgetauscht, und der Rinderzungen-Mais-Mischung werden Bachblüten und Lachsöl beigemengt, für die Immunabwehr und das seelische Gleichgewicht.

Früher gab es Blättermagen, und der Hund lag unterm Tisch.

Auf meinen kurzen Spaziergängen – ein Welpe, das hatte ich mir angelesen, braucht zunächst viel Ruhe und muss seine weichen Knochen schonen – werde ich ständig begeistert nach Name, Rasse und Alter meines Hundes gefragt.

Selbst mein Mann, eigentlich kein Typ, den man ohne Not freiwillig anspricht, sah sich bereits zweimal im Park mit schrill quietschenden Frauen konfrontiert, die vor Hilde auf die Knie gingen.

Der Dialog lief beide Male exakt gleich ab:

Fremde Frau zu Hilde: «Oh mein Gott, bist du süüüüüß! Oh nein, du bist ja so eine feine kleine Maus! Ja, mach mal sitz, ja fein, Gottogott, bist du niiiiiedlich, ja, du süßer kleiner Puschelbär!»

Kurze Pause. Fremde Frau streichelt verzückt Hilde. Frau schaut hoch. Sieht am anderen Ende der Leine den dazugehörigen Mann und sagt irritiert, nahezu erschrocken: «Der Hund passt gar nicht zu Ihnen!»

Mann nickt und sagt zu Frau: «Ich hätte auch lieber einen Aufsitzrasenmäher gehabt.»

Frau marschiert konsterniert davon, nicht ohne Hilde noch mehrere bedauernde Blicke zuzuwerfen.

Welpen rufen beim weiblichen Geschlecht dramatische emotionale Reaktionen hervor. Die Mutter einer Klassenkameradin meines großen Sohnes hat sich, nachdem Hilde vor der Schule ihr Herz im Sturm erobert hatte, ein kleines Welpenmädchen beim selben Züchter gekauft. Angeblich das vorletzte aus dem aktuellen Wurf.

Das hatte mich etwas stutzig gemacht. Keine zwei Wochen später und schon wieder ein neuer Wurf?

Ich recherchierte im Internet und stieß auf eine relativ große Gruppe von Hundebesitzern, die ihre Welpen alle bei meinem Züchter gekauft hatten und sich, wie ich nun auch, wunderten, wie eine solche Anzahl von Welpen mit nur einem einzigen Elternpaar gezüchtet worden sein soll.

Zu dem schlechten Gewissen, meinen Hund nicht genug zu lieben, kam jetzt noch das schlechte Gewissen hinzu, dass ich mich nicht gut genug über Hildes Herkunft informiert und womöglich einen zwielichtigen Züchter unterstützt hatte.

Ich beschloss, die Sache zunächst zu verdrängen, mindestens solange die Grundausbildung meines Hundes nicht abgeschlossen war.

Da gab es nämlich noch einiges zu tun. Hilde hatte sich zwischenzeitlich vorgenommen, das Treppengitter weitgehend zu ignorieren und notfalls einfach umzurennen. Um die Wände zu schonen, hatte ich mich für ein freistehendes Gitter entschieden, angeblich geeignet, kleine und mittelgroße Hunde abzuhalten.

Aber die Sitzsäcke im Obergeschoss und auch die Tagesdecke im Elternschlafzimmer – ein Erbstück, unbezahlbar – schienen eine magische Anziehungskraft auf den Welpen und seine Blase auszuüben. Den Ochsenpenis hatte Hilde weichgekaut, wodurch dem Genital ein übler Verwesungsgeruch entwich, der sich sowohl im gesamten Erdgeschoss als auch in Hildes Fell und den Haaren meiner Kinder festsetzte.

Ich schmiss den Pimmel entschlossen weg, was dazu führte,

dass Hilde umgehend damit begann, die Treppe und die Kinderturnschuhe zu fressen.

Die Schuhe räumte ich weg, und den Fuß der Treppe rieb ich hinterlistig mit einer Chilischote ein. Das wirkte, führte jedoch zu einer Verlagerung von Hildes Aktivitäten in Richtung Wohnzimmer.

Vorgestern hallten durch das gesamte Haus derart laute und markerschütternde Schreie, dass ich kurz davor war, das SEK zu alarmieren.

Letztlich aber hatte Hilde bloß beim Verzehr der Fernbedienung versehentlich den Fernseher eingeschaltet. Es lief der Kinderkanal, «Drachenzähmen leicht gemacht».

Der Hund hatte vor Schreck, was man ihm wirklich nicht verdenken kann, auf den Wohnzimmerteppich gepinkelt – der einzige textile Bodenbelag, der bisher von Exkrementen jedweder Art noch unberührt geblieben war.

Laminat und Parkett lehnt Hilde für ihre Geschäfte, inklusive Erbrochenem, grundsätzlich ab. Sie bevorzugt einen weichen, hautschmeichelnden und saugfähigen dreilagigen Untergrund.

Ich zog den Kauf einer Hundetoilette in Erwägung, wie es mir die Frau im Fachgeschäft nahegelegt hatte. Aber wenn ich ein Tier gewollt hätte, das in die Wohnung macht, hätte ich mir auch eine Katze kaufen können. Außerdem war ich bisher beim Kauf von Hundeprodukten nicht immer gut beraten worden.

Das Geruchsproblem des Ochsenziemers hatte mir die Fachkraft zum Beispiel verschwiegen. Das Geschirr, das sie mir verkauft hatte, war für Hilde zu groß gewesen, und der Fressnapf aus Porzellan war nach drei Tagen auf rätselhafte Weise zersprungen.

Schlechte Erfahrungen hatte ich auch mit der sogenannten Schleppleine gemacht, die mir als absolutes Muss, gerade für die ersten Monate, dringend empfohlen worden war. Die zehn Meter lange Leine aus neongrünem, abwaschbarem Kunststoff sollte dem Welpen ein Gefühl der Ungebundenheit vermitteln, bei gleichzeitig größtmöglicher Sicherheit.

«Wenn Ihr Hund abhauen will, treten Sie einfach auf die Leine drauf. So können Sie den Freilauf und den Rückruf üben. Ihr Hund ist zwar an der Leine, aber er fühlt sich nicht so», hatte die Expertin gesagt und mich augenblicklich überzeugt.

Vielleicht war die Dame eine Praktikantin gewesen, vielleicht hatte sie auch die Ausmaße meines Welpen falsch eingeschätzt, jedenfalls fühlte sich Hilde mit der Schleppleine in etwa so frei, als trüge sie einen Mühlstein um den Hals.

Mühsam und breitbeinig schleppte mein armes Hundchen die Leine hinter sich her und sah dabei aus, als hätte man sie vor einen Pflug gespannt, den sie durch ein unwirtliches nordafrikanisches Steinfeld ziehen musste.

Außerdem gibt es nichts Beschämenderes, als wenn sich zwei Welpenmütter mit Schleppleinen begegnen. Innerhalb von dreißig Sekunden entsteht ein unübersichtliches Gewirr aus Leinen, Beinen und Hunden, was nicht selten zu umkippenden Frauchen führt, mindestens aber ähnlich lang entwirrt werden muss wie die Lichterketten für den Tannenbaum, die man am vergangenen Weihnachten mal wieder achtlos in die Kiste geworfen hat, statt sie weise und vorausschauend sorgfältig aufzurollen.

Ich legte die Schleppleine beiseite, bis mein Hund ihr gewachsen sein würde, und arbeitete ein paar Tage recht erfolgreich mit drei aneinandergebundenen Lederschnürsenkeln, die Hilde ohne Anstrengung hinter sich herziehen konnte.

Leider hatte meine Konstruktion deutliche Mängel, was sich gestern zeigte, als ich mit Hilde abends im Park war und die Leine gerade wieder hochnahm.

In diesem Augenblick stürzte sich aus dem Nichts ein wildgewordener Labrador auf uns, warf sich auf mein zu Tode erschrockenes Hildchen, und die Leine zerriss. Ehe ich reagieren konnte, jagten zwei keifende Frauen auf das Hilde-Labbi-Knäuel zu.

«Harrison!», schrie die eine. «Harrison, hier!»

Harrison, der durchgedrehte Labrador, empfand das Kommando seiner Besitzerin offenbar nicht als verbindlich, ließ aber immerhin von Hilde ab und rannte hinaus in die Dämmerung.

«Was soll ich denn jetzt machen!? Harrison! Bleib! Sitz! Platz!», rief das Frauchen verzweifelt und setzte ihm nach, während ich versuchte, meine verstörte Hilde wieder einzufangen, die unter einem Gebüsch Schutz gesucht und offenbar jedes Vertrauen in die Welt verloren hatte.

Ich musste lange mit Schweineohren winken, bis sie sich wieder heraustraute und ich sie auf den Arm nehmen konnte.

«Harrison! Hier!», tönte es von weitem aus der Dunkelheit.

«Ist alles in Ordnung?», fragte die zweite Frau, die sich an der Verfolgung von Harrison beteiligt hatte, jetzt aber bei uns stehen blieb. Ich nickte, war aber innerlich aufgewühlt. Hilde zitterte in meinem Arm. Wir waren beide unverwundet geblieben, aber unser Urvertrauen war schwer erschüttert worden.

«Harrison ist in der Pubertät», sagte die Frau. «Der hört gerade auf überhaupt nichts mehr. Die Phase habe ich zum Glück hinter mir.» Sie deutete auf einen hellbraunen Labrador, der sich ein paar Meter weiter im Schlamm wälzte. Ich hoffte zumindest, dass es Schlamm war.

«Das ist Elsa. Mit ihr war ich von Anfang an in einer Hundegruppe bei einer super Trainerin. Das hat wahre Wunder gewirkt.»

Ich notierte mir dankbar den Namen der Trainerin und sagte: «Elsa ist wirklich bildschön. Braune Labradore sieht man ja nur selten.» Von dem warmen, hellen Braun war allerdings aktuell unter der dunklen Schlammverkrustung nicht mehr viel zu sehen.

«Das ist kein Braun», sagte die Frau, und ihr Ton kühlte sich ab. «Das ist Champagner. Eine sehr seltene Spezialfarbe.»

Oh. Das tat mir ja nun leid. Das ist, wie wenn du einen stolzen Autobesitzer auf seinen gelben Mercedes ansprichst, der aber eigentlich eine Sonderlackierung in Gold hat.

Andererseits fragte ich mich auch, was die Züchter von Elsa für einen Champagner trinken. Mich erinnerte der helle Braunton eher an den Stuhlgang eines Säuglings, der ausschließlich gestillt wird. Aber das lag sicher daran, dass ich im Moment einfach unheimlich kotfixiert bin.

In diesem Moment schoss zum Glück Harrison erneut an uns vorbei, was mich einer Antwort enthob und das Gespräch beendete.

Am nächsten Tag vereinbarte ich einen Termin bei einer Welpengruppe und beim Tierarzt. Es wurde Zeit, dass für Hilde und mich der Ernst des Lebens begann.

14. Oktober

«Ist mein Hund doof?»

Der Tierarzt betrachtet Hilde freundlich. Mein Welpe steht schwanzwedelnd auf einem Metalltisch, der mich an die Leichentische in der Pathologie erinnert, wie man sie aus nahezu jedem beliebigen Krimi kennt.

Die Frage nach Hildes Intelligenz lag mir schon länger auf dem Herzen und fällt mir nun bei meinem Antrittsbesuch in der Tierarztpraxis als Erstes ein.

Ich habe doch manchmal sehr den Eindruck, dass meine Hilde ein ziemlich trübes Tässchen ist. Da ist zum einen die Art, wie sie mich völlig verständnislos anschaut, wenn ich neckisch, resolut oder auch drohend ihren Namen rufe. Auch meine von Gesten und engagierten Bewegungen untermalten Kommandos haben nicht die erwünschte Wirkung.

Rufe ich im Garten «Hier!», begleitet von einer übertriebenen

Schwenkbewegung der Arme und einer einladenden Körperhaltung, setzt sich Hilde auf der Stelle hin, um die ulkige Frauchen-Show in aller Ruhe anschauen zu können. Meistens guckt auch noch der ein oder andere Nachbar dabei zu.

Was mir ebenfalls Sorgen macht, ist, dass es nicht möglich ist, vor Hilde etwas zu verstecken. Zumindest nicht so, dass sie es wiederfindet.

Ich kann beispielsweise direkt vor ihren Augen ein Spielzeug unter ihr Hundekissen schieben und dann «Such!» rufen. Sie schaut interessiert zu, stürzt sich auf das Bettchen, wühlt aufgeregt darin herum, versucht, durch das Polster hindurchzugraben, dreht sich neurotisch auf der Stelle und bellt wahlweise mich oder das Kissen an. Das könnte noch Stunden so weitergehen.

Wie kann man denn nur so blöd sein?, frage ich mich dann heimlich und denke an meine Söhne, die Intelligenzspielzeuge für Babys nie in der vom Hersteller vorgesehenen Weise benutzt haben. Meistens speichelten meine Kinder die Teile gründlich ein, um sie dann einem anderen Kind auf den Kopf zu hauen.

«Ob Ihr Hund doof ist, kann man jetzt noch nicht sagen», sagt der Tierarzt. «Hilde ist ein Baby und kann viele Transferleistungen noch nicht erbringen. Aber selbst wenn sie später ein bisschen dämlich wird, dann wäre das kein Beinbruch. Intelligente Hunde sind eine Herausforderung. Und so, wie ich Sie verstanden habe, wollen Sie sich nicht übermäßig anstrengen.»

Ich nicke. Der Mann hat meine Persönlichkeitsstruktur schnell und zutreffend erfasst.

Ich komme zum zweiten Punkt:

«Muss ich barfen?»

«Ein Hundemagen braucht keine Abwechslung, und frisches Fleisch erhöht die Gefahr von Parasiten und Salmonellen. Sie können Ihrem Hund ab und zu Reste geben. Aber die Standardration sollte immer gleich bleiben.»

«Reste?», frage ich alarmiert. Helga, das Frauchen von Tashima, hatte mich eindringlich gewarnt, irgendein Gewürz auch nur in die Nähe des Hundemagens zu lassen. Das könne zu dramatischen Unverträglichkeitsreaktionen führen.

«Quatsch», sagt der Arzt zu meinen Bedenken, «mein Hund bekommt manchmal Chili con Carne. Ein bisschen Oregano wird Hilde nicht schaden. Bedenken Sie: Ihr Hund frisst auch Scheiße.»

Das ist deutlich und ergibt Sinn. Ich schlucke und blicke hinunter auf den Zettel mit den Fragen, die ich mir extra aufgeschrieben habe.

«Ist es normal, dass ich meinen Hund manchmal ablehne?», frage ich vorsichtig und komme mir entsetzlich schäbig vor.

«Das ist völlig normal», ruft der Arzt belustigt. «Es gibt nur niemand zu. Sie müssen sich erst aneinander gewöhnen. Und so ein kleiner Kacksack ist zu Anfang eine Überforderung. Das positive Gefühl wächst mit der Zeit und je sicherer Sie im Umgang mit dem Hund werden. Trauen Sie Ihrem Instinkt und beherzigen Sie ein paar Dinge: Bringen Sie Ihren Welpen alle zwei Stunden raus und seien Sie außer sich vor Freude, wenn er sich dort löst.»

«Ja, das tue ich bereits. Und wenn Hilde in die Wohnung macht, dann ignoriere ich das und mache den Mist wortlos weg – ganz genau so, wie ich es in allen Ratgebern gelesen habe», sage ich stolz, denn ich möchte dem Arzt vermitteln, dass er es hier nicht mit einem kompletten Laien zu tun hat.

Nicht ohne Stolz kann ich auf mindestens zwei laufende Regalmeter deutsche Welpenliteratur verweisen, die ich durchgearbeitet habe. Theoretisch bin ich eine absolute Koryphäe auf diesem Gebiet.

«Und Ihr Instinkt sagt Ihnen, das sei richtig? Sie treten in Ihrer eigenen Wohnung in einen Haufen Scheiße, bleiben ganz ruhig und räumen die Kacke still weg? Halten Sie das für eine authentische Reaktion?»

«Ich, äh, das vielleicht nicht. Aber es ist sicherlich pädagogisch sinnvoll, und es steht, wie gesagt, auch in allen Ratgebern ...»

«Die Ratgeber taugen nichts und schreiben alle voneinander ab. Die Leute haben verlernt, instinktiv mit ihren Hunden umzugehen. Durch selbsternannte Erziehungsbeauftragte und elende Besserwisser werden arglose Hundehalter komplett von ihrer Emotion entkoppelt. Die Verunsicherung wird immer größer. Keiner traut sich mehr, das zu tun, wonach ihm ist. Wenn Ihnen etwas missfällt, dann dürfen und müssen Sie das deutlich zeigen. Und ich gehe mal davon aus, dass Sie nicht gerne Hundescheiße auf dem Teppich liegen haben und üblicherweise nicht mit stillem Gleichmut da reintreten würden.»

«Das nicht, aber ...» Ich schweige verunsichert.

«Geben Sie einfache Kommandos und setzen Sie Verbote durch. Werden Sie lieber einmal massiv, statt ständig wirkungslos zu sagen: ‹Ach Mensch, jetzt lass das doch bitte mal!› Das versteht Ihr Hund nicht. Lassen Sie jetzt nichts zu, was Sie später nicht wollen. Ein Welpe im Bett mag niedlich sein, ein ausgewachsener Hund womöglich nicht mehr. Sorgen Sie dafür, dass die Rangordnung bei Ihnen zu Hause stimmt. Ihr Hund ist das letzte Glied in der Kette. Fragen Sie sich bei der Hundeerziehung: Was würde meine Oma tun? Damit sind Sie meist auf dem richtigen Weg. Machen Sie nicht zu viel Bohei um Ihren Hund und vertrauen Sie darauf: Wenn Sie es wagen, Sie selbst zu sein, dann wird die Bindung zu Ihrem Hund mit der Zeit immer stärker, und alles wird besser.»

Der Mann scheint mir lebensnah und an der Praxis orientiert. Am liebsten würde ich ihn für immer mit nach Hause nehmen. Dann müsste ich mich nicht mühsam auf die Suche nach meinem eigenen Instinkt machen.

Ich nutze die Gelegenheit, um diesen wunderbaren Arzt nach meinen Sorgen bezüglich Hildes Herkunft zu befragen. «Sind Hybriden peinliche Modezüchtungen für Großstadt-Elsen ohne Hundeverstand?»

Der Arzt schüttelt den Kopf. «Sie haben einen Mischling. Das ist nicht besser oder schlechter als ein Rassehund, und es ist kein Grund, sich von einem Irish-Setter-Frauchen von oben herab behandeln zu lassen. Sie leben nämlich in einem Stadtteil, in dem ganz besonders gerne hinabgeschaut wird. Dabei sind die angeblich adeligen Stammbäume von Rassehunden auch nicht immer astrein. In Hamburg gab es einen Labrador-Züchter, der zu jedem seiner Spitzenwürfe ein paar ganz ordinäre Welpen aus Hobbyzuchten billig dazukaufte. Die Leute dachten, sie kauften Serranoschinken – dabei war es eine Teewurst.»

Wenig später schwebe ich wie auf Wolken nach Hause. Alles wird gut.

Hilde setzt sich hin und will nicht mehr weiter.

Es war ein anstrengender und aufregender Tag. Ich nehme sie hoch und sage: «Na, du Teewurst.»

Und Hilde schaut mich an, als würde sie sich zum ersten Mal so richtig verstanden fühlen.

22. Oktober

Ich habe beschlossen, dass es Zeit wird, die ersten Schritte zur Abnabelung zu wagen. Hilde wird demnächst für ein paar Tage im Flur vor unserer Schlafzimmertür schlafen, dann auf dem ersten Treppenabsatz und schließlich, wenn sie sich auch daran gewöhnt hat, in meinem Arbeitszimmer im Erdgeschoss.

Ich habe mir zu diesem Zweck eine Hundetransportbox gekauft, ein hässliches Ungetüm aus Nylon mit Seitenfenstern aus Fliegengittern und einem Boden aus Lammfellimitat. «Durch eine große, mit einem Reißverschluss zu öffnende Tür», versprach der Hersteller in der Gebrauchsanweisung, «schaffen auch Welpen bequem den Einstieg in diese Tasche, die sich durch hohen Tragekomfort auszeichnet. Die Seitenteile lassen sich bei Bedarf verdunkeln, sodass sich ihre Fellnase stets rundum wohlfühlen wird.»

«Fellnase»? Ich musste zweimal lesen. Warum nennt man einen Hund «Fellnase», wo doch ausgerechnet die Nase das einzige Körperteil des Tieres ist, wo gar kein Fell wächst? Ein Mysterium.

Genau genommen müsste man Hunde doch eigentlich «Hautnasen» nennen.

Von Tier- oder Kinderliebe übermannt, geben Menschen sowieso die seltsamsten Dinge von sich. Peinliche Kosenamen sprudeln aus ihnen hervor und völlig sinnfreie Sätze, die an jeglicher Intelligenz zweifeln lassen. Frauen, das muss man leider so sagen, sind die traurigen Vorreiter emotionaler und verbaler Haltlosigkeit.

Ich habe mir während meiner Schwangerschaften und später auf dem Weg zum Hundezüchter fest geschworen, mich niemals auf dieses geistlose Niveau herabzulassen. So eine wollte ich nie sein, die mit schriller Kopfstimme unfassbare Peinlichkeiten über den Spielplatz kreischt.

Ich habe schon Mütter erlebt, die ihr Kind in aller Öffentlichkeit «Mauseschwänzchen», «Pupsibärchen» oder «Hasenfürzchen» nannten. Da kann man den Termin beim Spezialisten für frühkindliche Traumata ebenso gut zeitgleich vereinbaren.

Ich dagegen war fest entschlossen, meine Kinder ausschließlich bei ihrem eigens dafür bestimmten Vornamen zu nennen.

Mein großer Sohn war noch keine drei Sekunden auf der Welt, als ich ihm ein hirnzellenfreies gegurrtes «Da bist du ja, mein süßes, kleines Pullemätzchen» ins Öhrchen raunte. Mein Kleiner wurde mit einem verliebten «Hallo, mein süßes Schnuppelbärchen» begrüßt.

Heute nenne ich meine Kinder wahlweise «Schnuffelbäckchen», «Muckinase» oder «Erdmännchen». Allerdings nur, und ich finde, das muss man mir hoch anrechnen, wenn keiner zuhört. Oder fast keiner.

Bei meinem Welpen war ich, was die Benutzung von Spitznamen und sinnfreien Äußerungen angeht, ähnlich inkonsequent. Ich reihte mich schnell in die Unzahl von Idiotinnen ein, die ihr Hundchen mit dem stets mehrfach und in hohen Tonlagen wiederholten Satz begrüßen: «Ja, wo isser denn, ja woisdennmeinkleineshundchen, ja wo denn?!!»

Die Frage muss an dieser Stelle erlaubt sein: Was sollte der Hund, könnte er sprechen, darauf antworten? «Ja, wo soll ich denn sein??? Ich stehe doch direkt vor dir, du Dumpfbacke. Hast du keine Augen im Kopf?»

Aber Hunde sehen ihren Besitzern ja sehr viel nach und gehen meist freundlich darüber hinweg, wenn sich Frauchen mal wieder zum Gespött der Hundewiese macht.

Meine Hilde nimmt mir kaum etwas übel und scheint darüber hinaus ein Tier zu sein, das sich schnell an ungewohnte Situationen gewöhnt und nicht zu dramatischen Auftritten neigt.

Die letzten Tage hat sie bereits klaglos in der geöffneten Hundebox gelegen, und ein paar Autofahrten hat sie auch schon bravourös gemeistert.

Nach wenigen Minuten leisem, aber herzzerreißendem Fiepen – das auszuhalten alle Insassen des Autos viel Disziplin kostete – fügte sich mein Hundchen in sein Kofferraum-Schicksal und machte es sich in der Box recht gemütlich, die ich mit einem Schweineohr und einem Stofftier eingerichtet hatte, um ihm die Eingewöhnung zu erleichtern.

Die letzten zwei Nächte hat Hilde direkt neben meinem Bett in dem verschlossenen Hundebungalow mit Lammauslegeware verbracht.

Das fand sie zunächst ausgesprochen beunruhigend. Sie jaulte jämmerlich und kratzte an dem Fliegengitter, und ich legte meine Hand auf das Häuschen, um meinen Hund und meine Nerven zu beruhigen.

Leider gehört zum Großwerden ja ein gewisses Maß an Zugewinn von Selbständigkeit. Das bedauere ich selbst bis heute sehr, denn wenn es nach mir ginge, würde ich am liebsten immer noch bei meiner Mutter Schutz und Trost suchen, ungarische Kartoffelsuppe essen und mich in Frottébettwäsche verkriechen, wenn ich draußen in der Erwachsenenwelt von jemandem schief angeguckt werde.

Erziehen heißt loslassen. Und jeder, der mal ein schreiendes Kind im Kindergarten zurücklassen musste, weiß, dass der Weg für den Großen mindestens ebenso hart ist wie für den Wachsenden.

Ich habe bittere Tränen auf dem Nachhauseweg vergossen, als es darum ging, uns beide, meinen Sohn und mich, daran zu gewöhnen, dass er nun in der Kita bleiben musste.

Ich habe die Zähne zusammengebissen und bin nicht zurückgerannt, um nachzuschauen, wie es meinem Kleinen geht. Und als ich beim Abholen von der Erzieherin erfahren habe, dass die Tränen meines Sohnes exakt in dem Moment versiegt waren, als seine Mutter um die Ecke verschwunden war, und er sich ab dann prächtig amüsiert hat, war mir das irgendwie auch nicht hundertprozentig recht. Ein bisschen vermisst will man ja schon werden.

Hilde beruhigte sich innerhalb weniger Minuten und schlief die ganze Nacht durch. Am Morgen beschloss ich, dass mein Hund und ich nun den nächsten, entscheidenden Entwicklungsschritt wagen konnten: Wir machten uns auf zur Welpengruppe.

ORT: Eine umzäunte, schlammige Wiese im Hamburger Süden bei Nieselregen und sechs Grad. Die Anschaffung

der gefütterten Gummistiefel hat sich gelohnt, das wird mir bei den ersten Schritten durch den schmatzenden Morast klar. Überhaupt hat sich modisch bei mir in den letzten beiden Wochen einiges getan. Ich war zwar noch nie die Sorte Frau, die man auf der Straße zu ihrem schicken und individuellen Style beglückwünscht hätte, aber Hildes Anwesenheit hat das optische Niveau meiner Anziehsachen noch mal dramatisch gesenkt.

Die Worte «Thermo», «schmutzabweisend» und «strapazierfähig» spielen bei der Auswahl meiner Garderobe nun tragende Rollen. Und ich habe mich tatsächlich nicht entblödet, mir für den schnellen Gassigang zusätzlich zu den Gummistiefeln ein paar sogenannte Schlüpf-Clogs zu kaufen. Unansehnliche, massive Plastiklatschen, die aussehen wie zwei schwarze Gummiboote und jetzt neben der Haustür stehen und dort ankommende Gäste erschrecken. Besonders wenn noch ein angekautes, stark behaartes Rinderohr danebenliegt. Wenn ich morgens in Bademantel, Schlafanzug und mit den beiden klobigen Gummiklumpen an den Füßen vor die Tür trete, um meinen Welpen möglichst schnell auf den Grünstreifen vor unserem Haus zu setzen, ist das ein Anblick, den man in keinem Fall für die Nachwelt festgehalten wissen möchte.

An dieser Stelle kurz eine Nachricht an meinen Nachbarn Manfred, der den besagten Grünstreifen auf öffentlichem Grund in Eigenregie und mit viel Mühe und gärtnerischem Sachverstand angelegt hat: Ich mache Hildes Hinterlassenschaften immer weg, ehrlich! Dein wunderbarer Rasen ist leider zum favorisierten Hundeklo der ganzen Gegend geworden. Mittlerweile bin ich dazu übergegangen, sogar Fremdkot zu entfernen, damit du nicht denkst, ich sei es gewesen. Ich entsorge oft grässliche, weiche Monsterhaufen,

die größer sind als mein kompletter Welpe, bloß um des nachbarschaftlichen Friedens willen.
STIMMUNG: Hilde und ich sind ausgesprochen aufgeregt, als wir das Törchen zur Hundewiese öffnen. Ich sehe mindestens zwölf Welpen sowie die dazugehörigen Herrchen und Frauchen. Unter ihnen Helga und Tashima, was mich gar nicht freut, weil ich auf der Stelle das Gefühl habe, irgendwas falsch zu machen. Meine winddichte Softshellhose mit Tunnelzug sitzt jedenfalls deutlich unvorteilhafter als Helgas elegante, mauvefarbene Skihose mit Stegbündchen. Tashima trägt ein Mäntelchen mit Fellkragen und Barbourmuster. Hilde trägt lediglich ihr eigenes Fell, was nach fünf Metern durch den Matsch bereits aussieht, als sei sie nur knapp einer schlimmen Erdölkatastrophe entkommen. Ein Mann und eine Frau in Multifunktionsjacken und besonders robusten Hosen scheinen die Trainer zu sein. Die Frau winkt mir zu und ruft: «Komm einfach dazu und leine deinen Hund zum Kennenlernen erst mal ab.» Das tue ich. Und das ist schon mal ein großer Fehler.

Man muss sich die Welpengruppe so vorstellen: Zwölf bis fünfzehn aufgedrehte kleine Hunde, die völlig unterschiedliche Charaktere, aber alle sehr spitze Zähne haben, treffen unvorbereitet und unangeleint aufeinander. Da kann man froh sein, wenn man einen aufgeweckten, spielfreudigen und durchsetzungsstarken Welpen hat, der sich begeistert bellend in die Runde stürzt und allen anderen vor Selbstbewusstsein strotzend klarmacht, dass aus ihm mal ein richtig großer Hund zum Fürchten wird.

Es kann sich hierbei um einen Pekinesen oder eine Dogge handeln, das ist völlig nebensächlich. Denn Hunde scheinen nicht zu wissen, wie groß sie sind und wie groß sie mal werden. Viele, gerade unter den allerkleinsten, riskieren eine derart dicke

Lippe, dass man ihnen dringend raten möchte, doch mal in den Spiegel zu schauen, bevor sie noch mal dem Dobermann in den Unterschenkel beißen.

Hilde, das zeigt sich bereits, bevor wir die Gruppe überhaupt erreicht haben, gehört nicht zu den Hunden, die sich für größer halten, als sie sind. Sie macht zwei unsichere Schrittchen in Richtung Wiesenmitte und hat dann bereits das Pech, von den beiden Klassenclowns, einem Collie und einem Labrador, entdeckt zu werden.

Und so, wie die Rowdys in jeder Gruppe eine Nase haben für das schwächste Mädchen und meist nicht die geringsten Hemmungen zeigen, diesem Mädchen seine Schwäche deutlich vor Augen zu führen, verhält es sich auch hier. Collie und Labbi galoppieren auf Hilde zu, die legt die Ohren an, zieht den Schwanz ein und versucht, sich in Sicherheit zu bringen.

Mein armes Hundchen rennt panisch über die ganze Wiese, schlägt Haken, purzelt unter Büschen hindurch, immer die beiden Typen an der Hacke, die sich köstlich amüsieren, laut bellen und übermütig nach Hildes Pfoten schnappen.

«Das müssen die unter sich regeln», sagt Helga, die gut reden hat, denn Tashima hat sich in ihrem blöden Mäntelchen gerade der Verfolgungsjagd auf Hilde angeschlossen.

Ich schaue rat- und hilfesuchend zu den beiden Trainern hinüber, die an der Situation anscheinend auch nichts auszusetzen haben.

Ich bin wahrhaftig kein Fachmann, aber mein rudimentärer Instinkt sagt mir, dass hier mal jemand einschreiten muss, ehe mein Welpe ein lebenslanges Trauma erleidet. Womöglich ist es sogar schon zu spät.

Ich rufe mein Hildchen und laufe ihr nach, was natürlich zwecklos ist, weil sie vor Angst völlig taub ist und nur damit beschäftigt, ihren Verfolgern zu entkommen. Als der Labrador Hilde einholt und sich auf sie wirft, bequemt sich das dazugehörige Frauchen endlich, ihren Hund zurückzuholen.

«Die spielen nur. Das sieht schlimmer aus, als es ist», sagt sie lachend, und ich würde ihr am liebsten auf der Stelle eine reinhauen. Ein Spiel, wo einer nicht mitspielen will, ist kein Spiel mehr. Blöde Kuh!

«Leint eure Hunde jetzt mal bitte an», sagt die Trainerin seelenruhig. Sehr witzig. Hilde sitzt völlig verängstigt unter einem Busch und lässt sich, verständlicherweise, nicht hervorlocken.

Der andere Trainer kommt hinzu und schnalzt zweimal lässig mit der Zunge. Hilde bewegt sich nicht.

Der Typ klatscht in die Hände. Hilde duckt sich und bleibt an Ort und Stelle. Ich kann es ihr nicht verdenken, aber sie hat durch ihr unkooperatives Verhalten den Profi in seiner Ehre gekränkt.

«Das Problem ist», sagt der Mann beleidigt und unnötig

laut an den Rest der Gruppe gewandt, «dass dieser Hund Angst hat.»

Helga und die anderen Frauchen nicken mitleidig. Der Labbi und der Collie lachen sich kaputt und schaukeln mit den Eiern.

Das Problem scheint mir nicht zu sein, dass Hilde Angst hat, sondern dass niemand etwas dagegen getan hat, dass ihr Angst gemacht wurde.

Und da beziehe ich mich mit ein.

«Manche brauchen einfach länger, um sich in die Gruppe zu integrieren», sagt der Trainer und geht zu den anderen zurück. «Wenn sich dein Hund wieder beruhigt hat, kannst du dich uns ja wieder anschließen und die Eingewöhnung fortsetzen.»

Das soll eine Eingewöhnung sein? Das ist ja so, als würde man ein dreijähriges Kind «The Walking Dead» anschauen lassen, damit es sich an die modernen Medien gewöhnt.

Mir kommen starke Zweifel an der Kompetenz dieser Trainer. Und den Rückhalt in der Gruppe vermisse ich auch.

Es dauert eine Weile, bis sich Hilde unter dem Busch hervortraut. Sie schleicht zu mir und sieht aus, als hätte sie ein schlechtes Gewissen. «Es tut mir leid, dass ich nicht so bin, wie du mich gerne hättest», sagt ihr geduckter kleiner Körper, und mir bricht es fast das Herz.

Wir beenden die Stunde vorzeitig, und ich trage mein Hundchen beschämt nach Hause.

Heute Abend darf Hilde mit aufs Sofa.

Aber nur ausnahmsweise.

November

*

Naturgemäß kein Wonnemonat:
ein Unfall im Morgengrauen,
ein gewalttätiger Mops
und ein Hundehasser im Keller,
der ab jetzt zum Familienrudel gehört

*

2. November

Ich hätte nicht gedacht, dass Kot einmal eine so bedeutende Rolle in meinem Leben spielen würde. Meine Hoffnung war, das Thema mit der letzten Windel beerdigen zu können, aber zusammen mit Hilde ist es geradezu übermächtig wieder zurückgekehrt.

Mir war zum Beispiel nicht klar, wie schwierig es logistisch ist, wenn ein Hundehaufen auf einen Laubhaufen trifft. Es ist nahezu unmöglich, das tückische Exkrement zwischen den nassen braunen Blättern wiederzufinden.

So sieht man mich also in jüngster Zeit mehrmals am Tag auf der Suche nach Kacke durch unseren winzigen Garten schleichen, vorsichtig jeden Fuß vor den anderen setzend, als ginge ich über eine morsche Hängebrücke.

Mindestens einmal pro Woche trete ich bei meiner Jagd auf Haufen in einen Haufen, und alle vierzehn Tage bemerke ich das erst, wenn ich bereits wieder am Schreibtisch sitze, über mehrere Teppiche und Fußmatten gegangen bin und dort deutliche Spuren hinterlassen habe.

Meine Nase gleicht mittlerweile einer auf Hundeexkremente spezialisierten Suchmaschine.

Egal welches Zimmer ich betrete, das Erste, was ich tue, ist, den Raum mit Augen und Nase auf gefährliche Substanzen abzuchecken. Neulich, es war mir ziemlich peinlich, überraschte mich mein Mann, wie ich auf allen vieren durchs Wohnzimmer kroch und den Teppich abschnüffelte.

Ich war mir ganz sicher, dass ein Hauch von etwa dreizehn Stunden altem Urin in der Luft hing, hatte aber keinen Fleck und keine Pfütze finden können. Wer kleine Kinder hat, lernt schnell, dass man vollgepinkelte Laken und Hosen lieber zügig reinigt, denn der Geruch verfliegt nicht mit der Zeit, sondern steigert sich zu einem wuchtigen Fortissimo, das jede Nasenschleimhaut sprengt.

Mein Mann betrat das Zimmer just in dem Moment, als ich tief atmend vor dem Sofa lag, die Nase am Boden. Hilde tänzelte aufgeregt um mich herum und hatte offenbar den Eindruck, ihr vorbildliches Frauchen übe sich gerade im Fährtenlesen.

Nun gehen zwanzig Jahre Ehe an keiner Beziehung spurlos vorbei, aber bei gewissen Tätigkeiten, dazu gehören unter anderen das Abpumpen von Muttermilch, «Sissi» gucken und mit der besten Freundin am Telefon über die ersten Symptome der Wechseljahre sprechen, sollte man dafür Sorge tragen, dass der Partner nicht anwesend ist.

Selbiges gilt für Urinspurensuche im eigenen Wohnzimmer. Man büßt als Frau dabei unnötig viel von der eigenen Weiblichkeit, Menschenwürde und sexuellen Ausstrahlung ein.

«Was machst du da?», fragte mein Mann in einem Tonfall, dem anzumerken war, dass er sich vor der Antwort gruselte.

Ich schreckte hoch, stieß mir den Kopf am Couchtisch, Hilde jaulte empathisch auf und rannte aus dem Zimmer. Ich sagte: «Nichts, wieso? Ich suche bloß einen Ohrring.»

Ich trage niemals Ohrringe, aber mein Mann schwieg und zog es vor, sich zurückzuziehen. Später trug ich unbemerkt die rosa Kuscheldecke in die Waschküche, die Hilde hinter den Vorhängen deponiert und offenbar als mobile Hundetoilette benutzt hatte.

Das Zusammenleben mit einem Welpen bedarf ständiger Aufmerksamkeit und der Bereitschaft, zu jeder Tages- und Nachtzeit schnell und entschlossen zu reagieren.

Gemütlichkeit war gestern. Heute ist eines meiner Augen und eines meiner Ohren rund um die Uhr auf Empfang geschaltet, um Verbote durchzusetzen und Malheurs zu vermeiden.

Beim sonntäglichen «Tatort»-Gucken beispielsweise – ein liebgewonnenes Ritual, das der partnerschaftlichen Entspannung und dem kontemplativen Ausklang des Wochenendes dienen soll – kann ich mich nunmehr weder auf die Handlung noch auf meine Packung Toffifee konzentrieren.

Oft springe ich auf, weil Hilde im Nebenraum Geräusche macht, die wahlweise den Verzehr des Papierkorbes bedeuten, das Auffressen meiner Fotoalben oder das Wieder-Hervorwürgen von etwas, was sie vorher verbotenerweise gefressen hat.

Genauso oft renne ich panisch aus dem Raum, weil Hilde keine Geräusche macht, was mich ebenfalls zutiefst beunruhigt. Das bedeutet nämlich entweder, dass sie sich heimlich und unerlaubt nach oben geschlichen hat, um meine Tagesdecke zu markieren, oder dass sie gerade sonst wo ihre Abendtoilette erledigt.

Meistens, das muss ich ehrlich zugeben, liegt sie einfach friedlich dösend am Fuß der Treppe und fragt sich, warum ihr neurotisches Frauchen sie laufend grundlos stört.

Wachsamkeit ist auch geboten, wenn Hilde versucht, das Wohnzimmer zu betreten. Nachdem wir zwei Fernbedienungen erneuern mussten und sechs Schinkenschnittchen spurlos vom Couchtisch verschwunden waren, haben wir das Wohnzimmer zur welpenfreien Zone erklärt.

Nun erschrecke ich regelmäßig meinen Mann oder ganze Abendgesellschaften, wenn ich unvermittelt kreischend und klatschend aufspringe, um den übergriffigen Welpen aus dem Wohnzimmer zu verscheuchen.

Mittlerweile hat die kleine Dame immerhin begriffen, dass der Raum für sie verboten ist. Nun ist sie dazu übergegangen, sich wie absichtslos in Richtung Sofa rollen zu lassen und so zu tun, als könne sie nichts dafür, weil das ganze Haus offenbar irgendwie dramatisch abschüssig gebaut und sie ein ahnungsloses Opfer der Schwerkraft ist.

Manchmal robbt sie sich auch Zentimeter für Zentimeter vor,

wobei ihr das schlechte Gewissen deutlich ins Gesicht geschrieben steht.

Das ist die ersten fünf bis sechs Mal noch wahnsinnig niedlich und unglaublich lustig. Videos und Schnappschüsse werden angefertigt, so wie damals von den Kindern, als sie begannen, mit dem Löffel zu essen und dabei alles außer ihren Mund trafen.

Oft kann ich der Krimihandlung nicht mehr uneingeschränkt folgen und stelle unangemessene Fragen wie «Ist das jetzt der Bruder oder der Liebhaber von dem Angeklagten?» oder «Wie kommen die denn jetzt so plötzlich dahin?» oder «Wie? Schon aus? Und wer ist es gewesen?».

Neulich, als ich während eines tückischen Mordes aufgebracht und gellend «Nein!» schrie und in die Hände klatschte – Hilde hatte mit dem Prozess des Anrobbens begonnen –, verschüttete mein Mann vor Schreck seinen Rotwein auf dem Sofa.

Das fand er überhaupt nicht mehr lustig und verließ in hanseatisch stummem Protest den Raum, um, wie er sagte, in Ruhe ein Buch zu lesen. Hilde wedelte ihm freundlich nach und tat so, als hätte sie mit der ganzen Sache nichts zu tun und nähme ihm seine schlechte Laune auch nicht weiter übel.

Der junge Hund: eine Belastungsprobe für Nerven, Stimme und Ehe.

Ein Welpe braucht sehr viel Aufmerksamkeit, die automatisch an anderer Stelle eingespart werden muss. Hundekinder, Menschenkinder, zeitintensive Nebenbeschäftigungen wie Springreiten, Pokern, einen Geliebten oder einen Schrebergarten haben – das alles kann man sich nur in gefestigten Partnerschaften erlauben, die durststreckenerprobt sind.

In nicht wenigen Beziehungen müssen Partner sogar dauerhaft damit zurechtkommen, dass sie deutlich weniger geliebt werden als der Hund. Und etliche Experten haben mir gegenüber die Vermutung geäußert, dass viele Frauen sich für den Hund entscheiden und ihren Mann in gute Hände abgeben würden, wenn der plötzlich eine dramatische Tierhaarallergie entwickeln würde.

Ich würde lieber meinen Mann behalten. Ja, ich gebe es hier und jetzt ganz offen zu: Ich liebe meinen Mann mehr als meinen Hund. Vielleicht gibt es noch Hoffnung, und das ändert sich eines Tages. Aber im Hier und Jetzt müssen Hilde und ich uns mit diesem emotionalen Defizit meinerseits arrangieren.

Morgens um halb sieben führt mich mein erster Weg zu meinem Arbeitszimmer, in dem Hilde mittlerweile seelenruhig die Nacht verbringt. Allerdings nicht in ihrem Lammfell-Fertighaus. Es hatte keine Woche gedauert, bis mein Welpe die Reißverschlüsse der angeblich einbruch- und ausbruchsicheren Transportkiste von innen öffnen konnte.

Das hatte mich mit nicht wenig Stolz erfüllt. Vielleicht ist Hilde ja doch intelligenter, als die Tatsache vermuten lässt, dass sie sich immer noch mehrmals am Tag von ihrem eigenen Schwanz verfolgt fühlt.

Sie übernachtet nun also bereitwillig bei verschlossener Zimmertür in ihrem Hundebettchen, ist allerdings nach sieben Stunden Nachtruhe froh, sich umgehend im Garten erleichtern zu können.

Manfreds Grünstreifen benutzen wir nicht mehr als Toilette. Zum einen ist mein morgendlicher Anblick mit Augenringen, Bademantel und zwei Gummibooten an den Füßen wirklich niemandem zumutbar. Und zum anderen meine ich stets, Manfreds vorwurfsvollen Blick auf mir zu spüren, sobald Hilde sich auf seinem selbstlos gespendeten Rasen niederlässt.

Ich atme tief die kalte Morgenluft ein.

Hilde rennt in den Garten und ist überrascht, dass das frostige Gras unter ihren Pfoten knistert. Das Laub des Herbstes ist entsorgt, und ich muss sagen, dass es eine wahre Freude ist, die gefrorenen Hundehaufen vom Vortag einzusammeln. Fest und appetitlich wie Murmeln. Und wenn man reintritt, ist es auch egal.

Frauchens Glück.

Ich schreite hinter meinem Hund durch den Garten und mache mich mit der stolzen Beute von drei kristallharten Haufen im Beutel auf den Weg zurück zum Haus.

Auf der Holzterrasse übersehe ich leider eine gefrorene Stelle.

Wie in einem klischeeüberladenen Comic rutsche ich nach hinten aus und stürze mit lächerlich rudernden Armen, in Bademantel und Gummischuhwerk, den Kotbeutel mit meiner rechten Hand starrsinnig umklammernd, in Richtung Erdboden.

Während ich falle, denke ich lange über mein Leben im Allgemeinen und über das Älterwerden im Besonderen nach.

Die Zeit des geschmeidigen Abrollens ist vorbei. Wenn eine Frau in meinem Alter hinfällt, dann sieht das in etwa so elegant aus, als würde man einen Pottwal aus einem Hubschrauber abwerfen.

Früher konnte ich lässig hinfallen. Ich konnte über Gartentore springen. Ich konnte von hohen Mauern herunterspringen. Ich konnte Kopfstand, Handstand, Radschlag, und ich musste mich nicht aufwärmen, bevor ich mich in Bewegung setzte.

Vereiste Flächen bereiteten mir keine Sorgen, sondern animierten mich zu übermütigen Schlitter- und Rutschaktionen. Ich konnte das Schwimmbecken mit einer einzigen fließenden Bewegung verlassen, ohne die Leiter benutzen zu müssen.

Heute hieve ich mich in einem unbeobachteten Moment an Land. Und fürchte dabei stets den Moment, wenn die Schwerkraft wieder die Regie übernimmt und sich meines Körpers bemächtigt, der sich im Wasser so leicht und jugendlich angefühlt hat.

Gartentore überspringe ich nicht mehr, ich öffne sie. Oder ich gehe zur Not auch weiträumig außenrum. Wenn ich früher stolperte, dann sah ich dabei irgendwie immer noch schick und frisch aus, rappelte mich hoch und rannte weiter.

Heute helfen mir Schulkinder wieder auf. Wenn sie gut erzogen sind.

Die Zeit des eleganten Fallens ist Vergangenheit.

Ich erinnere mich selbst an einen gutgefüllten Hochwasser-Sandsack, und kurz bevor ich mit plumper Geradlinigkeit auf die Terrasse donnere, denke ich an meinen Kurs «Funktionelle Gymnastik», den ich seit Anfang des Jahres jeden Mittwoch besuche.

Eine wunderbare Stunde bei einer hervorragenden Trainerin. Eine ausgewogene Beanspruchung aller Muskelgruppen. Wohltuend, nicht zu anstrengend und sehr durchdacht. Eine perfekte Gesundstunde, die ich jedoch nur übergangsweise aufsuche.

Sobald die lästigen Rückenbeschwerden und die Schmerzen im Knie, die mich seit Monaten plagen, wieder verschwunden sind, gehe ich wie früher zu «Super Sweat», zu «Hot Iron» und zum «Athletic Power Workout».

Die angenehm altmodische, vernünftige Funktionsgymnastik ist doch eher etwas für ältere Menschen. Ein durchaus wichtiges und sinnvolles Angebot für Leute, die sich nicht mehr so auspowern können, die aber auch im Alter nicht auf angemessen leichte und gesunde Aktivitäten verzichten wollen.

Mit der vollen Wucht meiner fast fünfzig Jahre und einem Körpergewicht, das im August den noch von Weihnachten herrührenden Höchststand aufweist, rase ich auf die vereiste Terrasse zu.

In diesem Moment wird mir klar: Ich bin ein älterer Mensch. Und die meisten Leute bei der «Funktionellen Gymnastik» sind jünger als ich.

Gewöhn dich daran, dass du bei den ersten Schritten morgens nach dem Aufstehen aussiehst, als seist du eine von einem blutigen Anfänger geschnitzte Holzpuppe, die in die Hosen gemacht hat.

Breitbeinig und mit steifen Gelenken wankst du Richtung Bad. Und sobald der Körper wieder einigermaßen funktioniert, ist es der Blick in den Spiegel, der dich unsanft daran erinnert, dass es in deinem Gesicht mittlerweile sehr viele Falten gibt, die sich nicht bis zum Mittag entknittern. Oder es ist dein Sohn, der beim Anblick eines sehr, sehr alten Fotos von dir überrascht ausruft: «Mama, du warst ja mal richtig hübsch!»

Ich betrachte den allmählichen Verfall meines Körpers mit einer Mischung aus liebevollem Verständnis und Entgeisterung.

Warum sollte der Meniskus, der fast neunundvierzig Jahre astrein funktioniert hat, nicht langsam seinen Geist aufgeben? Außer der silbernen Teekanne meiner Großmutter und der afrikanischen Totenmaske aus Nairobi hat nichts in unserem Haushalt auch nur annähernd so lang gehalten.

Wieso wirft man dem Bindegewebe und den Rückenwirbeln vor, dass sie ihren Dienst nicht mehr nach Vorschrift versehen, wo jedes Gästehandtuch bereits nach sechs Monaten verschlissen und jeder Nagellack innerhalb von zwei Jahren eingetrocknet ist?

Ein Bauch, aus dem zwei Kinder raus- und unzählige Chipsletten reingeschlüpft sind, kann nicht aussehen wie eine Frisbeescheibe. Und Haut, die schon vor der Erfindung von Schutzfaktor fünfzig in der Sonne rumgelegen hat, darf nach fast fünf Jahrzehnten Ermüdungserscheinungen zeigen und sich getrost mal ganz gemütlich in Falten legen.

Ich nehme meinem Körper nicht übel, dass seine besten Zeiten vorbei sind. Manche Dinge kann man nicht ändern. Das heißt aber noch lange nicht, dass man sich nicht darüber aufregen kann!

Wenn ich beobachten muss, wie sich meine Knie zusehends zu konturlosen Gebilden entwickeln, die wie Kartoffeln der vorvorletzten Ernte aussehen, oder wie Teile meines Ellenbogens allmählich unter einem sich runzlig über sie senkenden Hautlappen verschwinden, einem fleischfarbenen Faltrollo nicht unähnlich, dann nehme ich das als unvermeidliche Tatsachen des voranschreitenden Alters hin.

Aber ab und zu weine ich meinem Bindegewebe und meiner Gelenkschmiere eine kleine Träne nach wie einem wertgeschätzten Hausmeister, der in Pension gegangen ist.

Ich werde in wenigen Wochen 49 Jahre alt. Danach kommt 50. Daran lässt sich nicht rütteln. Und das Alter ist keine Phase, die vorbeigeht, sondern ein Zustand, der nicht mehr besser wird.

Im Gegenteil.

Nein, meine Liebe, nach dem Alter kommt nicht «Super Sweat» oder «Hot Iron». Nach dem Alter kommt der Tod.

Und vielleicht viel eher, als dir lieb ist.

Noch drei Millisekunden bis zum Aufprall.

Zu viel Wein, zu viele Zigaretten, zu viel Industriezucker, zu wenig Schlaf. Alles Sargnägel. Jedes Bounty, jedes Glas Sauvignon, jede wache Stunde nach Mitternacht, jedes verdammte Choco Crossie hat deine Existenz verkürzt, an der du nun so albern hängst, als gäbe es nichts Wichtigeres im Leben.

Und jetzt dieser Sturz.

Noch zwei Millisekunden bis zum Aufprall.

Bei so was brechen Rückgrate oder Genicke. Ist ja alles so marode hier wie die Deckenbalken bei einem Altbau aus der Gründerzeit. Wenn man die Tapete abkratzt, kommen stets Schimmel und brüchiges Gebälk zum Vorschein.

Noch eine Millisekunde bis zum Aufprall.

War's das jetzt?

«Ich werde mir doch mächtig fehlen.» Das ist von Tucholsky. Ich würde es vollinhaltlich unterschreiben. Irgendwie bin ich mir im Laufe der Zeit ans Herz gewachsen.

Aus den Augenwinkeln sehe ich Hilde im Garten.

Wenigstens falle ich nicht auf sie drauf.

Hilde kackt.

Aber wer wird den Haufen denn einsammeln, wenn ich nicht mehr bin?

Ich schlage mit einem dumpfen Knirschen auf. Ein hässliches Geräusch in der Stille der Morgendämmerung, das nichts Gutes erahnen lässt.

Goodbye Hot Iron.

Heiner Geißler sagte: «Die einzige begründete Angst ist die Todesangst. Von hundert Leuten sterben hundert.»

Das stimmt.

Aber zum Glück bin ich so gut gepolstert.

18. November

Ich sehe aus, als würde ich bei lebendigem Leib verfaulen. Meine ganze rechte Körperhälfte schimmert bräunlich grün wie ein greiser Apfel, auf dem jemand zu lange herumgedrückt hat.

Vorher, in den Tagen unmittelbar nach dem Aufprall, war ich schwarzblau, was auch nicht schön, aber nicht ganz so unappetitlich gewesen war.

Mir tut immer noch alles weh, jedoch hatte mich eine solide Schicht aus liebevoll angelegtem Fettgewebe vor Schlimmerem bewahrt.

Mit einem idealen Body-Mass-Index hätte dieser Sturz böse enden können!

Hilde und ich besuchen mittlerweile einmal die Woche eine wunderbare Welpengruppe, in der uns die Trainer nicht das Gefühl geben, zu einer bedauernswerten Minderheit zu gehören.

Denn es mangelt Hilde eindeutig an Selbstbewusstsein und womöglich auch an Intelligenz, aber da will ich mich zu diesem frühen Zeitpunkt noch nicht festlegen.

In unserer Gruppe geht es gesittet zu. Die Hunde begrüßen sich angeleint und fallen nicht als tobendes, unkontrollierbares Knäuel übereinander her. Wenn Hilde beim Freilaufen allzu sehr bedrängt wird, darf ich, das habe ich jetzt gelernt, beherzt dazwischengehen und rüpelige Welpen einfach beiseiteschieben.

Gleich in der ersten Stunde hatte es ein hyperaktiver Mops im Adidas-Einteiler auf Hilde abgesehen. Sobald die Leinen los waren, stürzte er sich grunzend und kläffend auf sie.

«Geronimo! Hier!», rief das Frauchen zwar pflichtschuldigst hinterher, aber das klang sowohl in Geronimos als auch in meinen Ohren wenig überzeugend. Wahrscheinlich war die Dame insgeheim stolz auf ihren kleinen Draufgänger. «Der hat seinen ganz eigenen Kopf», hatte sie schon vorher in der Gruppe mehrfach betont und Geronimos kleines Sabbergesicht verzückt angestrahlt.

Ein eigener Kopf, als sei das ein Gütesiegel. Herrje, es ist immer noch ein Mops und nicht die Wiedergeburt von Steve Jobs oder Simone de Beauvoir.

Unter Hundebesitzern sind anscheinend die dominant und eigensinnig auftretenden Rabauken die angeseheneren Tiere. Meine bisherigen Sozialstudien haben ergeben: Menschen, die im wahren Leben nicht viel zu sagen haben – und wer hat das schon? –, freuen sich, wenn wenigstens ihr Hund unter Artgenossen den Ton angibt.

Das Ego des Halters erfährt eine wohltuende Aufwertung, wenn sein Vierbeiner Verhaltensweisen zeigt, die der Mensch so sehr an sich selbst vermisst.

Bulldogge statt Penisverlängerung. Pudel statt Brustvergrößerung. Ein Weimaraner statt eigenen Stils und ein Mops statt eines Volkshochschulkurses «Selbstwert für Anfänger».

Umgekehrt kann es zu dramatischen Szenen kommen, wenn der Hund eine genauso temperamentlose Lusche ist wie sein Besitzer am anderen Ende der Leine.

Neulich wurde ich Zeuge eines psychologisch hochinteressanten Zusammentreffens zweier Hunde und ihrer Halterinnen am Ufer der Hamburger Alster.

Beide Hunde hießen Emma – seit einigen Jahren einer der beliebtesten Vornamen für Hundewelpen und neugeborene Mädchen in Adresslagen –, und beide Frauchen trugen, wie ich, die vorgeschriebene Uniform der Alsteranwohner: einen dunkelgrünen Woolrich-Parka mit abnehmbarem Fellkragen. Im weltoffenen Hamburg sind im Übrigen auch die Mantel-Farbvarianten Dunkelblau und Dunkelbraun zugelassen.

Im vergangenen Jahr hatte ich mich mal mit einer mittelblauen Zweitjacke eines nahezu unbekannten Herstellers rausgewagt, was dazu geführt hat, dass ich von einer fremden Dame angesprochen wurde, die mich zu meinem mutigen Stil beglückwünschte. «Endlich mal eine richtige Farbe!», hatte die Frau anerkennend gerufen.

Ein gedecktes Mittelblau ist das verrückte Neonorange der Hanseatinnen.

Die beiden Emmas, ein lethargischer Labradoodle und ein drahtiger Dackel, verstanden sich auf Anhieb ausgezeichnet, tobten und rollten herum, wobei der Labradoodle in dieser Konstellation eindeutig der Untergeordnete war.

Der Dackel war der Chef im Ring und bei den Rangeleien immer oben, während der Doodle meist in akkurater Demutshaltung auf dem Rücken lag, Kehle und Bauch darbietend.

Die Hunde störte das nicht im Geringsten, im Gegenteil, beide kannten ihre Position und hatten viel Spaß. Ein reibungslos funktionierendes Chef-Angestellten-Verhältnis.

Bloß dem Doodle-Frauchen war ihre schlechte Laune immer mehr anzusehen. Nach einigen Minuten stapfte sie schließlich sauer und so unelegant, wie man sich in UGG-Boots eben fortbewegt, auf die Hunde zu und schimpfte auf ihren Doodle ein: «Mensch, Emma, jetzt lass dir doch nicht alles gefallen! Ich will nicht, dass du immer unten liegst!»

Und dafür muss man nun wirklich keine zweiunddreißig Semester Psychologie studiert haben, um zu erahnen, was diese gepeinigte Frauchenseele damit ausdrücken wollte.

Die Dackelinhaberin pfiff ihr Tier mit geradezu provozierender Lässigkeit zurück, belohnte den Dominanzdackel mit einem hochwertigen Leckerli aus dem hochwertigen Leckerlitäschchen und schritt hochwertig erhobenen Hauptes von dannen.

Der überlegene Hund ist der Stolz eines jeden Besitzers.

Eine Haltung, die sich interessanterweise in Sandkästen und Kindertagesstätten schon ziemlich lange nicht mehr finden lässt. Da ist Dominanz total out.

Das Blatt hat sich unter Kindern zugunsten der liebreizenden und zurückhaltenden Exemplare gewendet, meist natürlich der Mädchen, die nicht versuchen, «Happy Birthday» zu rülpsen, sich gegenseitig am Poloch zu riechen oder Regenwürmer zu essen.

In jedem Kindergarten wäre ich mit einem Mädchen wie Hilde gut bedient gewesen. Artig. Zurückhaltend. Einmal drüber schlafen, bevor man eine Prügelei anzettelt oder einem ranghöheren Gesellschaftsmitglied einen Vogel zeigt. Weiblichkeit und eine gewisse überlegene Sanftheit ist in der Menschenwelt absolut angesagt.

Als Frauchen bist du bei deinem Pekinesen stolz, wenn sich der Wolf in dem Tierchen ab und zu durchsetzt und aus der haarigen Fußhupe im Koko-von-Knebel-Einteiler ein Raubtier wird, das in sich die Gene seiner Urahnen und die weite Steppe der Mongolei spürt.

Aber wehe, dein dreijähriger Sohn benimmt sich wie ein ferner Vorfahr und nimmt der Emmy ihre Schaufel weg oder pupst in der Kirche.

Männlichkeit und die damit verbundenen typischen Eigenschaften werden generell nicht mehr so gern gesehen. Als Mutter von zwei Söhnen, die beide eher an mäßig gut erzogene, verfressene Mischlinge mit ausgeprägtem Jagdtrieb erinnern, weiß ich, wovon ich rede.

Als Jungsmutter fühlst du dich, als hättest du ein vorsintflutliches Exemplar der vorvorletzten Saison abbekommen. Ein Handy ohne Internetzugang, ein Auto ohne Sitzheizung.

Jungs sind die Auslaufmodelle der modernen Gesellschaft. So, wie sie früher mal waren, sollen sie auf keinen Fall mehr sein. Aber wie sie denn mal werden sollen, das weiß auch keiner so genau.

Ein Junge, wie man ihn sich vor zwanzig Jahren noch gewünscht hätte, gilt heute als gewaltbereit und schwer erziehbar.

Nachdem ich zwei kleine Männer in die Welt gesetzt habe, empfinde ich Mitgefühl für das andere Geschlecht. Seit sie Frauen nicht mehr unterdrücken dürfen, wissen Männer ja kaum noch etwas mit sich anzufangen.

Männer sind entbehrlich geworden, und das scheint ihnen verständlicherweise nicht gut zu bekommen.

Während sie sich vom Sofa aus die Emanzipation der Frauen wie eine Vorabendserie angeschaut haben, haben sie komplett versäumt, sich zeitgemäß zu entwickeln. Männer sind nicht das, was sie sein sollten. Und das macht es so schwierig für alle Beteiligten. Seit Traditionen zerbröseln und Frauen Karriere machen, gibt es immer weniger Grund für das vermeintlich starke Geschlecht, sich stark zu fühlen.

Die Herrschaft der Männer ist bedroht, das Y-Chromosom schon längst als genetische Ruine entlarvt, und, wir alle kennen das von zu Hause, nichts ist der Stimmung weniger zuträglich als ein Mann in der Krise.

Mädchen sind modern, ihnen gehört die Zukunft. Das Mädchenverhalten ist das richtige.

Wie habe ich sie früher beneidet, die Mädchenmütter!

Die ab und zu ihren kleinen Engeln ein Spängchen ins Haar schieben, das fliederfarbene Kleidchen zurechtzupfen – das am Abend noch genauso sauber sein wird wie am Morgen – und ansonsten entspannt ihr Gesicht in die Sonne halten oder sich auf ihrem Sitzkissen in ein Buch vertiefen, während das Selbstgezeugte anmutig und ruhig ein Sandküchlein für seine Puppe backt.

Mädchenmütter sprangen nur dann panisch auf, wenn sich ein Junge, zum Beispiel meiner, mit Spaten, Eimer und sehr lauter guter Laune näherte. Dann taten sie so, als hätte ein scharfer Dobermann ohne Maulkorb die Sandkiste betreten.

Ich war in Sandkästen eigentlich immer nur in Sachen Schadensbegrenzung unterwegs. Irgendeiner meiner Söhne tat immer gerade was, was nicht so gern gesehen wurde. Mit Sand schmeißen, Schimpfworte brüllen, Mädchen ärgern, sich in eiskalten Pfützen suhlen oder sich mit Kumpels kloppen.

Früher hätte man gesagt, das sei ein ganz normaler Junge. Heute spricht man gern von einer Impulskontrollstörung, die unbedingt in regelmäßigen Abständen weiter von einem Fachmann beobachtet werden sollte.

In Spielgruppen und Spaßbädern, auf Indoor-Spielplätzen und als Teilnehmerin von Gruppen, in denen irgendwas frühgefördert werden soll, war ich als Jungsmutter mit Rabaukenexemplaren nur mäßig gern gesehen.

Ich wurde damals diskriminiert und werde es heute wieder.

Zielsicher hat mir das Schicksal sowohl für die PEKiP- als auch für die Welpengruppe Nachwuchs zugeschustert, der gesellschaftlich gerade nicht besonders hoch im Kurs steht.

Wären meine Jungs Hunde, dann würde sich so ein sabbernder Waschlappen wie Mops Geronimo überhaupt nicht in unsere Nähe trauen.

Aber ich bin mit dem niedlichen, schüchternen Mädchen, das

ich mir als Sandkastenausstattung immer gewünscht hatte, das soziale Schlusslicht in der Welpengruppe.

«Geronimo!!! Komm her!», rief das Frauchen erneut und nach wie vor gänzlich ohne Durchsetzungsfähigkeit. Der keuchende Mopswelpe, der mich in diesem Moment sehr an meinen Jüngsten auf dem Weg zur Schublade mit den Süßigkeiten erinnerte, hatte ganz offensichtlich auf Durchzug geschaltet und es sich zur Aufgabe gemacht, Hilde das Fürchten zu lehren.

Wie in Zeitlupe sah ich das Mopsgesicht mit flatternden Lefzen auf mein Hundchen zufliegen, und ich rechnete mit einem weiteren traumatischen Erlebnis.

Doch Geronimo scheiterte an Trainerin Mia. Die reagierte blitzschnell, packte den Mops energisch am Schlafittchen und zog ihn mit einem scharfen Ruck von Hilde weg, bevor er sie ernsthaft belästigen konnte.

Geronimo und sein Frauchen schrien empört auf.

Ich konnte mir ein breites Lächeln nicht verkneifen. Hilde blickte sich dankbar und überrascht um, und Mia sagte ruhig: «Beide Hunde haben in diesem Moment etwas Wichtiges gelernt: Geronimo hat gelernt, dass schlechtes Benehmen in der Gruppe nicht geduldet wird. Hilde hat gelernt, dass sie hier beschützt wird und in Sicherheit ist.»

«Ist das nicht Tierquälerei?», fragte Geronimos Frauchen weinerlich und legte sich eine Hand in den Nacken, so als sei sie selbst von Mias Maßregelung direkt betroffen gewesen und quasi schon auf dem Weg zum Osteopathen und zu ihrem Anwalt.

Mir platzte innerlich der Kragen. Einen Mops in einen Adidas-Sportanzug quetschen, auf unbescholtene Mädchen loslassen und dann von Tierquälerei sprechen? Die Frau hatte Nerven.

Mia sagte mit einer beeindruckenden Gelassenheit: «Der Griff in den Nacken tut Geronimo nicht weh. Er erschreckt ihn, weckt seine Aufmerksamkeit und macht ihm klar: Dein Verhalten ist rücksichtslos und unerwünscht. Ihr könnt euren Hund auch leicht in die Seite stupsen oder ihn zwicken, um ihm deutlich zu machen: Lass das! Die Welpenmutter macht das genauso. Sie stupst ihre Welpen mit der Schnauze an, schubst sie weg oder zwickt sie mit den Zähnen, wenn ihr was nicht passt. Das ist keine Tierquälerei. Das nennt man Erziehung. Dabei müsst ihr für euren Hund passende Methoden wählen. Bei einem sensiblen Tier wie Hilde reicht ein deutliches ‹Nein!› oder ein leichtes Anticken. Die etwas dickfelligeren Labradore oder ein Hund wie Geronimo brauchen eine deutlichere Korrektur und reagieren erst auf einen Griff ins Fell. Ihr müsst eurem Welpen Grenzen setzen. Der schlimmste Fehler ist, wenn ihr eurem Hund zu viel Raum gebt, sodass er euch nicht ernst nimmt und ihr ihn nicht kontrollieren könnt.»

«Ich empfinde meinen Hund als Partner auf Augenhöhe», raunte das Geronimo-Frauchen leise und zickig in meine Richtung. Es fehlte ihr offensichtlich der Mut, sich mit Trainerin Mia anzulegen, aber mir wollte sie ihre pazifistische Weltanschauung keinesfalls vorenthalten.

Ich ahnte bereits, dass sich Frau Geronimo eine andere Gruppe suchen würde, in der sich ihr Mops voll ausleben und Hunde wie meinen ungestört zerlegen können würde.

«Stürzt sich dein Partner auch sabbernd auf schüchterne Frauen, die kein Interesse an ihm haben?», fragte ich und tat überrascht.

Frau Geronimo murmelte irgendwas von «Das ist doch überhaupt nicht vergleichbar», und ich murmelte etwas von «Wenn es nicht vergleichbar ist, dann solltest du es bitte auch nicht vergleichen» und dass ein Welpe kein Partner auf Augenhöhe sei, sondern ein Wesen, das sich, wenn man es ließe, in halbverwesten Vogelkadavern wälzen, Jogger jagen, sein eigenes Erbrochenes fressen und niemals bei Rot stehen bleiben würde.

Mops-Frauchen zischte zurück, sie wolle eben keinen devoten, ängstlichen und degenerierten Hund, dessen freier Wille mit fragwürdigen Methoden gebrochen würde.

«Mein Hund ist nicht ängstlich», sagte ich pikiert und fühlte mich persönlich angegriffen. «Hilde ist sensibel und wählerisch.»

Ist doch wahr. Wer hat schon gerne einen aufdringlichen Verehrer, der aussieht wie ein Mops in Ballonseide?

Ich fand es außerdem ziemlich gewagt von Frau Geronimo, sich über die Degeneriertheit anderer Hunde zu erheben, selber aber einen Mops zu kaufen, eine Rasse, deren Schnauzen absichtlich so kurz gezüchtet werden, dass viele von ihnen nur schlecht atmen können.

«Ich will lieber einen frei atmenden Hund ohne freien Willen», sagte ich aufgebracht und merkte selbst, dass meine Erregung in keinerlei Verhältnis mehr zum eigentlichen Anlass stand.

Ich wurde genau das, was ich nie hatte werden wollen: peinlich.

Ich war noch keine zwei Monate lang Frauchen und begann schon jetzt, mit Kanonen auf Möpse zu schießen und Hildes Ehre zu verteidigen, als sei sie eine arabische Prinzessin, die des vorehelichen Geschlechtsverkehrs mit einem katholischen Linksintellektuellen bezichtigt wurde.

Ich spürte eine lächerliche Aggression gegenüber andersdenkenden, anderserziehenden und andersernährenden Hundebesitzern in mir aufsteigen, um deren trübe Quelle ich leider sehr genau wusste: meine eigene Unsicherheit.

Mein Tierarzt hatte mich ja genau davor gewarnt: Die Sorge, etwas falsch zu machen, ist so groß, dass mich diejenigen, die es anders machen, irritieren und, manchmal unabsichtlich, manchmal gewollt, provozieren. Nicht mein Hund ist degeneriert, sondern mein Instinkt im Umgang mit ihm.

Seit jeher hat mich der besonders gerne von Hundetrainern,

Lehrern, Müttern, Lebensberatern und sonstigen Halbweisen formulierte Satz «Folge einfach deinem Bauchgefühl» fast immer völlig hilflos zurückgelassen.

Danke für den Tipp, ihr Schlaumeier.

Hätte ich Bauchgefühl, bräuchte ich keinen Rat.

Hätte ich Bauchgefühl, dann hätte ich keinen Bauch.

Hätte ich Bauchgefühl, würde ich aufhören zu essen, wenn ich satt bin. Ich würde automatisch rechtzeitig ins Bett gehen, würde am Buffet wie selbstverständlich einen weiten Bogen um Fettgebackenes und Industriezucker machen und würde meinen Mann in Ruhe lassen, wenn er seine Ruhe braucht.

Hätte ich Bauchgefühl, würde ich meine Kinder und meinen Hund stets mit überlegener Besonnenheit und instinktiver Geradlinigkeit und Konsequenz erziehen.

Ich bin ein typisches Menschenexemplar aus der Baureihe des 20. Jahrhunderts.

Ich habe keinen Instinkt. Ich habe Internet.

Hätte ich Bauchgefühl, dann bräuchte ich nicht Suchbegriffe wie «Stubenreinheit», «Welpenspiele für zu Hause» und «Lateinunterricht» googeln.

Wenn mich mein Instinkt sicher leiten würde, dann wüsste ich, welche Welpengruppe für meinen Hund und welche Schule für meinen Sohn die richtige ist.

Ich hätte mir die Diskussionen der vergangenen Wochen mit anderen Hundehaltern und Eltern sparen können, in denen es immer wieder darum ging, auf welche weiterführende Schule unsere Kinder nach dem Sommer gehen sollen und wo unsere Welpen artgerechtes Gehorchen lernen.

Manchmal habe ich, genauso wie vor dem Regal mit den Abertausenden Hundeleckerlis, die Qual der Auswahl verflucht und mir gewünscht, es gäbe eine Schule für alle und nicht sechs Stück im näheren Umfeld, unter denen ich nun mit meinem nicht vorhandenen Instinkt die einzig richtige für meinen Sohn und meinen Welpen heraussuchen soll.

Und kaum hatte sich bei mir eine innere Tendenz herauskristallisiert, wurde ich in Gespräche wie dieses verwickelt:

MUTTER 1: «Weißt du schon, welche Schule es werden soll?»

ICH *(noch im Brustton der Überzeugung)*: «Ja. Das Wilhelm-Gymnasium.»

MUTTER 1: «Das ist mir zu schnöselig. Da geht es nur darum, wer welche Marke trägt. Außerdem ist die Turnhalle so hässlich.»

ICH *(augenblicklich verunsichert)*: «Tatsächlich? Ich habe gehört, dass es dort sehr entspannt zugeht.»

MUTTER 1 *(nachsichtig lächelnd)*: «Entspannt ja, aber nur, was den Bildungsanspruch angeht. Der ist eben deutlich geringer als auf den anderen Schulen. Ich will, dass meine Tochter bestmöglich auf die Universität vorbereitet wird. Sie geht auf das Hege-Gymnasium. Dort wird bilingual unterrichtet.»

MUTTER 2 *(zu mir)*: «Ach, ich glaube, dass dein Sohn sich auf dem Wilhelm-Gymnasium sehr wohl fühlen wird.»

ICH *(alarmiert und misstrauisch, denn da es sich ja anscheinend um eine Deppenschule handelt, empfinde ich diese Aussage nicht als ermutigend)*: «Warum?»

MUTTER 2: «Er mag doch sicher Latein, oder? Ich finde Latein zwar nicht zeitgemäß, aber ganz ehrlich? Wenn du ein Kind hast, das richtig gerne selbständig lernt und Vokabeln paukt, dann passt das Wilhelm-Gymnasium perfekt.»

MUTTER 1: «Letztlich muss das natürlich jeder nach seinem Bauchgefühl entscheiden. So, ich muss los.»

MUTTER 2 *(sobald Mutter 1 weg ist)*: «Die hat gut reden. Von wegen schnöselig und markenbewusst. Ihre Tochter hat doch immer das neueste iPhone, und sie selbst fährt mit dem Porsche zum Zeitungholen. Lass dich von der bloß nicht verunsichern!»

ICH *(verunsichert)*: «Nee, klar. Und wohin geht dein Sohn?»

MUTTER 2: «Auf die Sophie-Barat-Schule. Mein Mann und ich haben halt sehr hohe Ansprüche, wenn es um Bildung und die Vermittlung von moralischen und christlichen Grundwerten geht. Tschüs, ich muss auch los. Ich bin jetzt mittwochvormittags immer mit unserem Hund in der AOS-Gruppe.»

ICH *(stöhnend, mit bereits am Boden liegendem Ego, den finalen Schlag resigniert erwartend)*: «Was ist das für eine Gruppe?»

MUTTER 2: «AOS steht für ‹artgerecht und ohne Strafen›. Ich habe mich mit drei anderen Frauchen zu einer privaten Gruppe zusammengetan und eine ganz tolle, innovativ arbeitende Trainerin engagiert. Meine Paula hört seitdem aufs Wort. Und das ganz ohne Gewaltanwendung und ohne ein einziges scharfes Wort. Unerwünschtes Verhalten wird einfach ignoriert, und meine Kommandos drücke ich körperlich durch tanzende Bewegungen aus. Ganz ehrlich? Ich bin total begeistert, und die Beziehung zu Paula ist viel harmonischer und tiefer geworden. Ich kann AOS nur jedem verantwortungsvollen Hundebesitzer empfehlen.»

ICH *(mein Selbstbewusstsein pfeift jetzt aus dem letzten Loch)*: «Ich bin in der Hundeschule von Mia. Da bin ich eigentlich sehr zufrieden.»

MUTTER 2: «Ja, die kenne ich. Du musst aber wissen, dass das ganz veraltete und fragwürdige Methoden sind, die die Mia da anwendet. Das ist was für Leute, die schnelle Lösungen wollen. Mit anspruchsvoller Hundeerziehung hat das wenig zu tun.»

ICH *(feige schweigend, innerlich aber rebellierend und ausgesprochen mutig rufend)*: «Ganz ehrlich? Du kannst mich mal mit deinem ‹Ganz ehrlich›. Mein Hund bekommt Trockenfutter und klare, ungetanzte Kommandos. Ich werde meine Befehle nicht per Eurythmie bekanntgeben. Deine hohen Ansprüche kannst du dir sonst wohin schieben. Je niedriger der Anspruch, desto eher ist man am Ziel. Und außerdem habe ich nichts gegen schnelle

Lösungen. Dann habe ich nämlich mehr Zeit für die angenehmen Dinge des Lebens: Serien gucken und Kuchen essen. Sorry, ich muss jetzt auch los. Ich hab nämlich keine Zigaretten mehr, und die brauche ich dringend für meine artgerechte Haltung.»

27. November

Was ist denn nun schon wieder los?

Erst die vielen neuen Gesichter und Geräusche, dann diese ausgesprochen unangenehme Impfung und jetzt das.

Hilde steht abwartend vor der geöffneten Terrassentür und fragt sich, welche Überraschungen das Leben noch für sie bereithält und ob es prinzipiell möglich sei, diese wohl etwas besser zu dosieren.

Ihr Welpendasein wurde in den letzten Tagen mehrfach auf den Kopf gestellt.

In diesem Moment fallen zum Beispiel gänzlich ohne Vorwarnung seltsame Sachen vom Himmel runter, die nicht ganz ungefährlich aussehen. Dafür ist der Boden komplett verschwunden. Alles ist weiß, und nichts sieht mehr so aus, wie man es eben noch für selbstverständlich hielt.

Mal vorsichtig eine Pfote raushalten.

Kann man unter solchen Umständen überhaupt das Haus verlassen?

Hilde schaut mich vorwurfsvoll an, als sei ich persönlich für die Witterung verantwortlich.

Hildes erster Schnee fällt nur eine Woche nach der Tollwutimpfung und kurz nach dem Einzug von vier weiteren Rudelmitgliedern in unseren Keller – einem Welpen, einem Jungtier und zwei ausgewachsenen Exemplaren.

Unsere Freunde Philipp und Elisa, deren alte Wohnung gekündigt und deren neue Wohnung noch nicht bezugsfertig ist, sind mit ihren beiden Kindern übergangsweise in unseren Keller gezogen.

Da, wo vorher herrliche Haufen Schmutzwäsche lagen, in die sich Hilde verzückt eingrub wie ein Kind ins IKEA-Bällebad, steht nun ein großes aufblasbares Bett. Den Boden bedeckt neuerdings ein weicher Teppich, der zum Kacken und Urinieren einlädt. Kinderspielzeug liegt verstreut herum, Stofftiere, Bälle und Autos, die nur darauf warten, vollgesabbert, zerkaut und dann sicher versteckt zu werden.

Diese verführerischen Spielzeug-Amuse-Gueules gehören den beiden kleinen Menschen, Lucca, einem fünf Jahre alten Weibchen, und Bruno, einem zweieinhalbjährigen Männchen.

Das Weibchen ist ein angenehmes Geschöpf. Blond und sanftmütig wie Hilde selbst, verteilt es großzügig Streicheleinheiten und plaudert mit seinem hellen Stimmchen munter und ohne Pause auf Hund und Menschen ein und hört auch dann nicht auf zu reden, wenn es allein im Raum ist.

Das kleine Zweibein-Mädchen hat eben außerordentlich viel zu sagen und kann dabei keine Rücksicht darauf nehmen, ob ihm jemand zuhört.

Vorsicht ist bei dem männlichen Menschenwelpen geboten. Bruno scheint Hilde für ein ungewöhnlich robustes Lebendspielzeug zu halten, das einzig und allein zu seinem Amüsement angeschafft wurde.

Mit vergnügter Selbstverständlichkeit zieht er, wenn ihn niemand daran hindert, dem kleinen Hundemädchen am Schwanz, greift ihm ins Fell, jagt es vor sich her, nimmt Hilde ihren Kauknochen weg oder legt sich provozierend mitten ins Hundekörbchen und stößt dabei spitze Schreie aus, die jedes Trommelfell in zweihundert Metern Umkreis aufstöhnen lassen.

Der neu zugezogene, ausgewachsene Rüde Philipp gehört zur Spezies der Zweibeiner, die Turnschuhe und tiefsitzende Jeans tragen, häufig ihren Schlüssel, aber niemals ihr Handy vergessen und einen bedeutsamen Posten mit Digitalfunktion bekleiden.

Er kann Hilde nicht ausstehen und sorgt sich als junger Vater, dass das enge Zusammenleben mit einem Raubtier unhygienisch und insbesondere für seinen kleinen Sohn gesundheitsschädigend und gefährlich sein könnte.

Dass es für einen kleinen Hund ebenfalls gesundheitsschädigend und gefährlich ist, mit einer Kuchengabel angegriffen oder mit Nutella gefüttert zu werden, ist für ihn nicht von Interesse.

Sobald Hilde in Philipps Nähe kommt, wedelt er pikiert mit den Händen wie eine ältliche Diva, der man den falschen Champagner serviert hat. Dazu stößt er ungewöhnlich lächerliche und unmännliche Zischlaute aus wie unsere uralte Nachbarin in meiner Heimat, wenn sie die Amseln aus dem Kirschbaum verjagte.

Meinen Welpen, der nur anderen Hunden gegenüber zurückhaltend ist, Menschen aber generell für wunderbare Wesen hält, stört die Ablehnung des neuen Rudelmitgliedes nicht im Geringsten.

Vielleicht hatte dieser Mensch eine schwere Kindheit, scheint sich Hilde zu denken, vielleicht bekommt er nicht genug zu essen oder ist mit seiner Stellung im Rudel unzufrieden?

Sie bleibt jedenfalls stoisch bei ihrer Freundlichkeit ihm und seinem gefährlichen Sohn gegenüber und nimmt deren ablehnendes Verhalten nicht persönlich.

Ich aber sehr wohl!

Dass ich Hilde womöglich nicht so hingebungsvoll liebe, wie ich sollte, ist das eine. Dass sie jedoch von meinem Mitbewohner abfällig als «herumscharwenzelnde Steckdose» bezeichnet wird, das müssen wir uns nicht gefallen lassen.

Da regt sich in mir die gekränkte Welpenmutter.

Wenn ich mir selbst gegenüber ehrlich bin, was ich derzeit zu vermeiden suche, dann muss ich mir eingestehen, dass ich nach wie vor ein gespaltenes Verhältnis zu meiner kleinen Hilde habe.

Die große Liebe, wie ich sie aus Heimatfilmen mit caniden Protagonisten, Fachbüchern und Frauchenbefragungen kenne, ist es nicht.

Liebe scheint mir ein durch und durch menschliches Gefühl zu sein, und ich tue mich schwer, es für einen Hund zu empfinden. Und auch an die angeblich bedingungslose Liebe, die uns Menschen von unseren Hunden entgegengebracht wird, kann ich nicht recht glauben.

«Hunde sind Egoisten und Opportunisten», sagte meine Trainerin Mia, als ich sie am Rande der Welpengruppe auf meine unzureichenden Gefühle ansprach. «Sie nehmen sich immer das größte Stück vom Kuchen, und sie schließen sich dem an, der sie füttert. Die Vermenschlichung von Hunden nimmt bedenkliche Formen an. Hunde sollen Kinder- oder Partnerersatz sein und die eigenen Defizite ausgleichen. Aber die wenigsten Partner benehmen sich so schlecht wie viele Hunde. Und wenn, dann wären sie sehr schnell und sehr lange wieder Single. Vor lauter Liebe werden Hunde nicht richtig erzogen, weil jeder Ruck an der Leine ein Stich ins eigene Herz ist. Hunde brauchen einen Chef und kein überemotionales Frauchen. Du hast eine pragmatische Einstellung zu deinem Tier. Das war früher ganz normal. Du solltest dir diese Haltung bewahren.»

Das hatte mir gutgetan, und ich wollte Mias Rat nun beherzt befolgen. Ich habe überhaupt keine Hemmungen, meine Wünsche Hilde gegenüber massiv und schonungslos durchzusetzen: Ich arbeite seit einigen Tagen sehr erfolgreich mit Käse.

Ich kaufe den billigsten, zerteile ihn in kleine Würfel, und sobald ich Hilde subtil wissenlasse, dass ich ein paar dieser Happen dabeihabe, gehorcht sie aufs Wort.

Die Aussicht auf ein Stück «Gut und günstig»-Gouda weckt in meinem Welpen eine Anhänglichkeit, die mich rühren würde, wenn ich sie auf mich und nicht auf das Milcherzeugnis in meiner Manteltasche beziehen würde.

Ist das Liebe?

Ich würde sagen: eher nicht.

Vergangene Woche, zwei Tage bevor sich unser Rudel von vier auf acht Mitglieder vergrößerte und wir die beiden ausrangierten Kinderstühle aus dem Keller holten, hatte Hilde jedoch mein Herz plötzlich und auf ungeahnte Weise angerührt.

Wir saßen nachmittags im Wartezimmer unseres Tierarztes, wo Hilde ihre zweite Tollwutimpfung bekommen sollte. Ich hatte meinen sechsjährigen Sohn mitgenommen, und mein Hundemädchen, schüchtern, wie es ihre Art ist, verzog sich zunächst unter meinen Stuhl, um von dort aus die Situation erst mal in Ruhe einzuschätzen und weitere Schritte abzuwägen.

Uns gegenüber saß ein älterer Herr mit einem älteren Dackel. Beide wirkten freundlich, und der Dackelmann erzählte meinem Jungen, dass sich sein Hund eine Kralle abgerissen habe, sich ansonsten aber für sein Alter bester Gesundheit erfreue.

Der Herr berichtete weiter munter über seine Lebenssituation, seine Arbeitssituation und welche Pflanzen er im kommenden Frühjahr in seinem Garten zu ziehen gedenke.

Eine Dame mit Katze, die sie in einer Kiste neben sich abgestellt hatte, nickte beflissen, ich stellte interessierte Zwischenfragen, mein Sohn streichelte den Dackel und berichtete ungefragt von seinem letzten Fußballturnier, seinem Ärger über seinen Mathelehrer und von den Zumutungen, die es bedeute, einen älteren Bruder zu haben.

Wieder einmal fiel mir sehr positiv auf, wie verbindend die Haustierhaltung wirkt.

Auf Hundewiesen und in Tierarztpraxen geht es zu wie in Kölner Kneipen: Jeder grüßt jeden und stellt sich voll zugewandtem Kommunikationswillen zu fremden Leuten an den Tresen.

Ein Hund macht aus jedem Menschen einen Gesinnungs-Rheinländer. Aus fast jedem. Ich würde meinen Mann und unseren neuen Mitbewohner Philipp explizit ausnehmen.

Ein nettes junges Paar, das ebenfalls im Wartezimmer saß, befand sich in Begleitung eines wunderschönen Irish Setters, der seit einigen Tagen nicht mehr richtig fressen wollte und anscheinend Bauchweh hatte.

Das Setter-Frauchen erzählte, dass ihr Hund in neun Jahren bis auf eine leichte Ohrenentzündung nicht ein einziges Mal krank gewesen sei und bis heute in dem Körbchen schlafe, in dem er als Welpe gelegen habe.

«Er passt überhaupt nicht mehr rein. Er liegt darauf wie auf einer Briefmarke, aber das stört ihn nicht. Er liebt sein altes Körbchen.»

Mein Sohn nickte verständnisvoll. Als jemand, der jedes Mal vor dem Schlafengehen sämtliche Stofftiere um sich herum aufbaut und einzeln zudeckt, konnte er die Beweggründe des Irish Setters sehr gut nachvollziehen.

Ich war hingerissen von dem Hund, der weise und gelassen wirkte und seinen schmalen Kopf mit unglaublicher Eleganz auf seine übereinandergeschlagenen Pfoten gebettet hatte.

Hilde, das ängstliche Puschelchen mit den Karamellbonbon-Ohren, wirkte neben dem erhabenen Rassehund wie ein Toffifee neben einem Schokoladenspringbrunnen. Aber sie getraute sich nach einigen Minuten, den schönen Setter zu beschnuppern, wagte ein kleines Wedeln und genoss die Ruhe und generöse Freundlichkeit, mit der der große Hund sie gewähren ließ.

Mein Hund sucht sich seine sozialen Kontakte eben nach strengen Kriterien aus, dachte ich stolz. Und sie hat einen guten

Geschmack. Diesen Hund hätte ich auch gerne in meinem Freundeskreis.

«Die Maja bitte», sagte die Sprechstundenhilfe, und der attraktive Setter erhob sich würdevoll und schritt, gefolgt von seinen Besitzern, die uns lächelnd zunickten, in eines der Behandlungszimmer.

Der Dackel war als Nächstes dran, dann wurden wir mit Hilde aufgerufen.

Die Impfung bemerkte sie gar nicht, und während mein Sohn und ich wieder im Wartezimmer Platz nahmen, um auf die Rechnung und ein Rezept für Wurmtabletten zu warten, öffnete sich die Tür, hinter der die Setterhündin Maja vor nun mehr als zwanzig Minuten verschwunden war.

Das Paar kam heraus.

Die beiden Menschen weinten bitterlich. Sie trugen eine dunkelgraue Wolldecke zwischen sich, in die der leblose Körper ihres Hundes eingehüllt war. Eine Vorderpfote hing heraus, und durch die leicht schaukelnde Bewegung der Decke sah es aus, als würde Maja uns zum Abschied winken.

Ich öffnete ihnen die Tür. Ohne den Blick zu heben, ging das Paar an mir vorbei. Sie trugen ihren Hund schluchzend die Treppe hinunter und drehten sich nicht mehr um.

Hilde wedelte ihnen nach.

«Der Hund schläft nur», sagte die Sprechstundenhilfe.

Aber wir wussten, dass das nicht stimmte.

Am Abend wurde Hilde krank.

Innerhalb einer halben Stunde sah sie aus, als hätte sie seit Tagen nichts mehr gefressen. Ihr kleines Gesichtchen wirkte eingefallen und bekümmert, ihr Körper klapprig und schwach. Der weiche helle Bauch hob und senkte sich flatternd, sie schnaufte, und ihr Atem ging flach und schnell.

Der Tierarzt hatte gesagt, dass es manchmal zu Impfreaktionen kommen kann, die aber in der Regel nach einigen Stunden vorbeigehen und harmlos sind.

Ich war trotzdem sehr beunruhigt, und selbst mein Mann war voller Sorge und begann zu googeln – was man grundsätzlich nicht tun sollte, wenn einem sein eigenes Seelenheil lieb und teuer ist.

Ein kranker Hund ist wie ein kranker Säugling. Er hat keine Ahnung, was mit ihm geschieht, ist auf Hilfe angewiesen und darauf, dass du ihm das Gefühl vermittelst, dass er trotz allem in Sicherheit ist, dass du für ihn da bist, dass du ihn nicht alleinlässt, so lange, bis alles wieder gut ist.

Oder vorbei.

Ich dachte an Maja. An ihr viel zu kleines Körbchen. Und ich dachte an das junge Paar, für das der heutige Abend der erste Abend ohne Hund war.

Ich ging aufs Sofa, nahm Hilde hoch und legte sie mir auf den Bauch, der stets, trotz gegenteiliger Bemühungen meinerseits, ein weicher und gemütlicher Ort gewesen war, auf dem schon meine Söhne zur Ruhe gekommen waren, friedlich geschlafen und ihre Schmerzen vergessen hatten.

Hildes Atem beruhigte sich langsam.

Ich kraulte ihr die Ohren und fühlte mich so verbunden, so verantwortlich, so berührt wie noch nie zuvor. Da geht es jemandem besser, bloß weil du da bist.

Ist das Liebe?

Nein.

Vielleicht so etwas Ähnliches.

#holynight

Dezember

*

Hilde begeht ein Verbrechen

*

Hilde hat fröhliche Weihnachten

*

Hilde wird im Park überfallen
und begegnet einem echten Huhn

*

Hund, Heimat, Sehnsucht nach
Gewesenem, eine sehr lange
To-do-Liste und die Frage:
Wen liebe ich mehr, meinen Mann
oder meinen Hund?

*

24. Dezember

Es ist Weihnachten, und Hilde wälzt sich in einem Haufen Entenkacke.

Ich bin gerührt.

Ich habe den Eindruck, dass sie sich redlich bemüht, sich mehr und mehr wie ein richtiger Hund zu benehmen, auch wenn sie immer noch aussieht wie eine Kokosmakrone auf vier Beinen.

Erst gestern hat Hilde einen schwarzbraunen Cockerpoo, der noch kleiner und noch ängstlicher war als sie selbst, wagemutig angebellt und zum Spielen aufgefordert.

Die beiden hatten sich respektvoll beschnuppert, Gefallen aneinander gefunden und waren dann ausgelassen durch den Park gejagt, waren übereinander hergekugelt, hatten sich fröhlich angekläfft, und Hilde hatte ausgesehen, als wolle sie sich die ganze Zeit am liebsten vor Freude auf die Schenkel klopfen.

Wir begegnen leider nicht oft Hunden, mit denen Hilde gut klarkommt. Die meisten machen ihr Angst und sind ihr zu ungestüm. Dann zieht sie den Schwanz ein, rennt weg und sucht – zum Glück – mittlerweile Schutz bei mir.

In der Welpengruppe habe ich gelernt, dass junge Hunde keineswegs automatisch zu ihrem Herrchen oder Frauchen rennen, wenn sie in Not sind.

«Der erste und natürliche Impuls eines Welpen, der Angst hat, heißt: Flucht», hatte mir die Trainerin Mia erklärt. «Welpen hauen ab, so schnell wie möglich und egal wohin. Im schlimmsten Fall auch in Richtung Schnellstraße oder Bahngleise. Deshalb ist es wichtig, dass Hilde lernt, bei dir Schutz zu suchen und dir auch dann noch zu gehorchen, wenn sie in größter Not ist.»

Ich erinnere mich bis heute ungern an einen unserer ersten

Spaziergänge. «Einen Welpen braucht man im Park nicht anzuleinen, der bleibt immer in der Nähe seiner Bezugsperson», hatte ich gelesen. Und das hatte auch prima geklappt, bis ein Neufundländer unvermittelt aus dem Gebüsch gebrochen war.

Ehe ich irgendetwas tun konnte, hatte Hilde ihre Beine in die Hand genommen und war auf und davon gerannt. Neufundländer hinterher. Ich hinterher. Rufend, schreiend, mit Leckerlis hektisch winkend. Selbstverständlich wirkungslos.

Hilde hetzte in Panik zur Straße, verschwand um eine Ecke, und ich hörte nur noch ein schrilles Jaulen und dann wütendes Gebell.

Ich sah mein Hundchen vor meinem inneren Auge unter den Rädern eines SUV verbluten, während ich keuchend und verzweifelt voranstürmte.

Ich rannte aus der Zeit heraus.

Ich rannte Jahrzehnte zurück. Bis zum Valentinstag.

Ich rannte eine Strecke von fast vierzig Jahren innerhalb weniger Sekunden.

Ich war wieder zwölf Jahre alt.

Ich war das kleine Mädchen, das an einem Winternachmittag seinen größten Schatz verlor. Ich sah sein freundliches Hundelächeln, ich sah das Auto und hörte den Schlag, bei dem sein Schädel barst und der mir wieder wie ein Stromstoß die Wirbelsäule entlang in die Beine fuhr.

Ich hatte damals genau gewusst, dass der Tod zum ersten Mal in mein bis dahin unversehrtes Leben getreten war.

Ich vergesse das nicht, das Geräusch, wenn ein Kopf an einer Stoßstange zerbricht.

Ich bekam keine Luft mehr.

Wie sollte ich das meinen Kindern beibringen? Ich würde ohne Hilde nach Hause kommen. Würden sie, wie ich, ihr Leben lang an diesen Tag denken und um einen Hund trauern, den sie kaum gekannt hatten?

Ich wollte mir den alten Traum erfüllen.

Und was habe ich bekommen?

Den alten Albtraum.

Am Straßenrand fand ich Hilde.

Sie hatte sich, nur noch leise winselnd, unter ein parkendes Auto geflüchtet, das von dem wütend bellenden Neufundländer umkreist und belagert wurde.

Von irgendwoher tauchte ein Mann auf, der in aller Ruhe seinen wütenden Hund anleinte und sich wortlos entfernte.

Ich war außer Atem, geschockt und außerdem immer noch zwölf Jahre alt, und so konnte ich ihm nicht die Schimpfwörter hinterherbrüllen, die er verdient hatte.

Hilde hatte noch ein paar Minuten gebraucht, bis sie sich wieder unter dem Auto hervorgetraut hatte, und ich hatte deutlich länger gebraucht, ungefähr eine Woche, um mich wieder abzuregen.

Das war knapp gewesen.

Gehorsam in allen Lebenslagen ist lebenswichtig. Hilde hat schnell gelernt, zu mir zu kommen, wenn sie Angst hat. Wenn ich sehe, dass sie sich von anderen Hunden bedrängt fühlt, rufe ich sie, stelle sie zwischen meine Beine und schiebe die anderen Hunde beiseite.

Die Kommentare von alles besser wissenden Herrchen und Frauchen versuche ich zu überhören, was mir regelmäßig misslingt. «Die müssen das unter sich regeln.» – «So wird Ihr Hund aber nie lernen, sich mit Artgenossen zu arrangieren.» Oder: «Meiner will doch nur spielen!»

Meiner aber nicht. Stellen Sie sich das mal vor. Meiner will einfach nur in Ruhe gelassen werden. Und da weder Ihr Hund noch Sie darauf Rücksicht zu nehmen scheinen, kommt mein Hund zu mir, um Hilfe zu suchen. Und die bekommt er.

Ungezogene Hunde wollen angeblich immer nur spielen. Das erinnert mich an ungezogene Kinder, die angeblich immer nur müde sind.

Und vor beiden nehme ich meine Hilde von jetzt an in Schutz.

Bruno, leg die Kuchengabel hin, sonst wird Frauchen richtig, richtig böse!

Den Haufen Entenkacke hat Hilde mittlerweile weiträumig über ihren Körper verteilt. Jetzt hat sie ein einladendes Schlammloch entdeckt, in das sie beglückt mit allen vieren gleichzeitig hineinhopst. Ich lasse sie gewähren.

Ich freue mich, wenn sie sich freut. Sie ist ein ruhiges, ausgeglichenes Hundchen, das weder zu positiven noch zu negativen Emotionsextremen neigt.

Umso mehr rührt es mich, wenn ihr kleiner Körper manchmal vor Glück geradezu zu explodieren scheint, was zuverlässig beim Anblick von Aas, Pfützen, meinen Söhnen, dem Schornsteinfeger, dem Paketboten und sonstigen Besuchern geschieht. Außer Philipp natürlich.

Hilde hat eine Art, Menschen zu begrüßen, die absolut bezaubernd ist. Als mein Welpe begriff, dass das Anspringen von Leuten, über deren Anwesenheit man sich außerordentlich freut, unerwünscht ist, musste er eine neue Art der Begrüßungszeremonie entwickeln.

Aber wohin mit dem ganzen Glück?

Hilde verleiht ihrer Freude nun weiterhin körperlich, aber ausschließlich mit ihrem Hinterteil Ausdruck. Um nicht doch versehentlich hochzuspringen, drückt sie ihre Vorderpfoten und ihren Brustkorb fest auf den Boden, streckt den Po hoch, robbt sich blitzschnell zu dem zu begrüßenden Menschen hin und wedelt dabei mit der gesamten hinteren Körperhälfte. Nicht selten dreht sie sich dabei auch noch auf der Stelle um sich selbst.

Die Kombination von ausufernden Schwenkbewegungen und schnellem Rotieren sieht entzückend aus – eine Teppichfliese kurz vorm Abheben – und erweicht jedes Herz innerhalb von Sekunden.

Gerade wird mir bewusst, dass ich auf einer halben Seite beschrieben habe, wie mein Hund andere Leute begrüßt. Normal ist das nicht.

Das erinnert an Mütter, die ungefragt Ultraschallbilder ihrer Ungeborenen herumzeigen – die übrigens allesamt aussehen wie übellaunige weichkochende Kartoffeln – oder niederschmetternd langweilige Humoresken vom Nachwuchs erzählen.

Ich habe da einige sehr unschöne und völlig unerwartete Mutterschaftsmutationen im Bekanntenkreis miterleben müssen.

Aus witzigen, aufmerksamen, lässigen Frauen waren nach der

Niederkunft verspannte Glucken geworden, die ihrem Kind einen unmöglichen Vornamen gaben und ständig Still-, Kack- und Babyanekdoten absonderten, von denen nahezu einhundert Prozent nicht mal ansatzweise lustig waren.

«Du, der Franz-Leander sagt immer Briefei statt Grießbrei, und statt Fahrrad sagt er AA!»

Aha. Ja und? Was wird da erwartet? Dass ich schallend lachend zusammenbreche oder mir den Mordswitz aufschreibe, damit ich ihn auf keinen Fall vergesse?

Bin ich auf dem Weg dazu, eine peinliche Hundemutter zu werden, die für ihren Welpen Kekse backt und ihm zu Weihnachten eine Shiatsu-Massage für zwei schenkt?

Nur noch wenige Stunden bis zur schönen Bescherung. Ich atme tief ein und genieße die Ruhe vor dem Sturm und den Anblick meines sehr schmutzigen Hundes.

Heute ist der 24.

Der Innocentia-Park ist leer.

Wer hat schon Zeit zum Spazierengehen am Morgen des Heiligen Abends?

Keine drei Straßen weiter schieben sich jetzt Trauben aggressiver Menschen mit Besinnungsmanko durch die Läden, Menschen, die in letzter Minute Geschenke, Gänse, Puten und hochwertige Getränke einkaufen müssen, danach in die Kirche hetzen, womöglich keinen Sitzplatz mehr bekommen, sich von dort aus in die Küche schleppen, um Klöße zu formen, und sich schließlich unterm Weihnachtsbaum zusammenbrechend fragen, wozu sie sich Jahr für Jahr den ganzen Stress machen.

Ich weiß, dass in einigen Beziehungen der Heilige Abend zur Belastungsprobe wird, weil er ihr wieder was schenkt, bei dem sie sich fragt: «Ein durchsichtiger Einteiler in 34? Mit wem lebt der eigentlich seit dreizehn Jahren zusammen? Wer soll denn da reinpassen? Ein Embryo?» Oder weil sie ihm wieder, entgegen der ehernen Regel «Egal was du machst, mach es nicht selbst» einen Schal gestrickt hat, obschon sie nicht stricken kann.

«Hauptsache mit Liebe gemacht», denkt sie dann aufmüpfig, und irgendwie könnte die Stimmung besser sein unterm Tannenbaum.

Bei uns ist Weihnachten immer ein Fest der Liebe. Ganz ehrlich. Das mag damit zusammenhängen, dass wir ab mittags Alkohol trinken und mein Mann ein überaus begabter Schenker ist.

Ich finde, Weihnachten ohne Geschenke ist wie Sex ohne Küssen, wie Kakao ohne Sahne, wie Pediküre ohne Lack. Die Grundidee ist gut und richtig, aber die entscheidende Zutat fehlt, um es zu einem wirklich herausragenden Ereignis zu machen.

Trotzdem hat sich bei mir, seit ich Kinder habe, die harte Erkenntnis durchgesetzt: Ja, es gibt ein Zuviel – leider auch bei Geschenken.

Mein Sohn zog sich an seinem ersten Weihnachten vor nunmehr zehn Jahren ein mittelschweres Trauma zu, als er in einem überdimensionierten Haufen Geschenkpapier unter dem Tannenbaum kurzzeitig verlorenging. Oma, Paten und Eltern hatten es sich nicht nehmen lassen, dem langersehnten Wunschkind jeden vermeintlichen Wunsch zu erfüllen.

Noch im Verlaufe des Heiligen Abends bekam ich den Eindruck, es hätte völlig ausgereicht, dem Kind lediglich Verpackungsmaterial zu schenken.

Seither gilt bei uns an Geburtstagen und Weihnachten die Regel: Niemand darf mehr als ein Geschenk mitbringen, und das wird in enger Absprache mit den pädagogisch Verantwortlichen ausgewählt.

Gerade Omas sind in Sachen Enkelgeschenke ja zu allem bereit und schwer zu bremsen. Und kinderlose Patentanten schleppen gerne lustige Sachen an, die entweder Flecken machen oder ohrenbetäubend laut sind. Das dumme Stück «Intelligente Knete» von Tante Karola hängt seit Weihnachten 2015 an unserer Wohnzimmerdecke.

In diesem Jahr haben wir, denke ich, eine gute Mischung gefunden aus Geschenken, die Geld kosten, und solchen, die unbezahlbar sind.

Meine Kinder und ich werden meinen Mann beispielsweise mit einem selbstgereimten Gedicht traumatisieren, und Oma bekommt etwas Gemaltes. Von mir. Für Hilde habe ich selbstverständlich auch eine Kleinigkeit besorgt.

Auf Empfehlung habe ich ein Spielzeug namens «Wobbler» gekauft. Laut Hersteller ist dieser «Snackball ein robustes Beschäftigungsspielzeug für den ultimativen Zeitvertreib». Es handelt sich um eine Art hohles Stehaufmännchen aus rotem Hartplastik, in dem man Leckerlis verstecken kann.

Nach der Bescherung wird es Spaghetti geben, und dann schauen wir «Sissi – Schicksalsjahre einer Kaiserin».

Das wird ein frohes und entspanntes Fest, unser erstes mit Hund.

Hilde hat zwischenzeitlich den riesengroßen, menschenleeren Sandkasten am Rande des Innocentia-Parks entdeckt. Mit einem Aufschrei der Begeisterung stürzt sie sich hinein und rast mit einem Affenzahn und wehenden Öhrchen darin herum.

Sand! Was für ein wunderbares Zeug! Es fliegt einem um die Nase, man kann großartig darin buddeln, es kitzelt herrlich an den Pfoten. Nur schade, dass es selbstverständlich total verboten ist, sich als Hund auf Spielplätzen aufzuhalten, geschweige denn in Sandkästen.

Ich will Hilde – es guckt ja keiner, und es ist Weihnachten – noch zwei Ehrenrunden drehen lassen, als ich einen älteren Herrn, einen Kinderwagen schiebend, zügig herannahen sehe.

Er lacht zum Glück. Was für ein netter Mensch! Aber der Anblick des winzigen Welpen, der außer sich vor Glück durch den Sand tobt, ist auch wirklich lustig und herzerwärmend.

Weihnachten, Fest der Liebe.

Ich lächle beseelt.

Ach, ich bin gerade so eins mit der Welt.

Erst als der Mann näher kommt, sehe ich, dass er seinen Mund vor Zorn und Hass weit aufgerissen hat. Was aus der Ferne aussah wie Lachen, erinnert jetzt an eine ganz besonders gruselige Halloween-Fratze.

«Rufen Sie Ihren Hund da weg!!!» Der Mann stapft wütend auf mich zu, gestikuliert drohend und brüllt weiter: «Hund raus! Sofort!! Oder ich rufe die Polizei!!!»

Ich bin wie vom Donner gerührt.

«Seien Sie doch nicht so aggressiv», sage ich beschwichtigend und rufe hektisch nach Hilde.

«So was wie Sie dürfte überhaupt keinen Hund haben!», schreit der Typ. Hilde stimmt in das Gebell des Mannes mit ein und rennt weiter wie von der Tarantel gestochen durch den Sandkasten.

«An die Leine mit dem Vieh! Aber sofort!!!»

Die Voraussetzungen für einen gelungenen Rückruf sind denkbar ungünstig. Der Mann brüllt weiter mit hassverzerrtem Gesicht auf mich ein, und ich kreische mit peinlicher Kastratenstimme den Namen meines Hundes.

«Hilde! Hieeeer!»

«In einer Minute rufe ich die Polizei!»

«Hildchen! Bei Fuß! Sitz! Platz! Bleib! Komm!»

«Ich zähle bis drei, dann haben Sie den Köter an der Leine!»

Ich stürze mich auf Hilde, die das als freundliche Aufforderung zum Fangenspiel begreift und in Windeseile abhaut.

«Jetzt reicht es aber! Raus mit der Töle!!!»

Mir kommen fast die Tränen. Ich hetze hilf- und würdelos durch den Sand meinem Hund hinterher, die gebrüllten Drohungen des alten Mannes im Nacken.

Endlich erwische ich Hilde, nehme sie auf den Arm und trage sie aus dem Sandkasten heraus.

Der Mann kommt auf uns zu, den Kinderwagen mit einem verängstigten Jungen darin wie ein Mahnmal Justitias vor sich herschiebend.

Er zückt sein Handy. Gleichzeitig nähert sich ein jüngerer Mann mit schmalem, kühlem Gesicht und zurückgekämmtem Haar, offenbar der Sohn des alten Monsters, mit einem etwa fünfjährigen Jungen an der Hand.

Er sagt mit scharfer, verächtlicher Stimme: «Ach was, Sie benutzen den Sandkasten als Hundeklo?»

Ich bin leider sprachlos und muss wieder mit den Tränen kämpfen, was einer überlegenen und gelassenen Ausstrahlung meinerseits diametral im Wege steht. Ich frage mich kurz, ob dieser gelackte, überhebliche, dürre Typ mich genauso behandeln würde, wenn ich ein Mann wäre. Wahrscheinlich nicht.

Ich sehe mich selbst durch die Augen der beiden Männer: eine hysterische, übergewichtige Pute am Rande des Wahnsinns in schlammbespritzten Klamotten und mit schrecklicher Frisur, die ihren schmutzigen Hund und wahrscheinlich ihr gesamtes Leben nicht im Griff hat.

Ich würde die beiden Widerlinge jetzt gerne souverän darauf hinweisen, dass ich eine gestandene berufstätige Frau in den besten Jahren bin, die es sich leisten kann, ihr Aussehen nicht zu wichtig zu nehmen, die sogar ab und zu Autogramme gibt und, wenn auch mit recht viel Lampenfieber, im Fernsehen auftritt. «Ich bin berühmt, ihr Arschgeigen!», würde ich gerne abgrundtief peinlich kreischen – aber leider sind die Männer im Recht, ganz zweifellos.

Jedoch recht haben und sich richtig benehmen sind zweierlei. In mir keimen Hassgefühle und Aggressionen hoch, wie ich sie bisher von mir nicht gekannt habe.

Der Alte sagt im kalten Tonfall eines Wutbürgers, der sich auf Seiten des Gesetzes weiß: «Ich nehme jetzt Ihre Personalien auf, und Sie bleiben genau hier stehen, bis die Beamten eintreffen.»

Endlich finde ich meine Stimme, zumindest halbwegs, wieder: «Es ist Weihnachten, ein Welpe hat ein paar Runden in einem Sandkasten gedreht, und in Berlin hat ein Terrorist gerade ein Dutzend Menschen umgebracht. Bitte, rufen Sie die Polizei. Ich bin sicher, die hat gerade nichts Wichtigeres zu tun.»

Der junge Mann, dem der Irrsinn der Situation langsam klarzuwerden scheint, wendet sich an seinen Vater: «Lass es gut sein.» Und dann, mit vernichtendem Severus-Snape-Blick an mich: «Hauen Sie endlich ab und erziehen Sie Ihren Köter. Sie können froh sein, dass wir so verständnisvoll sind!»

«Frohe Weihnachten», sage ich.

Und sobald ich um die Ecke bin, fange ich an zu heulen.

31. Dezember

ORT: **Ein Hinterzimmer. Tür und Fenster sind geschlossen.**
UHRZEIT: **Mitternacht.**
PROMILLE: **Hoch.**
GEWICHT: **Hoch.**
HUNGER: **Groß.**
ZIGARETTENSCHACHTEL: **Leer.**
TO-DO-LISTE FÜR DAS KOMMENDE JAHR: **Länger als sonst.**
REALISTISCHE CHANCE, ALLE VORSÄTZE AUF DER TO-DO-LISTE UMZUSETZEN: **Null.**
STIMMUNG: **Schwankend wie die Tannen auf Norderney, wenn Sturmtief «Hilde» über sie hinwegfegt. Ich bin übel-**

launig, ängstlich, aber auch euphorisch, weil in dieser Sekunde die Monate der Maßlosigkeit vorbei sind. Jetzt beginnt die Zeit eisenharter Disziplin, gnadenloser Impulskontrolle und strengen Triebverzichts zugunsten langfristiger Ziele. So weit jedenfalls der Plan.

Draußen tobt das Feuerwerk, aber hier, in einem der hinteren Zimmer, bekomme ich davon fast nichts mit. Die Böller klingen wie das entfernte Donnern eines Gewitters, das am Horizont vorbeizieht, und durch die verschlossenen Vorhänge dringt nur manchmal das kurze Aufblitzen einer besonders kostspieligen Rakete.

Hilde verschläft ihren ersten Jahreswechsel in dem eigens für sie mitgebrachten Körbchen. Wir können wirklich froh sein, dass wir als Familie mit zwei Kindern und einem Hund überhaupt noch irgendwo eingeladen werden.

Während der fröhliche Rest der Partygesellschaft auf der Terrasse ins neue Jahr feiert, sitze ich schalldicht isoliert im Abstellraum und wache über meinen kleinen, neuen Hund, von dem ich immer noch nicht weiß, ob er mein Leben, meinen kindlichen Vorstellungen entsprechend, bereichern kann.

Eines ist sicher: Auf meiner To-do-Liste finden sich, neben den immer gleichen Punkten wie Kalorienkonsum senken, Kulturkonsum steigern, gelassener und selbstbewusster werden, Rückenübungen regelmäßig machen, nicht mehr rauchen, Hochzeitstag nicht wieder vergessen, bessere Mutter werden und positiv denken, in diesem Jahr einige neue Punkte:

* Mehr mit Hilde rausgehen, eventuell sogar auch bei Eisregen.
* Hilde konsequenter erziehen, Kommandos mit innerer Stärke durchsetzen, anstatt schrill und wirkungslos rum-

zukreischen. Es reicht, dass ich meine Kinder manchmal mit dem superpeinlichen Satz bedrohe: «Ich zähle jetzt bis drei; wenn ihr dann nicht ...» Ich will mich in Sachen Hundeerziehung diesmal gewissenhaft an den Rat halten, den mir der Pädagoge Dr. Albert Wunsch bezüglich meiner Söhne gegeben hat: «Wenn Sie etwas dreimal sagen müssen, dann war das zweimal zu viel. Drohungen und Wutausbrüche sind für die Tonne und lediglich ein Beweis dafür, dass Sie sich nicht mit probaten Erziehungsmitteln auskennen. Bitten Sie Ihre Kinder nie um etwas, was nicht verneint werden kann. Klarheit ist keine Härte. Drei mal drei ist neun. Ist das hart? Nein, das ist klar.» Also Hilde: Drei mal drei ist neun! Ist das klar?

* Dickes Fell wachsen lassen gegenüber Wutbürgern, Hundehassern, Hundebesitzern und allen anderen Besserwissern, Reinquatschern und vermeintlichen Experten.

FUSSNOTE ZU DIESEM WICHTIGEN PUNKT: Das nehme ich mir allerdings schon seit Jahren vor, denn ich bin ein sabbernder, unemanzipierter Waschlappen mit zwei linken Händen – ich weiß, dass dieses Bild hinkt –, sobald ich nicht mehr allein weiterkomme. Was ziemlich schnell der Fall ist. Auto, Fernseher, Computer, Klo, Absatz, Selbstwert kaputt?

Ein Experte muss her! Aber meist ist man ja dem Rat von mehreren, einander fundamental widersprechenden Experten ausgesetzt, was oft zu tiefgreifenden Irritationen führt. Wann immer in fröhlicher Runde das Thema auf Altersvorsorge, Krankenversicherung, Pflegeprodukte gegen vorzeitige Hautalterung, die Schulreform und den akkuraten Umgang mit Kindern, Männern und Hunden kommt, werde ich nervös. Denn ich gehöre nicht zu den Leuten, die davon überzeugt sind, es besser zu wissen. Das ist bedauerlich und kostet Geld und Nerven.

Jedes Mal, wenn ich beispielsweise einen Fachmarkt für Elektroartikel betrete und mich dort auf ein Expertengespräch einlasse, komme ich mit einem Gerät heraus, von dem ich bisher nicht wusste, dass ich ohne nicht leben konnte.

Beschämt denke ich an den Luftbefeuchter, die Wetterstation und den bereits erwähnten Dampfgarer in meinem Keller, aber auch an die unzähligen, nicht zueinander passenden Tiegelchen in meinem Bad. Sie sind Mahnmale meiner Willenlosigkeit und Manipulierbarkeit durch Experten. Ich benutze ein Produkt immer genau so lange, bis mir jemand überzeugend genug sagt, dass es etwas Besseres gibt.

Fatal und ruinös sind Besuche in Parfümerien, in die ich bloß kurz reinhuschen will, um die Augencreme meines Vertrauens zu kaufen. Das geschulte Fachpersonal schaut mich dann kritisch und oftmals etwas mitleidig an und sagt betroffen so Sachen wie: «Oh, Sie haben aber sehr feuchtigkeitsarme Haut. Soll ich Ihnen da mal was empfehlen?» Oder: «Ich möchte Ihnen diesen Prospekt mitgeben. Ich denke, die Lektüre sind Sie sich und Ihrer Haut schuldig. Das ‹Age-Management-System› sollte Sie interessieren. ‹Eye-Repair›, ‹Body-Booster› und der ‹Stimulus-Complex› könnten bei Ihnen Schlimmeres verhindern.»

Und ich sehe mich mein Auto verkaufen, um mir wenigstens die Augenreparatur leisten zu können, und greife nach dem Prospekt, in dem es die Kaufpreise der hochwertigen Pflegeprodukte nur auf Anfrage gibt, so wie bei Immobilien in Bestlage und bei Rotweinen, die extra aus dem Keller hochgeholt werden müssen.

Ja, ich gebe es zu, ich wechsle Kosmetiklinien und Friseure wie eine Nymphomanin ihre Sexualpartner, und am liebsten würde ich mich auch einmal im Jahr neu krankenversichern lassen und mich monatlich nach einem neuen Steuerberater, Arzt, Gasherd, Bodenbelag, Kindergarten, Hundetrainer und Lippenkonturenstift umschauen.

Ich muss mich endlich gegenüber Experten besser behaupten und entschiedener abgrenzen!

Daraus folgt zwingend der nächste Punkt:

- Eigenen Instinkt ausfindig machen, womöglich mit Hilfe eines Instinktfindungsexperten.
- Instinkt, sobald gefunden, folgen.
- Weiterführende Hundegruppen besuchen, Such- und Trickspiele erlernen, um meinen Hund geistig zu fordern. (Falls möglich. Ich bin mir, was Hildes Intellektualität angeht, immer noch nicht ganz sicher. Neulich hat sie sich beinahe zu Tode erschrocken, weil ihr Magen geknurrt hat. Eventuell ist sie nicht das hellste Kerzlein auf dem Hundekuchen, aber auch geringe Intelligenzressourcen wollen entdeckt und gefördert werden).
- Hilde genau so annehmen und akzeptieren, wie sie ist (das gilt im Übrigen auch für meinen Mann, meine Kinder, mich selbst und die Frau drei Häuser weiter, die ihren Rauhaardackel sowie ihren Lebensgefährten vegan ernährt).

Während Hilde und ich in aller Stille ins neue Jahr hinübergleiten, lasse ich die letzten beiden Monate Revue passieren.

Es kommt mir vor, als sei es ewig her, seit Hilde zum ersten Mal auf unseren Kelim kackte. Die blauen Flecken von meinem Sturz auf der Terrasse sind verblichen. Der neue Teppich liegt nach wie vor eingerollt im Arbeitszimmer.

Ich finde, Hilde hat die letzten, sehr turbulenten Tage und Wochen bravourös gemeistert. Sie erschrickt zwar vor jeder Schneeflocke und fühlt sich insbesondere auch durch moderne Objektkunst in Grünanlagen bedroht, aber im Umgang mit aggressiv zischenden und zuckenden Mitbewohnern, bis an den Hals bewaffneten Kindern und verkleideten Trockennasenprimaten beweist sie Langmut und Nerven aus Stahl.

Den Trubel am sechsten Dezember beispielsweise, wo sich Patenonkel Antonio traditionell als Nikolaus verkleidet und für ein Dutzend eingeladener Kinder Geschenke, Lob und Drohungen überbringt.

Hilde hatte den dicken, weißbärtigen Mann mit Sack auf dem Rücken zwar zunächst für eine lebensgefährliche Mischung aus Dober- und Schneemann gehalten und verbellt, sich dann aber schnell beruhigt und die Aufmerksamkeit der vielen Menschenwelpen genossen.

Das Elchkostüm, das ich extra für Hilde bestellt hatte, um sie während der Weihnachtszeit angemessen zu kleiden, war zwar leider zu klein gewesen, dafür hatte sich der Besuch auf dem Hundeweihnachtsmarkt total gelohnt.

Es gab kistenweise Kuhfüße und Hähnchenkrallen zu bewundern, und Hilde ließ sich zu einem Fotoshooting mit einem Nikolausmützchen und einer Deutschen Dogge namens Indigo überreden.

Bloß meine Söhne waren enttäuscht gewesen. Es gab keine Zuckerwatte und keine gebrannten Mandeln, lediglich Hundekuchen. Und als mein kleiner Junge unwissentlich in eine Schale mit Caniden-Kipferln mit Rinderschlundstückchen zum Probieren gegriffen hatte, war seine Laune auf dem Tiefpunkt gewesen.

Über den «Wobbler» an Heiligabend hatte sich Hilde nicht so gefreut, wie ich gehofft hatte. Zum einen war ihr nicht klarzumachen, dass im Inneren des Spielgerätes Leckerchen versteckt sind und dass diese durch geschicktes Hin-und-her-Bewegen des Wobblers herauszuholen sind.

Sie begnügte sich zunächst damit, den Wobbler misstrauisch zu umkreisen. Sie knurrte ihn zweimal an, musste dann aber wohl selbst einsehen, dass dieser Drohlaut, besonders in Verbindung mit ihrem Plüschgesicht, nicht im mindesten einschüchternd, sondern, wenn überhaupt, eher erheiternd wirkte.

Der Wobbler zeigte auch gar keine Reaktion.

Als sie endlich nach ein paar Runden wagte, das rote Plastikteil mit der Pfote anzustupsen, war sie schockiert über dessen schaukelnde Reaktion und verließ fluchtartig den Raum.

Am ersten Weihnachtsfeiertag war Hilde im Park von einer menstruierenden Boxerhündin angegriffen worden. «Das macht die Madonna sonst nie!», hatte mir das Frauchen mehrfach zugerufen, während sie ihr wütend knurrendes Hormonmonster von der Kehle meines schreienden Welpen gerissen hatte.

Hilde war über und über von Schlamm und Boxersabber bedeckt und wir beide um eine schlechte Erfahrung reicher.

Danach hatte ich meinen Hund zum ersten Mal selbst geduscht und anschließend geföhnt, was womöglich ein nicht minder schweres Trauma hinterlassen hat. Bei uns beiden.

Nach der Aktion waren Hilde und ich völlig erschöpft und hatten uns mehrere Leckerlis und eine Pause auf dem Sofa gegönnt.

Aber das Highlight von Hildes bisher erst knapp fünf Monate dauerndem Hundeleben ist ihr Besuch in meiner Heimatstadt Aachen gewesen!

Wir verließen Hamburg am Morgen des 27. Dezembers mit einem derart vollgepackten Auto, als planten wir eine mehrmonatige Tour durch Mittel- und Osteuropa mit der Option, vielleicht für immer dazubleiben.

Ich habe zwei Söhne, die leider nicht besonders schmutzempfindlich sind und deren Reinlichkeitsbedürfnis weit hinter dem meinen zurückbleibt. Die beiden haben grundsätzlich nichts dagegen, sich schmutzig zu machen, und tun auch nichts, um es zu vermeiden.

Das mehrmalige Wechseln von Hosen und Pullovern am Tag muss also beim Kofferpacken einkalkuliert werden.

Mein eigenes Gepäck hat, verglichen mit früheren Urlaubsreisen, ebenfalls an Volumen gewonnen. Neu ins Reiserepertoire aufgenommen habe ich: Gummistiefel, wind- und wasserabweisende Funktionsjacke, wind- und wasserabweisende Funktionshose, Thermounterwäsche, dicke Socken und Fleckenspray gegen Exkremente jeder Art.

Da ist das Auto schon fast voll, bevor die Hundeutensilien überhaupt verstaut sind. Wir reisten mit Hildes tragbarem Hundehäuschen, mehreren Schmusedecken, Leinen, Spielzeugen, zwei Fressnäpfen und einem Sack Trockenfutter für Welpen, bestehend aus einer ausgewogenen Zusammensetzung lebenswichtiger Nährstoffe sowie Super-Antioxidantien, Rohprotein und Betakarotin. Geschmacksrichtung: Hühnchen.

Für meinen Mann wäre da, selbst mit leichtem Gepäck, kein Platz mehr gewesen.

Er winkte uns zum Abschied auf der Straße auf typisch hanseatische Art zu, nämlich gar nicht. Dann drehte er sich – ich nahm das noch in der äußersten Ecke des Rückspiegels deutlich war – mit einer beschwingten, erleichterten Drehung um und hüpfte quasi in Richtung Haus zurück.

Nach all den Kot- und Kotzunfällen der letzten beiden Monate, den angenagten Treppenstufen und dem modernen Urinmuster auf unserem Wohnzimmerteppich – um nur die größeren unter den Malheurs zu nennen – hatte sich dieser tapfere Mann allerdings wirklich drei Tage Ruhe verdient.

Wir näherten uns Aachen in unerfreulich vielen Etappen.

Wenn man mit drei Wesen unterwegs ist, von denen alle ausnahmslos noch keine ausgewachsene und voll belastbare Blase haben, lernt man auf der Wegstrecke eben recht viele Raststellen und angrenzende Grünflächen kennen.

Stunden später und wenige Kilometer vor unserem Ziel war es so weit. Der immer wieder ergreifende Moment war gekommen: Rechts von uns tauchte das Braunkohlekraftwerk Weisweiler auf!

Es handelt sich um ein beeindruckendes Gebäude nordrhein-westfälischer Baukunst des vergangenen Jahrhunderts, aus dessen riesenhaften grauen Betontürmen stets weißer Dampf quillt.

Ich machte Hilde und meine Söhne auf die erhabene, jedoch verborgene Schönheit des Bauwerkes aufmerksam, was nicht zu den gewünschten Reaktionen führte.

«Sieht aus wie aus einem Horrorfilm», sagte mein großer Junge, bevor er sich wieder in sein Buch vertiefte.

«Ist das der Aachener Dom?», fragte der Jüngere alarmiert, denn bis dahin hatte er sich sehr auf die morgen anstehende Führung durch die bedeutende Bischofskirche mit ihrer sagenumwobenen Schatzkammer und dem Thron Karls des Großen gefreut.

Für mich ist das Kraftwerk in all seiner kalten und grauen Scheußlichkeit eines der schönsten Architekturwunder diesseits des Urals. Der Anblick wärmt mir das Herz. Denn jetzt ist es nicht mehr weit bis dahin, wo ich mal zu Hause war.

Wie oft habe ich erleichtert geseufzt, eingeklemmt auf der Rückbank unseres orangefarbenen Saab zwischen Blindenführhund, Kühltasche und Reiselektüre, wenn nach zwölf Stunden Fahrt von Ungarn bis in die westlichste Stadt Deutschlands rechts von mir das Kohlekraftwerk vorbeizog.

«Jetzt ist es nicht mehr weit bis nach Hause», hat meine Mutter früher dann jedes Mal gesagt.

Früher.

Zu Hause war da, wo die Kirchenzeitung auf dem Küchentisch lag, die Stofftiere aufgereiht im Regal saßen, wo der Pansen direkt neben der Kondensmilch im Kühlschrank stand und der Hund nachts draußen im Zwinger schlief.

Die Sommer waren endlos, die Füße hatten keine Hornhaut und das Essen keine Kalorien. Gluten und Lactose waren noch nicht entdeckt, ebenso wenig wie Authentizität, Achtsamkeit und kaltgepresste Smoothies.

Die Faszien hießen Bindegewebe, Yoga war was für gelenkige Inder, es gab einen Sendeschluss, ein Testbild, Langspielplatten und ein Telefon, das im Flur stand und an einem viel zu kurzen Kabel hing.

Das «Früher» in meinem Leben ist ja jetzt auch schon immer länger her.

Bis heute habe ich eine romantisch verklärte Sicht auf meine Kindheit und immer wieder Heimweh nach dem Zuhause von damals. Verbunden mit dem stillen Schmerz, der stets die Erinnerung an das Unwiederbringliche begleitet.

Die Sehnsucht nach Heimat fühlt sich in meiner Kinderseele an wie der Durst am Morgen nach einer durchzechten Nacht: unstillbar, nicht zu löschen.

Sehnsucht ist nicht totzukriegen.

Ich weiß. Ich bin eine sentimentale alte Kuh. Aber das stört mich nicht.

Wie von einer unsichtbaren Hand geleitet, besuche ich regelmäßig meine Vergangenheit und klappere meine Erinnerungsorte ab wie ein Tourist die Sehenswürdigkeiten eines fernen Landes: mein Elternhaus, meine Grundschule, den Pausenhof des Gymnasiums, das chinesische Restaurant, in dem meine Mutter und ich nie etwas anderes als «Hühnchen süßsauer» oder «Rindfleisch mit Zwiebeln» bestellt haben.

Im Zuge dieser Vergangenheitsbewältigung habe ich letzten Sommer meine Familie gezwungen, mit mir nach Ungarn zu fahren.

Zum ersten Mal nach dreißig Jahren reiste ich zurück in das Heimatland meines Vaters und an den Ort meiner unendlich langen Kinderferien und machte mich auf die Suche nach Erinnerungen, um diesmal womöglich ein für alle Mal meine Sehnsucht zu stillen und vielleicht eine Art von Frieden zu finden.

Ich brauchte mehrere Stunden, ehe ich an der Dorfstraße, die zum See führt, das Bauernhaus entdeckte, in dem ich gefühlt mein halbes Leben verbracht habe. Viel war davon nicht mehr übrig.

Schweinestall und Misthaufen waren zwei Fertigbungalows für Feriengäste gewichen, und das Bauernhaus, in dem ich unzählige Mücken erschlagen, Sonnenbrände kuriert, mein erstes Glas Wein getrunken und meinen ersten Ungarn geküsst habe, war nur noch eine schäbige Ruine mit blinden Fenstern, die es meinen Erinnerungen verdammt schwer machte hineinzugelangen.

Aber der See roch so wie früher. Am Strand standen noch immer die alten Bäume, die uns Schatten gespendet hatten, und das Wasser war immer noch so weich und warm wie die Arme meiner Mutter.

Ich war glücklich, ich war unglücklich, ich brach immer wieder ohne Vorwarnung in Tränen der Rührung aus, was meinen Mann und meine Söhne nicht weiter aus der Ruhe brachte.

Es ist bei mir keine Seltenheit, dass ich spontan von Gefühlen überwältigt werde, dafür reichen schon weit geringere Außenreize wie beispielsweise die Eurovisionshymne.

Ich fand heraus, dass die Bäuerin, bei der wir so viele Sommer lang gewohnt hatten, vor sechs Jahren gestorben war. Mein Lieblingsrestaurant war einem Supermarkt gewichen, und der alte Mann, den ich auf der Straße als unseren damaligen Nachbarn wiedererkannte und den ich energisch und euphorisch auf Ungarisch ansprach, war ein Tourist aus Saarbrücken, der sich durch mich belästigt fühlte.

Drei Tage lang wandelte ich auf den Spuren meiner Kinderfüße, fand Vertrautes, grub nach Verschüttetem und schloss minutenlang die Augen, um diese unvergleichliche Mischung aus Seewasser, Sonnenmilch und dem ungarischen Hefegebäck Lángos zu riechen. Töricht aß ich Zuckerwatte und mit Kakaopulver gefüllte Pfannkuchen. Ich schloss die Augen, um dem Wind in den Schilfhalmen zuzuhören, und kniete mich auf dem Feldweg hin, um wieder genau denselben Blick über die Wiesen zu haben wie mit zehn, als ich zum ersten Mal hier stand und dachte, nirgendwo auf der Welt könne es schöner sein.

Ich habe mich nicht entblödet, den Baum zu umarmen, in dessen Schatten mein Vater seinen Lieblingsplatz fand. Und ich habe mich im Mondschein auf die Wiese vor der Ruine unseres alten Hauses gestellt und versucht, den Sternenhimmel wieder mit Kinderaugen zu sehen.

Aber gebracht hat es nichts.

Meine Heimat ist kein Ort, an den ich zurückkehren kann. Er liegt unerreichbar in der Vergangenheit. Und kein Urlaub, kein Geruch, kein Kohlekraftwerk und auch kein Hund – Hilde, verzeih! – kann daran etwas ändern.

Auf dem Rückweg hatten, weit vor der Landesgrenze zu Österreich, meine Erinnerungen wieder das Ruder übernommen. Völlig unbeeindruckt von der Realität schob sich die Vergangenheit über die Gegenwart, und das Bauernhaus erstrahlte erneut in altem Glanz, die Bäuerin erfreute sich bester Gesundheit, und mein Vater lag im Schatten des Baumes und aß deutlich mehr Lángos, als gesundheitlich für ihn zuträglich war.

Wir hatten Ungarn noch nicht mal verlassen, da regte sie sich bereits wieder mit ungebrochener Kraft: die Sehnsucht nach der Zeit, in der die Dinge zum ersten Mal geschahen.

Im nächsten Sommer fahren wir nach Frankreich. Da war ich noch nie. Dort werde ich mir brandneue Erinnerungen schaffen, statt immer wieder vergebens den alten hinterherzureisen.

Vielleicht kann auch Hilde ein versöhnlicher Abschluss eines zu lang gepflegten und immer wieder liebevoll reanimierten Kummers sein. So wie die Reise in ein unbekanntes, von Sehnsucht unberührtes Land. Hilde hat so gar nichts mit meinen kindlichen Hundeerinnerungen gemein. Wenn es regnet, sieht sie aus wie der verschwitzte Rudi Völler in jungen Jahren, und ihr Jagdinstinkt beschränkt sich auf herabfallendes Laub, herumliegende Fernbedienungen und Hummeln. Sie ist kein tollkühner Boxermischling mit großen Pranken und aus den Nähten platzendem

Selbstbewusstsein. Sie ist ein ganz anderer Hund in einer ganz anderen Zeit.

Aachen begrüßt uns mit Sonne und beißender Kälte.

Als Familie mit einem Hund, bei dem von Stubenreinheit noch keine Rede sein kann, ist man nicht unbedingt ein gerngesehener Übernachtungsgast. Und so habe ich für uns eine Unterkunft gebucht, die mir für unsere aktuellen Bedürfnisse optimal erschien: ein Zimmer auf dem «4 Linden Hof». Ein Öko-Hof, nur ein paar hundert Meter von meinem Elternhaus entfernt, mit Hunden, Katzen, Hühnern und Eseln.

Hilde steigt aus, streckt sich, gähnt, blinzelt in die Sonne und traut ihren Augen nicht: Ein Huhn steht direkt vor ihr und beäugt sie mit schräggelegtem Kopf auf die typisch dümmliche Hühnerart.

Hilde macht einen spontanen, ja fast raubtierhaften Satz in Richtung Geflügel, was der Chef des Hofes, ein bildschöner American Shepherd, mit einem kurzen, aber eindeutigen Verwarnungsbellen kommentiert.

Aha, der Typ weiß jedenfalls, wie man klare Kommandos erteilt und innerhalb von Sekunden eine unumstößliche Hierarchie erstellt. Hilde fügt sich, ohne zu murren, wirft dem ärgerlichen Huhn noch ein paar verwarnende Blicke zu und beginnt, die neue Umgebung zu erkunden, wobei sie ein bisschen aussieht wie eine höhere Tochter beim Schlammcatchen.

Zwischen all den echten Tieren und dem naturverbundenen Hofbesitzer Andreas, der hier alles selbst gebaut hat, wirken Hilde und ich wie zwei degenerierte Tussis aus der Großstadt, die in Funktionsklamotten und Markengummistiefeln ein paar unmittelbare Naturerlebnisse sammeln wollen, von denen sie zu Hause dann ihren Hybrid-Freundinnen bei einem Glas Sauvignon blanc und Burrata mit Olivenpesto erzählen können.

Meine Söhne hingegen fügen sich auf der Stelle nahtlos ins Bild ein, klettern ins Baumhaus, werfen Stöcke in den See, schmusen mit Eseln und sehen nach wenigen Minuten schon so schmutzig aus, dass ein längeres Einweichen von Kindern und Klamotten zwingend erforderlich sein wird.

Hilde entdeckt nach den ersten, vorsichtigen Schritten nun auch den Naturburschen in sich und hopst mit allen vieren gleichzeitig in ein Schlammloch. Das ist der Moment, wo ich vor so viel geballter urtümlicher Umwelt kapituliere und beschließe, in den kommenden Tagen die Hygienevorschriften erheblich zu lockern.

Spaß statt Sagrotan. Natur statt Kulturbeutel. Schlamm statt Make-up und unter den Fingernägeln Schmutz, der mit herkömmlichen Mitteln nicht mehr zu entfernen ist.

So kommt es, dass wir tags darauf mit Entenkacke an den Stiefeln durch den Aachener Dom schreiten und die Nächte selig stinkend in unserer behaglichen Kammer unterm Dach verbringen.

Hier ist die Welt heil, die Eier kommen aus dem Stall, und die Türen haben keine Schlösser. Auch unsere Schlafzimmertür nicht. Was mir tagsüber noch wie lässiger Boheme-Style vorkam, fühlt sich bei Dunkelheit betrachtet nicht mehr ganz so gut an.

Als Mensch, der es gewohnt ist, von Mitbewohnern, Bewegungsmeldern, einem Alarmknopf neben dem Bett und den beruhigenden Geräuschen einer Großstadt umgeben zu sein, tue ich mich etwas schwer, so gänzlich ungeschützt ins Reich meiner Träume zu finden.

Die Kinder und Hilde schlafen unbekümmert tief, und ich stehe noch mal auf – für eine letzte Zigarette ist es ja nie zu spät – und trete auf den schmalen Holzbalkon. Von hier habe ich einen weiten Blick über die leicht verschneiten Felder, bis hin zu dem sanften Hügel in der Ferne, dem Laurensberger Kirchberg, auf dem die bildschöne Laurentius-Kirche steht, die in den langen

Nächten zwischen Weihnachten und Neujahr zauberhaft erleuchtet ist. Dort habe ich viele Gottesdienste, Taufen, Erstkommunionen und Beerdigungen erlebt.

Auf dem Friedhof unserer Gemeinde liegen mein Vater und meine Mutter schon so lange, dass ich mittlerweile einen größeren Teil meines Lebens ohne sie als mit ihnen verbracht habe.

Ich bin gerne auf diesem Friedhof. Ein Spaziergang dort ist wie das Blättern in einem Fotoalbum aus lang vergangenen Tagen. Mit vergilbten Aufnahmen, viele von ihnen schwarz-weiß, auf denen vertraute Gesichter für einen Moment wieder lebendig erscheinen.

Heimat ist da, wo dir die Namen auf den Grabsteinen vertraut sind und dir alte Geschichten erzählen. Wo auf dem Friedhof unter pflegeleichtem Immergrün die Frau liegt, bei der du als Kind Brausebonbons für fünf Pfennig das Stück gekauft hast, gleich neben der gütigen Nachbarin, die bis heute unerreichte Weihnachtskekse gebacken hat. Die Fußpflegerin meiner Mutter liegt keine drei Gräber von meinen Eltern entfernt, und der Kollege, der meinem Vater das Leben schwergemacht hat, ist glücklicherweise in einem weit entfernten Winkel des Friedhofs untergekommen.

Heimat ist da, wo du alte Leute kennst, wo die Telefonnummern fünfstellig sind und wo an Straßenecken und in alten Bäumen zahllose Erinnerungen hausen.

Als ich nach der langen Fahrt endlich in meine alte Straße einbog, fuhr ich im Schritttempo. Ich freute mich über bekannte Häuser und Mauern, ärgerte mich kleinkariert über einen Neubau und einen unnötig modernen Zaun und kam schließlich an der Stelle vorbei, an der vor mehr als einem Vierteljahrhundert mein Hund gestorben war.

Ich warf einen Blick auf Hilde, die im Fußraum diesen bewegenden Moment verschlief. Einen ängstlichen Augenblick lang fragte ich mich, ob die Fußstapfen, in die ich Hilde stellen wollte, nicht viel zu groß waren.

Würde Hilde den alten Kummer heilen und den Kreis endlich schließen?

Im Garten meines Elternhauses erkannte ich die Forsythienhecke. Das Grab des früh verstorbenen Helden. Erst James Dean, dann Marilyn Monroe und schließlich mein Impi.

Das wünscht man ja niemandem: Nachfolger einer Legende zu sein. Einer großen und einzigen Jugend-Hunde-Liebe, eines überlebensgroßen, idealisierten Boxermischlings Imperator, der bereits starb, bevor er zu handfester Wirklichkeit werden konnte.

«Armes Hildchen», dachte ich. Hinter mir hupte jemand. Ich gab Gas, und die unliebsamen Gedanken verzogen sich murrend in eine Abstellkammer meines Unterbewusstseins.

Es wird langsam kalt auf dem Balkon. Drinnen, im Dunkeln, höre ich meine Kinder atmen, mein Hund träumt und winselt leise.

Ich gehe wieder rein zu ihnen. Zuvor habe ich mir unten im Wohnzimmer die beachtliche Sammlung antiker Bügeleisen einmal genauer angeschaut. Ich trage ein besonders schweres und massives Exemplar die schmale Stiege hinauf in unsere Schlafkammer und stelle es auf den Boden, direkt neben das Kopfende meines Bettes. Katastrophenschalter für Ökos. Geht doch.

Ich lege meinen Kopf auf meine persönliche Bettwurst, ein unförmiges Kissen mit geblümtem Bezug, ohne das ich nie verreise und das mir überall auf der Welt das Gefühl vermittelt, ich sei daheim.

Da bin ich übrigens kein Einzelfall. Mehr als die Hälfte meiner Freundinnen geht mit ihrem eigenen Kopfkissen auf Reisen. Sandra nimmt sogar ihre Bettdecke mit, während Nadine auch im Urlaub nicht auf ihren Föhn und ihre Yogamatte verzichten will und Lydia lieber ohne ihren Mann als ohne ihre Kaffeemaschine in die Ferien fahren würde.

Sieht so die angeblich wachsende Toleranz und Gelassenheit des zunehmenden Alters aus: ausrasten, wenn man seine persönliche Bettwurst zu Hause vergessen hat?

Ich werde wunderlich, denke ich, und die Kirchenglocken läuten zur Nacht.

Mein kleiner Sohn spricht im Schlaf, dreht sich um und wird halb wach. Er hat schlecht geträumt, kuschelt sich in meine Arme und schläft sofort wieder ein, seine Nase an meinem Hals.

Ich bin eine Heimat, denke ich und folge ihm in den Schlaf, eine Hand am Bügeleisen.

JANUAR

Hilde klaut Kuchen

Hilde übernachtet auswärts

Hilde öffnet ihre Seele bei der Tier-Telepathie einer fremden Frau

Und: Als hätte ich nicht genug eigene – jetzt habe ich auch noch einen Hund mit Frisurproblemen

7. Januar

GEWICHT: Minus vier Kilo nach sieben Tagen Fastenkur, so das erste amtliche Zwischenergebnis. Das kann sich sehen lassen. Ist aber hart erkauft durch abgrundtief schlechte Laune und das Fernbleiben jeglicher sozialer Zusammenkünfte.
PROGNOSE: Eine fastende Frau, ein pubertierender Junghund, vier nicht schallisolierte Kinder und ein hildehassender Mitbewohner, der die Schokolade im Kühlschrank lagert, wo ich sie doch nur warm, ja fast schon geschmolzen am liebsten mag – alle unter einem Dach. Das kann nicht mehr lange gutgehen.
ORT: Habe mich in meinem Arbeitszimmer verbarrikadiert, von innen abgeschlossen und weigere mich herauszukommen. Ich verlasse diesen Raum erst, wenn ich die Packung Nougat-Cookies mit Schokoladenstückchen und zart schmelzendem Cremekern restlos aufgegessen habe. Mein seit einer Woche leerstehender Verdauungsapparat hält erschrocken den Atem an. Kann ich jetzt keine Rücksicht drauf nehmen. Ich brauche Nervennahrung.

Der Totalverzicht auf Zigaretten, Alkohol, lecker Essen im Allgemeinen und Zucker im Besonderen war, das muss ich mir hier und jetzt eingestehen, eine Nummer zu groß für mich.

Mit leerem Magen sind Hundeerziehung und Kotentsorgung eine unzumutbare Tortur.

Meine Hundetrainerin hält es für durchaus möglich, dass Hilde mit fünf Monaten bereits eine frühe Phase der Pubertät durchmacht. Das äußert sich, wie im wahren Leben auch, durch plötzlichen Ungehorsam und ständiges Überschreiten von Regeln, die eigentlich als bekannt vorausgesetzt werden können.

Wann immer ich Hilde allein lasse, erwartet mich bei meiner Rückkehr eine neue Katastrophe. Mein Hund entleert jetzt regelmäßig den Papierkorb, angelt sich zielsicher wichtige Dokumente von meinem Schreibtisch und zerkaut sie unrettbar zu Speichelklopsen. Hilde hopst auf den Klavierhocker und spielt Schuberts Kinderlieder in einer sehr eigenwilligen Interpretation. Sie ruht sich auf meinem empfindlichen Lieblingssessel aus oder kackt mitten in den Flur, wo mindestens einer meiner Söhne punktgenau reintritt.

Heute Morgen stand sie aufgeregt bellend mitten auf dem Esstisch, Auge in Auge mit dem Blumenstrauß. Ich denke, sie muss sich durch die Pfingstrosen in Kombination mit den Vogelbeerzweigen und dem Eukalyptus provoziert oder gar angegriffen gefühlt haben.

Es stört mich nicht, dass mein Hund kein ausgesprochen kluges Tier ist. Im Gegenteil. Ich habe einen intelligenten Mann, und schon das ist nicht immer leicht für mich.

Aber das Leben in ständiger Habachtstellung und Sorge, was Hilde als Nächstes anstellt, zerrt gerade an meiner Stimmung wie ein Rottweiler am Hetzarm.

Kekse oder Krieg.

Toffifee oder Tierheim.

Hund oder Hunger.

Beides ist mir zu viel.

Ich entschied mich ohne Zögern für die Kekse und fand so bereits nach einer Dreiviertelpackung zu meinem inneren Gleichgewicht zurück.

20. Januar

Ich habe meine Fastenkur nun offiziell auf unbestimmte Zeit verschoben. Du kannst mit leerem Magen keinen Welpen erziehen. Das hatte ich so noch in keinem meiner Ratgeberbücher gelesen, und ich denke, das ist eine wertvolle Erkenntnis, die der Öffentlichkeit nicht länger vorenthalten werden darf.

Schnell habe ich mir mein ursprüngliches Weihnachtsgewicht wieder zurückerkämpft – auch mit Hilfe von Hundehasser Philipp, der den Billig-Süßwaren ähnlich zugeneigt ist wie ich und ebenso ungern teilt.

Damit es nicht zu ernsthaften Zwistigkeiten zwischen uns kommt, haben wir nun stets einen Vorrat an Schokolade und Knabbergebäck im Haus, mit dem man mehrere Kindergeburtstage, Adventskalender und Tankstellenshops ausstatten könnte.

Dennoch wurde mein in Zucker eingelegtes Nervenkostüm heute wieder auf eine harte Probe gestellt, als ich schlaftrunken die Küche betrat.

Hilde hatte meinen Geburtstagskuchen zur Hälfte aufgefressen.

Da hört für mich der Spaß auf.

Der Tisch war übersät mit Krümeln, zwei Kerzen waren umgestoßen, und der Kuchen selbst ragte wie die Berliner Gedächtniskirche als ein Mahnmal blinder Zerstörungswut aus dem Trümmerfeld hervor.

Oder war es womöglich Philipp gewesen, den nachts die Gier übermannt hatte und der dann den Verdacht gezielt auf das verhasste Tier lenken wollte?

Als ich lauthals den zerstörten Schokoladen-Mandel-Guglhupf beklagte, war mein Eindruck, dass beide ein schlechtes Gewissen und ein paar Krümel in den Mundwinkeln hatten.

21. Januar

Ich vereinbare einen Termin beim Hundefriseur.

Das ist gar nicht so leicht.

«Kommen Sie am Donnerstag um zehn zur Eingewöhnung», sagt die Dame am Telefon. Ich möchte nicht unsensibel erscheinen, frage aber dennoch vorsichtig nach: «Eingewöhnung? Warum ist das nötig?»

Die Stimme am anderen Ende der Leitung klingt jetzt eisig und belehrend: «Ihr Hund war noch nie beim Friseur. Da ist es wichtig, dass der erste Besuch ein angenehmes Erlebnis ist. Ich muss das Tier kennenlernen und vorsichtig an die Situation gewöhnen. Mit dem Trimmer arbeite ich bei den ersten Malen grundsätzlich nicht, um ein frühes Trauma zu vermeiden. Auch Baden und Föhnen könnte Ängste auslösen. Wir beschränken uns zunächst auf das vorsichtige Freischneiden der Intimzone und der Augenpartie. Bitte bringen Sie genügend Leckerlis und eine Schmusedecke mit. Nach dem Friseurbesuch sollte Ihr Hund unbedingt mindestens zwei Stunden ruhen, um das Erlebte zu verarbeiten.»

Einmal mehr bekomme ich das Gefühl, dass ich für den Umgang mit dem modernen Stadthund zu unsensibel bin. Beschämt denke ich an mein armes Hildchen, klaglos, aber sichtbar unglücklich unter der Dusche. Ein jämmerliches, klappriges, nasses Etwas, das von mir mit Welpenshampoo eingeseift, resolut abgespritzt und dann mit einem alten Frottéhandtuch energisch abgerubbelt wurde.

Und das ganz ohne Eingewöhnung oder flankierende therapeutische Maßnahmen! Unvorstellbar, was ich in meiner Naivität da womöglich angerichtet habe.

«Bis Donnerstag», sage ich kleinlaut, lege auf und nehme meinen Hund in die Arme. Vielleicht ist ja noch was zu retten.

22. Januar

Hier bin ich falsch. Und ich bin auch noch selber schuld.

Offensichtlich habe ich die Beschreibung dieses Seminars nicht oder nicht aufmerksam genug gelesen.

«Tierkommunikation»: Das klang für mich nach einer sicherlich hilfreichen Lektion zur Verbesserung der Verständigung zwischen Hilde und mir. Was bedeuten bestimmte Körperhaltungen des Hundes? Heißt Schwanzwedeln immer, dass sie sich freut? Mache ich ihr Angst, wenn ich zu schnell auf sie zugehe, oder ist das für sie eine Aufforderung zum Spiel?

Soll ich meinen Hund womöglich, so wie mir neulich das Frauchen von Tashima empfahl, böse anknurren, wenn mir sein Verhalten nicht passt? Das hatte ich sogar schon mal heimlich vor dem Spiegel geübt, kam mir dabei aber selbst unbeobachtet so bescheuert vor, dass ich die Knurr-Kommunikation bisher noch nicht in aller Öffentlichkeit angewendet habe.

Solche und ähnliche Fragen hoffte ich in diesem achtstündigen Theorieseminar für hundertvierzig Euro, in Abwesenheit der betreffenden Tiere, zu klären. Ich bemerke aber schon nach wenigen Minuten, dass es hier um etwas völlig anderes geht.

Ich sitze in einem weiß gekachelten Raum, einige der Wandfliesen ziert ein gezeichneter Hundekopf. Das große Schaufenster öffnet sich zu einer bekannten sechsspurigen Hamburger Ausfallstraße. Draußen scheint die Wintersonne, drinnen ist es ein wenig fußkalt.

Sonja, die Seminarleiterin, verteilt Decken und Tee an die Teilnehmerinnen, drei Frauen auf Klappstühlen. Wir haben uns um einen niedrigen Tisch herum gruppiert. Die Schuhe mussten wir ausziehen, das habe ich ja schon mal nicht so gerne. Immerhin trage ich Socken, die sich zumindest ähneln und zur selben Farbfamilie gehören.

Ich hatte heute Morgen mein madenweißes Wintergesicht mit etwas Rouge und Lippenstift aufgepeppt und mir die Wimpern getuscht, was ich jetzt zutiefst bereue.

Selbst mit Minimal-Make-up wirke ich in dieser Runde wie Daniela Katzenberger unter Benediktinernonnen.

Es scheint ein ungeschriebenes Gesetz zu sein, dass Tierhaltung und ein modisches Äußeres einander ausschließen. Das gilt natürlich nicht auf der feinen Hundewiese an der Außenalster, Zutritt nur mit UGG-Boots und blondierter Langhaarfrisur mit dunklem Ansatz. Aber hier in diesem Raum überwiegt eindeutig die Naturfraktion.

Ich fühle mich wie ein rotes Gummibärchen unter einer Ansammlung von Reiswaffeln.

Auf dem Tisch liegen die Fotos, die wir von unseren Tieren oder denen, mit denen wir uns verbunden fühlen, mitbringen sollten. Diese Anweisung hatte ich blöderweise für nicht so wichtig gehalten, sehe aber jetzt, dass sie offenbar ein essenziell wichtiger Punkt für das Gelingen des Seminars ist. Zum Glück habe ich etliche Fotos von Hilde auf meinem Handy gespeichert. Das wird wohl reichen.

Während ich mich noch sehr über die Fotos eines Kaninchens, eines Pferdes und mehrerer Katzen wundere, begrüßt Sonja die kleine Runde und bittet darum, dass wir uns und unsere Tiere kurz vorstellen. Sie nickt freundlich in meine Richtung.

Ich sage ein paar schnell weggenuschelte Sätze über Hildes Alter und ihr sanftes Wesen.

«Was ist Hilde denn für eine Rasse?», fragt mich die Frau mir gegenüber. Ich ahne schon, dass meine Antwort hier nicht so gut ankommen wird. Auf dem Tisch liegen, abgesehen von dem Kaninchen, dem Pferd und den Katzen, nur Fotos von ernstzunehmenden Hunden, wahrscheinlich entweder mit Stammbaum oder schwerem Schicksal.

«Hilde ist ein Mini-Goldendoodle, eine Mischung aus Zwergpudel und Golden Retriever», sage ich trotzig und hoffe, dass niemand die biologische Unmöglichkeit dieser Verpaarung bemerkt.

«Können die denn bei dem Größenunterschied …?», setzt Sonja an, und ich unterbreche sie gereizt. «Nein, das können sie nicht. Hilde ist das Ergebnis einer künstlichen Befruchtung.»

«Gruselig», sagt Sonja kopfschüttelnd.

«Schlimm, was heutzutage so alles möglich ist», stimmt die Frau zu meiner Rechten mit ein.

Dann beginnt der offizielle Teil des Programms.

«Was euch heute am meisten im Weg stehen wird, ist euer Verstand», sagt Sonja. «Es kommt hier einzig und allein auf eure innere Haltung an. Versucht, euch von Erwartungen und Urteilen frei zu machen. Unsere Neigung, alles und jeden ständig zu bewerten, ist für alle Beteiligten anstrengend. Es stresst eure Kinder, eure Freunde, eure Tiere und euch selbst. Versucht, euch einen weiten, weichen und wohlwollenden Blick auf die Welt anzueignen.»

So weit, so gut. Da hat die Sonja absolut recht. Ich frage mich zwar noch, was das mit den Kommunikationssignalen meines Hundes zu tun hat, aber auch ich gehöre zu den Menschen, die ständig schnelle und oft gnadenlose Urteile über andere fällen.

Waltraud zum Beispiel, rechts neben mir, verkörpert so ziemlich alles, was mir an Frauen unsympathisch ist. Sie wirkt auf eine mühselige und unglaubwürdige Weise emanzipiert. Ihr grobmaschiger Pullover ist von einem satten, hässlichen Braun. Die regelmäßige Wäsche und Pflege ihrer Haare scheint sie als überflüssige Anbiederung an das herrschende Modediktat zu empfinden.

Waltraud ist der Typ angestrengte, mehrfach durchtherapierte Frau, die nach vielen Enttäuschungen jetzt der Meinung ist, man müsse sie so lieben, wie sie ist. Auch und besonders dann, wenn sie sich nicht die geringste Mühe gibt, liebenswert zu sein.

«Wenn ihr euch bei vorschnellen Urteilen ertappt, dann haut euch selbst wie mit einer Fliegenklatsche auf die negativen Gedanken», sagt Sonja, als könne sie in meinen Kopf schauen, und ich schäme mich augenblicklich ein bisschen, «zwingt euch zurück in eine offene, tolerante Art.»

Mit Tierkommunikation, das erfahre ich nun, ist Telepathie gemeint. Die Kontaktaufnahme zum Tier mittels der Kraft des Geistes.

Sonja trainiert ihre diesbezüglichen Fähigkeiten gerne in Tierhandlungen und Zoos. Schildkröten, aber auch Hamster und Fische seien besonders dankbare Ansprechpartner und würden sich ihr bereitwillig und erfreut nähern, sobald sie gedanklich Verbindung zu ihnen aufgebaut habe.

«Wählt jetzt bitte das Foto eines Tieres aus», weist uns Sonja an. «Dann schließt ihr die Augen, und wir betreten gemeinsam mit Hilfe einer geführten Meditation die Welt der Tiere. Dort werdet ihr dem Tier, das ihr ausgewählt habt, begegnen, es respektvoll begrüßen und ihm die Fragen stellen, die ich euch nenne.»

Ich frage mich, ob das der geeignete Moment ist, so zu tun, als bekäme ich einen dringenden Anruf, und mich zügig zu verabschieden. Heike, eine gut durchblutete, gesund und bodenständig aussehende Frau um die vierzig, scheint meine Bedenken zu teilen.

«Ich glaube, ich kann das nicht», sagt sie. «Ich bin viel zu sehr Kopfmensch.»

«Aber du hast doch schon erlebt, dass es funktioniert», sagt Sonja.

«Wie denn das?», frage ich.

«Mein Hund Arthur war schwer krank», erzählt Heike. «Nachdem ich bei zig Ärzten war und die nichts gefunden hatten, habe ich Sonja ein Foto von ihm gegeben. Sie hat mit Arthur Kontakt aufgenommen, sich von ihm seine Schmerzen schildern lassen und mir geraten, einmal gezielt die Bauchspeicheldrüse untersuchen zu lassen. Es kam heraus, dass Arthur dort einen Tumor hatte. Er konnte gerade noch rechtzeitig entfernt werden. Ich würde es selbst nicht glauben, aber genau so war es.»

Ich beschließe, zu bleiben und mich auf dieses seltsame Seminar einzulassen. Es ist wie beim Karneval: Entweder du machst mit, oder du bleibst zu Hause.

«Ich habe einen geradezu unheimlich intensiven Draht zu Hasen und Meerschweinchen», sagt Waltraud, und ich haue mir selbst energisch mit meiner inneren Fliegenklatsche eine runter, um nicht zu denken, was ich in diesem Moment gerne denken möchte.

Ich entscheide mich für das Foto des Pferdes, schließe die Augen und gehe barfuß von Sonja angeleitet über eine steinerne Brücke hinüber in die wunderbare Welt der Tiere.

Am Ende dieses langen Tages bin ich zutiefst erschöpft und mir meiner Urteile und Bewertungen nicht mehr ganz so sicher – auch wenn sich an meiner Einstellung gegenüber Waltraud nichts geändert hat.

Sie hatte viel geweint und war unter der Not der Tiere, die sich ihr anvertraut hatten, mehrfach beinahe zusammengebrochen.

«Ich bin wie hüllenlos!», hatte sie klagend ausgerufen. «Durch meine ungewöhnliche Empathiefähigkeit nehme ich die Sorgen und Schmerzen anderer Wesen ungefiltert in mich auf.»

Das hatte die empathische Waltraud aber nicht davon abgehalten, in der Mittagspause in einem Restaurant um die Ecke die überforderte Kellnerin zu maßregeln, weil der Fisch lauwarm war, und einen ausländischen Mitbürger anzuschreien, der ihr ein Flugblatt in die Hand drücken wollte.

Ich selbst habe jenseits der steinernen Brücke ein Pferd getroffen, das anhänglich und verschmust war und mich partout nicht

zurückgehen lassen wollte in meine Welt, so als hätte es Angst, verlassen zu werden und für immer allein zu bleiben.

Jasmin, so hieß die Besitzerin des Tieres, brach bei meinen Schilderungen in Tränen aus. Ihr Pferd heißt Sunny und muss nächste Woche eingeschläfert werden. Da war mir doch mulmig zumute, und mitweinen musste ich auch.

Ich traf außerdem einen nichtssagenden Kater und einen nervösen Hund, der bei mir Herzrasen und Unwohlsein auslöste. Außerdem hatte ich eine von gegenseitigem Respekt geprägte Begegnung mit Manfred, einem Kaninchen, das sich nach einer Führungsposition in der Familie sehnte.

Über meine kleine Hilde erfuhr ich eine ganze Menge. Ausgerechnet der wunderlichen Waltraud war es gelungen, einen sehr vertrauensvollen Kontakt zu meinem Hund herzustellen.

Selbstverständlich unter Tränen eröffnete mir Waltraud, dass Hilde sich nicht sicher sei, ob sie meinen hohen Erwartungen an sie gerecht werden könne. Außerdem brauche sie mehr Rück-

zugsmöglichkeiten und sehne sich nach den Zärtlichkeiten von großen Männerhänden.

Waltraud schnäuzte sich die Nase und fuhr an mich gewandt mit brechender Stimme fort: «Hilde war absolut offen zu mir. Sie ist sanft und sensibel, kommt aber mit deiner ruppigen Art trotzdem einigermaßen zurecht. Sie hat mir zum Abschied noch gesagt, dass sie sehr gerne in deinem Bett schlafen und lieber Cindy heißen würde.»

Ich war zu langsam mit meiner Fliegenklatsche. Ehe ich mich zur Zurückhaltung ermahnen konnte, musste ich leider schallend loslachen.

Waltraud steckte pikiert ihr Taschentuch ein, und Sonja sagte mit ermahnendem Tonfall, ich solle mich über die Wünsche und Bedürfnisse meines Hundes nicht einfach so hinwegsetzen. Tiere, die innerlich abgelehnt würden, bekämen später oft Probleme mit der Analdrüse.

23. Januar

Hilde darf ab jetzt bei uns im Schlafzimmer schlafen.

Und manchmal nenne ich sie heimlich Cindy.

Nur zur Sicherheit. Man weiß ja nie.

24. Januar

Heute haben mir zwei Freundinnen ihr leicht verspätetes Geburtstagsgeschenk vorbeigebracht: ein lila kariertes Leinen-Halsband-Ensemble eines international tätigen Luxusherstellers für Hundeaccessoires sowie ein biss- und reißfestes Jutekamel, das quietscht, wenn man darauftritt.

Ich habe Freude vorgetäuscht, finde aber eigentlich, dass man Menschen an ihrem eigenen Geburtstag nichts für andere Menschen oder gar Hunde schenken sollte. Was würde mein Mann wohl sagen, wenn ich ihm zum Wiegenfest ein paar liebevoll verpackte Blättermagen-Frikadellen überreichen würde?

25. Januar

Hilde und ich haben unseren ersten gemeinsamen Friseurbesuch perfekt gemeistert.

Der Eingewöhnungstermin dauerte keine zwanzig Minuten und fand, mal wieder, in einem gekachelten Raum statt. In der Mitte stand eine Stahlliege, wie ich sie bereits vom Tierarzt und aus Fernsehkrimis kannte, in denen Leichen obduziert und im Anschluss von einem Angehörigen identifiziert werden müssen.

Hilde war zwar sichtlich beunruhigt, als sich ihr die sanftmütige Friseurin mit Schere und Bürste näherte, fügte sich aber in ihr Schicksal und ließ sich klaglos die Haare an den Pfoten, um die Augen und rund um den sogenannten Intimbereich kürzen.

Die Fachfrau empfahl, einen Nachfolgetermin in zwei Wochen zu vereinbaren und ein Kombinationsprodukt aus Entfilzungs- und Finishing-Bürste für 55,30 Euro zu kaufen.

«Ihr Hund», sagte sie, «hat ein sehr pflegeintensives Fell. Sie müssen ihn regelmäßig bürsten, damit keine Knoten im Haar entstehen, und alle sechs Wochen müssen sie zum Waschen, Schneiden und Föhnen kommen.»

Wie jetzt, pflegeintensiv?

Davon stand nichts in der Gebrauchsanweisung!

Ich dachte, ich hätte einen absolut unkomplizierten Hund, bei dem weder der Charakter noch das Fell besonders aufwendig in der Wartung sei. Und jetzt soll ich sagenhafte fünfzig Euro in eine Hundebürste investieren?!

Ich habe wirklich genug mit meinen eigenen Haaren zu tun. Die Aussicht, mich um eine weitere Frisur in meinem Leben kümmern zu müssen, belastet mich ungeheuer.

Ich denke, ich untertreibe nicht, wenn ich sage, dass ich im Zuge meines Erwachsenenlebens insgesamt gesehen nicht länger als zwanzig Minuten mit meiner Frisur zufrieden war.

Das waren jene seltenen Momente, in denen, oft unter Zuhilfenahme der Fähigkeiten eines ausgebildeten Profis, einfach alles stimmte. Ein seidiger Glanz, der perfekte Schwung, diese wunderbar lockere Fülle.

Meist wurde der beglückende Moment durch einen Windstoß zunichtegemacht oder durch den fatalen Anstieg der Luftfeuchtigkeit oder einfach dadurch, dass ich selbst zur Rundbürste griff und das Kunstwerk durch Dilettantismus zerstörte.

Die Beziehung zwischen Frauen und ihren Haaren ist eine hochneurotische. Mir ist keine Frau bekannt, die ein entspanntes Verhältnis zu ihrer Frisur hat.

Kürzlich rief mich meine Freundin Britta an, eine gebildete Person in anspruchsvoller Führungsposition, und sagte: «Ich möchte, dass du es als Erste erfährst: Mein Haar sitzt gerade unheimlich gut.»

Wenig später machte ein Tiefdruckgebiet ihrem Hochgefühl ein Ende.

Warum sind Frauen niemals langfristig zufrieden mit ihrer Frisur? Warum überlege ich seit nunmehr dreißig Jahren, ob ich meine Haare nicht doch lieber wahlweise wachsen lassen, kürzen oder umfärben soll? Irgendwie befinde ich mich immer in einem nicht zufriedenstellenden Übergangsstadium, obschon ich doch nur eines will: aussehen wie Sharon Stone.

Natürlich weiß ich, dass Sharon Stone normalerweise auch nicht aussieht wie Sharon Stone, aber ich beneide sie nun mal um ihr feines, geschmeidiges und williges Haar.

Meine Haare sind wüst und wild. Wie schlecht erzogene Teenager tun sie nie das, was man ihnen sagt, sondern hängen stattdessen schlaff und glanzlos in irgendeiner Ecke rum oder rebellieren störrisch gegen jedwede Form, die man ihnen gerne verpassen möchte.

Erschwerend kommt hinzu, dass mir die Natur eine unmädchenhafte Unfähigkeit für jede Art von Frisurstyling mitgegeben hat.

Ich habe mich mit Glätteisen entweder selbst verbrannt oder meine Haare zu merkwürdigen Installationen verformt, die an unverständliche, besonders moderne Kunst erinnerten.

Ich habe mit Rundbürsten gearbeitet, die ich so fest und ungeschickt eingerollt habe, dass sie von einem Fachmann entfernt und rausgeschnitten werden mussten.

Und ich möchte nicht, dass sich Details meiner beschämenden Versuche, die Haare hochzustecken, zurückzugelen oder asymmetrisch über den Kopf zu föhnen, in der Öffentlichkeit verbreiten. Kurz: Ich bin eine Frisur-Niete.

Haare machen mir Angst.

Und das Letzte, was ich wollte, ist ein Tier mit pflegeintensivem Fell!

Hilde und ich verlassen deprimiert den Hundesalon. Sie kackt genau vor die Tür, und ich habe keinen Gassibeutel mehr.

Ich fühle mich vom Schicksal gebeutelt.

Auf dem Rückweg suche ich im Internet bereits nach der Hundebürste in Shops, die «Zeit für Fellness» und «Petpoint Charly» heißen.

Zu Hause begegnet uns Hundehasser Philipp in der Küche, wo er dankenswerterweise gerade die Schokoladenvorräte auffüllt. Hoffentlich hält er sich Hilde gegenüber heute zurück.

Mein Hund und ich, wir haben schon genug gelitten.

Als Philipp Hilde sieht und seine gewohnten Zisch- und

Kuschlaute ausstoßen will, stockt ihm jedoch hörbar der Atem. Er erstarrt mitten in der Bewegung, lässt eine Packung Toffifee fallen und stößt voll ehrlicher Anteilnahme hervor: «Oh mein Gott! Hilde sieht ja aus wie ein Zombie!»

Mein älterer Sohn, von dem Lärm angelockt, kommt rein, sieht Hilde und schreit mich an: «Was hast du ihr angetan??!!!»

«Den Friseur kannst du verklagen!», sagt Philipp, als sei das eine Beruhigung.

Erst jetzt sehe ich, was der angebliche Profischnitt aus meinem Hund gemacht hat: Hilde sieht aus wie ein hirnloser Mischling, der eigentlich ein Show-Pudel sein möchte. Die gekürzten Haare über ihrer Schnauze lassen sie engstirnig und komplett dämlich aussehen. Und tatsächlich wirken ihre schwarzen Knopfaugen ohne Fellzottel drum herum wie unheimliche, leblose, schwarze Löcher. Dazu in befremdlichem Kontrast hat die Friseurin auf Hildes Kopf ein lächerliches federiges Fellkrönchen stehenlassen.

Mein armes Tierchen könnte die kleine Schwester von Chucky, der Mörderpuppe, sein und in jeder schwedischen Mysteryserie eine Hauptrolle bekommen.

Hilde weiß von alledem nichts, sondern freut sich über die ungeteilte Aufmerksamkeit und leckt Philipp sogar die Hand.

Gut, dass ich immer Sagrotan im Haus habe.

Ich kann nur hoffen, dass Hundehaare schnell nachwachsen.

Ich beschließe, den Friseur zu wechseln und meinen Besuch auf der Hundewiese an der Alster auf unbestimmte Zeit zu verschieben.

Ich möchte nicht, dass Hildes Debüt in der feinen Hamburger Gesellschaft durch eine fatale Frisur verdorben wird.

So ein Stigma wird man unter Umständen nie wieder los. Und ich weiß sehr genau, wovon ich spreche.

28. Januar

Ich habe beschlossen, Hilde abzugeben.

Es liegt nicht an ihrer misslungenen Frisur. Aber mein Eindruck ist, dass es an der Zeit ist, dass sich unsere Wege trennen.

Seit zwei Stunden ist sie nicht mehr da.

Ich gehe durch die Zimmer und glaube, ihre Schritte hinter mir zu hören. Das verlassene Körbchen in der Ecke meines Arbeitszimmers versetzt mir einen leichten Stich.

Ich hatte es mir einfacher vorgestellt.

Jetzt, wo Hilde weg ist, fehlt sie mir. Meinen Söhnen sowieso. Mein Mann hält sich mit Kommentaren zurück, während Philipp nicht müde wird, mir zu erklären, dass eine Welt ohne Hunde eine bessere wäre. Das ist vermutlich tröstend gemeint.

Immerhin bekomme ich regelmäßig Kurznachrichten aus Hildes neuem Leben:

«Hilde hat einen Freund gefunden!»

«Hilde fühlt sich wohl in ihrem neuen Rudel!»

«Gute Nacht, Frauchen!»

Dazu gibt es Fotos und Videos von meinem kleinen Hundchen, aufgeregt herumschnüffelnd zwischen einer bunten Schar von Dalmatinern, Labradoren und Beagles.

Hilde ist ab jetzt einmal in der Woche über Nacht bei der wunderbaren Hundesitterin Ina. Ina sammelt tagsüber in ihrem großen Lieferwagen bis zu zehn Hunde ein, geht ausgiebig mit ihnen spazieren und bringt sie am Nachmittag schmutzig, glücklich und müde zu ihren Herrchen und Frauchen zurück.

Mein Hund übernachtet bei Ina in ihrem romantischen Häuschen am Hamburger Stadtrand, weil ich möchte, dass Hilde sich schon mal an die Umgebung gewöhnt, in der sie ab jetzt die Urlaube verbringen wird, in die wir sie nicht mitnehmen können.

Außerdem, so meine Theorie, wird vielleicht ihr immer noch mickeriges Selbstbewusstsein etwas aufgebaut, wenn sie lernt, sich in einem Rudel zu behaupten.

Ina ist eine wunderbar pragmatische und gleichzeitig warmherzige Person, bei der ich Hilde in besten Händen weiß. Ihren eigenen Hund musste Ina vor zwei Jahren einschläfern lassen – seine Urne steht jetzt bei ihr im Flur. Und neulich hat sie einem Dackel in den Hintern gebissen. Der aggressive Teckel hatte Inas Katze angegriffen und war mit herkömmlichen Mitteln nicht mehr von ihr zu entfernen gewesen.

«Der hat sich sehr gewundert, aber es hat funktioniert», hatte Ina fröhlich erzählt, während sie Hilde in den Transporter hob. Hilde und ich schauten uns beklommen durch die Scheibe an, ich nickte meinem Hund aufmunternd zu, Ina stieg ein, winkte und war weg.

Ich hatte das Gefühl, das absolut Richtige getan zu haben.

Das ändert sich auf der Stelle, als ich am Nachmittag Helga und Tashima auf der Straße begegne.

«Wo ist denn Hilde?», fragt Helga.

«Sie ist heute zum ersten Mal bei ihrem Hundesitter.»

«Warum? Hast du nicht genügend Zeit für deinen Hund? Ich finde ja immer, so was sollte man sich vorher überlegen.»

«Nein, das ist es nicht. Ich möchte Hilde schonend an die neue Umgebung gewöhnen. Sie wird einen Teil der Sommerferien bei Ina verbringen. Da fliegen wir nämlich nach Frankreich.» Ich nicke selbstgefällig, weil ich diesmal ganz sicher bin, dass ich mich pädagogisch wertvoll und untadelig verhalten habe. Ich habe mir nichts vorzuwerfen.

Helga sieht das allerdings irgendwie anders.

«Ich bringe es einfach nicht übers Herz, meinen Hund wegzugeben», sagt sie kopfschüttelnd. «Nenn mich ruhig sentimental, aber ich weiß einfach, dass Tashima sich am allerwohlsten fühlt, wenn sie bei mir zu Hause ist.»

«Tja, äh, da hast du sicher recht, ich finde nur, dass ...»

«Und es gibt ja auch wirklich genügend attraktive Ferienziele, die man problemlos mit dem Auto erreichen kann. Frankreich im Übrigen auch. Wer sich einen Hund anschafft, der sollte auch bereit sein, das eigene Leben entsprechend umzustellen.»

Ich könnte jetzt auf der Stelle unzählige Fachbücher und Hundeexperten zitieren, laut denen genau das der größte Fehler ist, den man mit einem Hund machen kann: ihn zu wichtig zu nehmen, ihm alles recht zu machen und ihn nicht wie einen Hund zu behandeln, sondern wie einen verwöhnten Kronprinzen.

Aber ich sage natürlich nichts. Erstens, weil ich keinen Konflikt heraufbeschwören möchte, zweitens, weil ich zu feige bin, und drittens, weil mir aktuell sowieso keine unschlagbare Erwiderung einfällt.

Helga öffnet ihre Tasche, hebt Tashima heraus, küsst sie auf die Nase und setzt sie dann vorsichtig auf den Boden. Das Hundchen freut sich aufrichtig über den Auslauf, dreht sich ein paar Mal um sich selbst, rennt durch eine morastige Pfütze und springt mich dann übermütig und mit nassen, schmutzigen Pfoten an.

«Sie mag dich!», ruft Helga beglückt.

Ich lächele schmallippig und versuche, das Tier unauffällig wegzuschieben.

«Ach, lass sie doch», sagt Helga. «Schau doch nur, wie sie sich freut!» Die feuchten Dreckspuren auf meiner Hose scheinen sie nicht zu stören.

An meinem hundefreien Tag trage ich, nach Monaten in Funktionskleidung, endlich einmal wieder eine meiner besten Jeans. Ich will kein spießiger Spielverderber sein, aber irgendwie stört mich der matschige Hund an meinem bis eben noch sauberen Hosenbein.

Nenn mich ruhig kleinlich, liebe Helga, aber keinem deiner Kinder würdest du erlauben, dass es seine mit Nutella verschmierten Finger an meiner Hose abwischt. Warum darf sich dein Hund so schlecht benehmen?

Das denke ich. Und schweige.

«Die Tashima mag nicht jeden», sagt Helga.

Ich weiß nicht, was ich antworten oder tun soll. Soll ich einen fremden Hund beschimpfen oder ihn, wie ich es bei Hilde tun würde, am Schlafittchen packen und relativ grob zur Seite setzen?

Das traue ich mich ehrlich gesagt nicht. Ich fühle mich in eine Rolle gedrängt, in der ich nicht sein möchte. Ich hasse es, wenn mich das Verhalten anderer dazu zwingt, mich beschweren zu müssen. Ich will mich nicht beschweren. Ich bin so nicht. Ich will so nicht sein.

Aber seit ich einen eigenen Hund habe, scheinen alle anderen Hundehalter davon auszugehen, dass ich

a) grundsätzlich alle Hunde mag,
b) nichts dagegen habe, angebellt, angesprungen oder abgeleckt zu werden, und
c) zu der eingeschworenen Gemeinschaft tierlieber Personen gehöre, die sich selbst für die deutlich besseren Menschen hält.

Ich gebe gerne zu bedenken, dass ich auch einen eigenen Mann habe, ohne deswegen gleich alle anderen Männer zu mögen. Schon gar nicht die ungezogenen, die mir die Tür vor der Nase zufallen lassen oder beim Begrüßungsküsschen halbverdaute Speisereste auf meiner Wange hinterlassen.

Ich bin, wenn ich ehrlich bin, nicht tierlieb. Zumindest nicht Vollzeit. Ganz im Gegenteil: Es gibt eine Menge Tiere, die ich überhaupt nicht leiden kann, und ja, dazu gehören auch Hunde, die sich auf meine Schuhe übergeben, oder solche, die meine Kinder, selbst wenn es in bester Absicht geschieht, über den Haufen rennen oder mich aus dem Auto heraus hysterisch anbellen, als wollten sie mir durch die Scheibe an die Gurgel springen.

Um Helga nicht zu kränken, drehe ich mich nur innerlich grollend aus Tashimas Schmutzpfotenumarmung heraus, murmele etwas von Anschlussterminen und gehe mit schlammigem Beinkleid und hastigem Gruß.

Tashima verfolgt mich einige Meter bestens gelaunt, um mich noch mal gezielt von hinten anzuspringen. Wahrscheinlich möchte sie ihr Werk nicht unvollendet lassen.

«Du hast einen neuen Fan», ruft Helga mir lachend nach. «Da kannst du dir richtig was drauf einbilden!»

Manchmal kann ich Philipps Hundehass durchaus nachvollziehen.

Bloß was er gegen Hilde hat, das kann ich partout nicht verstehen.

30. Januar

Hilde hat sich heute Morgen mit schmutzigen Pfoten auf meinen empfindlichen Lesesessel gesetzt.

Da bin ich nicht unempfindlich.

Um meinen Hund charakterlich und sittlich zu formen, gehe ich in den Park, um, angeleitet von einem Lehrbuch für Welpenerziehung, mit Hilde Impulskontrolle und Disziplin zu üben.

Ich leine Hilde an einer Bank an, entferne mich zügig und ohne mich umzudrehen, und verstecke mich etwa einhundert Meter entfernt hinter einem Baum.

Hilde weint.

Ich auch.

Die Idee dabei: Man muss so lange im Versteck warten und die Not des Welpen aushalten, bis er aufhört zu winseln. Dann erst darf man zum Hund zurückgehen und ihn ohne große Freude oder ein dramatisches Wiedersehensgeheule ableinen und weitergehen. So und nur so lernt der Hund, dass

1) Jammern nichts bringt,
2) Frauchen zurückkommt,
3) die Welt nicht untergeht und es eigentlich keine große Sache ist, wenn man mal ein paar Minuten warten muss.

Aber wehe, du brichst die Übung wegen gebrochenen Herzens vorzeitig ab! Dann lernt dein Welpe, dass er nur laut genug meckern muss, damit du zurückkommst.

Also: Jetzt oder nie wieder! Ich stehe noch keine 45 Sekunden hinter dem Baum, da rotten sich erste Spaziergänger um die fiepende Hilde zusammen. Böse Blicke durchstreifen das Gelände, Fäuste werden wütend in Hüften gestemmt, erste harsche Unmuts- und Anklagelaute wehen zu meinem Versteck hinüber.

Das halte ich nicht aus!

Verlegen haste ich in Richtung wehklagender Welpe, der sich ein Loch in den Bauch freut, mich wiederzusehen. «Das ist eine Erziehungsübung», murmele ich und finde selbst, dass ich wenig überzeugend klinge.

«Vielleicht in einem Terrorregime!», keift eine Dame.

«Sie zerbrechen die Seele dieses Tieres», sagt eine andere. «Man sollte Sie mal an diese Bank fesseln, damit Sie spüren, wie das ist, verlassen zu werden!»

Ein solidarisches Nicken geht durch die Runde, und ehe die Leute hier noch auf dumme Gedanken kommen, mache ich mich eilig vom Acker und beschließe, meine pädagogischen Bemühungen auf die späten Nachtstunden zu verschieben.

Februar

✷

Der Ernst des Lebens

✷

Eine harte Lektion
für Frauchen

✷

Backstage bei der
Hundeprominenz

✷

Außerdem:
Zwei Enten klagen an

✷

3. Februar

ORT: Auf dem Fensterbrett.
WETTER: Beständig mies, kalt, windig, regnerisch. Wenn man nicht Hundebesitzer wäre, würde man keinen Fuß vor die Tür setzen.
GEMÜTSZUSTAND: Entspannt in trauter Zweisamkeit, innig, kontemplativ, im Seelengleichklang – zumindest von meiner Seite aus.
PLAN: «Bonding» zwischen Hilde und mir verstärken, mehr zielführende Fachliteratur lesen, geeignete Junghundegruppe für meinen Hund und mich auswählen und dann Aufnahmeprüfung für diese Gruppe bestehen, weiterhin an Rückruf und Leinenführigkeit arbeiten, ganz im Hier und Jetzt sein, nicht mehr so viel ans Essen denken, dafür mehr Sport treiben.

Hilde und ich teilen jetzt ein gemeinsames Hobby.

Ich habe in dem Fachartikel «Hunde und ihre Menschen – so entsteht eine Beziehung fürs Leben» gelesen, dass es für die Bindung zwischen Tier und Tierhalter unheimlich wichtig ist, dass man Gemeinsamkeiten schafft und pflegt. Das stärkt das gegenseitige Vertrauen, die tiefe Kenntnis des anderen, die Zuneigung und die Empathiefähigkeit.

Außerdem hatte es mich beschämt zu hören, dass Tashima dreimal in der Woche eine halbe Stunde lang von Frauchen Helga massiert wird, dass Helga außerdem einen Kurs «Fit mit Hund» gebucht hat und Tashima täglich mit Intelligenzspielzeug fördert.

«Das macht uns beiden totalen Spaß, und für das Bonding ist es das Beste, was du machen kannst!», hatte Helga beschwingt berichtet, und ich hatte die Tatsache verschwiegen, dass ich derzeit noch nicht mal ohne Hund fit bin und dass sich Spiele, bei denen Intelligenz vorkommt, bisher bei Hilde nicht so sehr bewährt haben.

Am Wochenende wurden wir sogar zum Gespött der Leute, als meine Söhne und ich versuchten, Hilde dazu zu bewegen, ihrem Lieblingsbällchen hinterherzulaufen.

Wir hatten einen Ausflug an den Elbstrand gemacht, und Hilde war entzückt gewesen von dem riesengroßen Sandkasten und der Möglichkeit, nach Lust und Laune – unbelästigt von militanten Kinderschützern – zu buddeln.

Das Wetter war stabil, die Stimmung ungetrübt. Bis mein kleiner Sohn den Ball warf.

Hilde legte den Kopf schief und wunderte sich.

Wo war das Bällchen bloß geblieben?

Sie schaute zwinkernd in den hellgrauen Himmel. Keine Spur. Rätselhaft und beunruhigend.

Hilde umrundete mehrfach den kleinen Menschen, in dessen Hand der Ball doch gerade noch gewesen war. Nichts. Äußerst seltsam. Da versteh einer die Welt.

Hilde beschnüffelte den Boden im näheren Umkreis, und als auch das nichts brachte, begann sie, sich intensiv hinterm Ohr zu kratzen. Eine typische Übersprungshandlung, mit der meine Hilde stets versucht, ihre Ratlosigkeit und Unsicherheit zu überspielen. Einfach mal so tun, als sei man ohnehin nicht wirklich interessiert und gerade mit etwas ganz anderem beschäftigt.

Mein großer Junge wollte nun auf Nummer sicher gehen, denn es lag nicht in seiner Absicht, Hilde vorzuführen oder weiter zu beschämen. Er vergrub den Ball direkt vor den Pfoten und vor den Augen des Hundes, rief dabei ständig fröhliche Ermunterungen wie «Such!» oder «Wo ist das Bällchen!?» und krabbelte dazu motivierend, canide Buddelbewegungen imitierend im Sand herum.

Die ersten Spaziergänger blieben amüsiert stehen.

Hilde verstand sofort, war begeistert und begann zu graben – exakt da, wo der Ball nicht lag. Nach mehreren, auch weiträumigeren Ausgrabungen in Richtung Blankenese und Schleswig-Holstein, die alle nichts zutage förderten, lief Hilde zu den Schaulustigen, um sich für deren Aufmerksamkeit zu bedanken.

Dann kratzte sie sich erneut hinterm Ohr.

Den Strandabschnitt hatte sie so verwüstet, dass wir den Ball leider nicht wiedergefunden haben.

Jetzt aber sitzen Hilde und ich in schönster Eintracht auf der Fensterbank meines Arbeitszimmers und gehen unserer neuen Lieblingsbeschäftigung nach: Wir knurren Passanten an.

So was schweißt unheimlich zusammen.

Zwischendurch, während Hilde von meinem Schoß aus weiter die Straße überwacht, blättere ich in Hunde-Büchern, Hunde-Zeitschriften und Hunde-Reisekatalogen.

Ich bin wild entschlossen, die Bindung zwischen Hilde und mir zu festigen, und werde nächsten Monat bei den «Hundstagen» auf Sylt mitmachen. Eine Woche lang werden dort Theorieseminare und praktische Kurse zu den verschiedensten Themen angeboten.

Als Mensch, der die körperliche Bewegung wieder mehr in sein Leben integrieren möchte, habe ich mich unter anderem natürlich für «Fitness-Gassi» und «Dogdancing» angemeldet.

Es wird Zeit für Sport. Schluss mit den Ausreden – auch auf Hilde kann ich mich in Zukunft nicht mehr berufen. «Mein Welpe hat sehr weiche und ich habe sehr schwere Knochen», hatte ich ständig ungefragt erklärt, wenn ich mich mal wieder auf einem meiner sehr kurzen, gemächlichen Spaziergänge an der Alster befand, bei denen Hilde und ich regelmäßig von walkenden Seniorengruppen überholt wurden, kurzbeinigen, pralinenförmigen Dackeln sowie Kleinkindern, die ihre ersten Gehversuche machten.

Hilde und ich kommen jetzt langsam in ein Alter, in dem unsere Knochen und Gelenke deutlich größeren Herausforderungen gewachsen sind. Auf Sylt würden wir gemeinsam in Bestform kommen.

Außerdem hatte ich ein ganztägiges Seminar «Beziehung ohne Leine», einen Schnupperkurs «Glücklich an der Schleppleine», ein Fotoshooting unter Wasser und einen Spielabend für Hund und Halter gebucht.

Das wäre doch gelacht, wenn aus Hilde und mir dank gemeinsamer Abenteuer nicht doch noch ein Herz und eine Seele würden!

Hilde knurrt, eher ängstlich als angriffslustig, und reißt mich aus meinen Reisevorbereitungen heraus. Unserer Eingangstür nähert sich eine Frau, deren Gang man schon ansieht, dass sie gewohnt ist, das Sagen zu haben.

Der Weg scheint sich dieser Frau geradezu anbiedernd zu Füßen zu legen. Wenn diese Person meine Kinder erzogen hätte, dann hätte ich heute keine Kugelschreiber-Strichmännchen an den Wänden und ein paar graue Haare weniger, denke ich, bevor es auf eine Weise klingelt, die eher einer Aufforderung als einer Bitte um Einlass gleichkommt.

Hilde wetzt bellend durch den Flur. Ein Verhalten, das ich ablehne, ihr aber bisher nicht abgewöhnen konnte. Ich öffne die Haustür, Hilde bellt weiter, wedelt dabei freundlich, springt die Frau kurz an, um sich dann haltlos auf den Müllbeutel zu stürzen, den ich gestern Abend vor der Tür habe stehenlassen. Der Weg zu den Mülltonnen war mir bei Eisregen viel weiter als sonst vorgekommen.

In dem Beutel stößt Hilde auf die Reste eines Filetsteaks, das längst nicht so zart gewesen war, wie der Schlachter versprochen hatte.

Sie verzehrt es ohne Zeitverzug und nahezu ohne zu kauen. Mein unentschlossenes «Hilde! Aus!» ignoriert sie völlig. Ich wünschte, die junge Dame würde sich mal genauso ungehemmt auf das hochwertige Trockenfutter stürzen, das sie jeden Morgen von mir bekommt. Aber dafür ist sich Hilde zu fein und isst oft nur wenige Krümelchen über den ganzen Tag verteilt.

Im Gegensatz zum Rest der Familie scheint Hilde kein starker Esser zu sein. Was sich hier und jetzt angesichts des zähen Steaks jedoch ganz anders darstellt.

«Guten Tag, ich bin Tina.» Wir geben uns die Hand, und ich spüre, dass nun alles gut wird. Ein Händedruck wie ein Versprechen. Diese Frau möchte ich nie wieder loslassen.

«Sie haben in den zehn Sekunden, die ich Sie kenne, schon alles falsch gemacht», sagt Tina, und ich frage, ob ich ihr eine Tasse Tee anbieten darf, vielleicht mit etwas Gebäck?

Tina ist die Hundetrainerin, von der mir schon vorgeschwärmt wurde, als ich noch gar keinen Hund hatte. Ungehorsam, Aggression, ungehemmter Jagdinstinkt, Verfressenheit – es gibt kein Problem, das Tina nicht in den Griff kriegt. Ihre Hundegruppen sind immer voll und lange vorher ausgebucht. Sie ist eine Institution, und ich habe eine Einzelstunde bei ihr gebucht. Ganz offensichtlich haben Hilde und ich keinen besonders guten ersten Eindruck gemacht.

Hilde schnüffelt an Tinas Hose und wedelt sich die Seele aus dem Leib, um ein wenig Aufmerksamkeit von dieser wunderbaren Person zu bekommen.

«Passen Sie mal auf», sagt Tina, strafft ihren Körper, lehnt sich einen Millimeter in Richtung Hilde vor und gibt ein leises, aber sehr bestimmtes Zischen von sich.

Hilde ist nicht mehr wiederzuerkennen.

Sie setzt sich sofort hin, macht keinen Mucks mehr und hängt hochkonzentriert mit den Augen an Tinas Mund, als sei der ein besonders zähes Filet, womöglich schon auf unwiderstehliche Weise leicht angegammelt.

Tina schaut auf mein Hildchen herab und sagt: «Dieser Hund will kein Chef sein. Der ist ein klassisches B. Danke, ich nehme gerne einen Tee.»

Von Tina erfahre ich, während Hilde und ich an ihren Lippen hängen, dass Hunde sich von ihrer biologischen Struktur her in A- und B-Typen unterscheiden.

Die A-Hunde sind die, die sich begeistert in jedes Abenteuer stürzen, immer vorne mit dabei sind und leider häufig in Gefahren umkommen, die sie nicht richtig eingeschätzt haben.

Der B-Typ ist bedächtiger und vorsichtiger und hat in der

Natur größere Überlebenschancen. Ein B-Hund ist von einem A-Menschen manchmal überfordert, zwei B-Typen hingegen lassen sich gern hängen, gehen bei schlechtem Wetter nicht vor die Tür und werden dick und unbeweglich. Sehr schön zu sehen an übergewichtigen Rauhaardackeln und eingeschränkt bewegungsfähigen alten Damen.

Tina sagt: «Hilde will gehorchen. Sie will ganz genau wissen, was sie tun muss, um Ihnen zu gefallen. Wenn Sie Hilde das Steak aus der Mülltüte nicht verbieten, wird sie sich auch das Steak vom Teller holen. Wenn sie im Flur bellen darf, wird sie es auch auf der Straße und im Park tun. Und sie wird verwirrt sein, wenn Sie sie dann ausschimpfen. Hunde kennen keine Grauzonen. Sie brauchen Klarheit und Konsequenz. Nicht mehr und nicht weniger.»

Ich erinnerte mich dunkel: Das war genau das, was ich mir auch ganz fest für die Erziehung meiner Kinder vorgenommen hatte. Bevor ich Kinder hatte.

«Die Körpertemperatur von Hunden liegt bei 38 Grad, ein Grad wärmer als beim Menschen», fährt Tina fort. «Das ist behaglich und verlockend, und die meisten Frauen fassen ihren Hund deutlich häufiger und lieber an als ihren Partner. Aber es ist falsch, Tiere zu vermenschlichen. Sie brauchen Struktur und Sicherheit und einen festen Platz im Rudel, und zwar einen auf den unteren Rängen. Ein Hund ist kein Partner auf Augenhöhe. Und ein Hundehalter, der das nicht akzeptieren will, muss eben akzeptieren, dass er einen schlecht erzogenen Hund hat, der im schlimmsten Fall sogar aggressiv und gefährlich wird. Das Problem ist, dass viele Hundehalter kein Gespür mehr für das mangelhafte Benehmen ihrer Tiere haben. Blind vor Liebe, fällt denen gar nicht mehr auf, dass ein schlammbespritzter Hund kein gerngesehener Gast und dass nicht jeder Mensch ein Tierfreund ist und im Übrigen auch nicht jeder Hund. Wenn ich schon den Ruf höre: ‹Der will nur mal kurz Hallo sagen.› Aha. Aber ich nicht! Ich bin ständig konfrontiert mit distanzlosen Hallo-Sagern unter den Hunden. Wenn ich im Café sitze und in ein Gespräch mit meinem Gegenüber vertieft bin, kommt ja auch kein fremder Mensch hinzu und setzt sich ungefragt zwischen uns, um mal kurz Hallo zu sagen. Und auch Hilde ist, so wie ich sie einschätze, das klassische Opfer für Hunde, die zu Hause ein schwächliches Frauchen haben, das ihnen jeden Wunsch von den Augen abliest, dabei aber vergisst, dass Hunde in erster Linie eines sind: Hunde.»

Hilde wedelt.

Ich staune.

Wie konnte es diese Frau im Stadtteil Harvestehude, in dem die Caniden champagnerfarben sind und Kindernamen in Kombination mit Fellmäntelchen tragen, so weit bringen?

«In meinen Hundegruppen fließen auch manchmal Tränen», sagt Tina. «Denn Hunde zeigen uns unsere eigenen Defizite auf. Sie sind wie ein Spiegelbild, und nicht immer gefällt uns, was wir im Spiegel sehen. Ich dulde kein schlechtes Benehmen, weder beim Hund noch beim Halter. Wobei die Halter meist den größeren Therapiebedarf haben als die Tiere. Es wimmelt hier in der Gegend von Leuten, die wie selbstverständlich in zweiter Reihe oder auf Behindertenparkplätzen parken und ihre Putzfrau für acht Euro die Stunde schwarz beschäftigen. Die Rücksichtslosigkeit dieser Menschen spiegelt sich in ihren Hunden wider. Hund und Halter sind ausstaffiert, als würden sie in den Krieg ziehen, wenn sie in die Hundegruppe kommen. Sie haben vom Leckerli-Täschchen bis zur farblich passenden Leine alles dabei. Bloß den Willen zur konsequenten Erziehung, den haben sie zu Hause vergessen. Der Satz ‹Meiner will nur spielen› ist in meinen Gruppen verboten. Er ist eine Ausrede und bedeutet: ‹Meiner ist schlecht erzogen.› Ich weise Helikopter-Frauchen darauf hin, dass sie ihrem Hund keinen Gefallen tun, wenn sie ihn zum Mittelpunkt ihres Lebens machen und ihn als Ersatz für einen Partner oder ein Kind missbrauchen. Das ist zu viel verlangt. Ich kenne Frauen, die sich den Mund von ihrem Hund auslecken lassen, und Paare, bei denen der Hund im Ehebett schläft und morgens mit am Frühstückstisch sitzt. Ich finde das nicht normal und sage das auch. Wer das nicht hören will, muss sich eine andere Gruppe suchen.»

Ich bin überwältigt von so viel brachialer Ehrlichkeit. Tina scheint mir die geeignete Person zu sein, um ihr von meinen eigenen Befürchtungen zu berichten: «Ich bin umgeben von Frauen, die erst ihren Hund und dann eventuell, falls noch genügend Zeit bliebe, ihren Mann aus einem brennenden Haus retten würden. Alle lieben ihre Hunde fraglos und klaglos. Und ich fühle mich schäbig, weil ich nicht weiß, ob ich meinen Hund genug liebe. Oder ob ich ihn überhaupt liebe. Manchmal bereue ich den Tag, an dem ich mir einen Welpen ins Leben geholt habe. Heimlich und nur, wenn keiner guckt, sehne ich mich sogar nach meinem alten Leben zurück. Ich meine, ich habe zwei Kinder, einen Mann, einen Beruf, und ich bin seit drei Jahren die Leiterin des weihnachtlichen Krippenspiels – wie kam ich nur auf die Schnapsidee, in meinem Leben würde noch etwas fehlen? Trage ich nicht bereits genug Verantwortung, stehen in meinem Kalender nicht genug Termine? Jetzt muss ich noch täglich Gassi gehen, Wurmkuren durchführen und rechtzeitig Termine beim Hundefriseur buchen. Ich darf Hilde nicht zu lange allein lassen, muss sie konsequent erziehen, den Rückruf regelmäßig üben, ihre Haufen einsammeln und ihr Frischkäse mit zerdrückten Kartoffeln unter das Trockenfutter mischen, damit sie es überhaupt anrührt.»

Ich mache eine erschöpfte Pause und schaue Hilde vorwurfsvoll an, die ihr Köpfchen verliebt auf Tinas Fuß abgelegt hat und aussieht wie ein besonders gelungenes Plüschtier der Firma Steiff.

Augenblicklich regt sich in mir das schlechte Gewissen. Wie kann man ein so süßes Tierchen nicht abgöttisch lieben?

«Das ist ganz normal», sagt Tina, «aber keiner gibt es zu. Es ist so ähnlich wie bei der Kindbettdepression nach der Geburt eines Babys. Die gibt es auch viel häufiger, als man denkt, aber kaum jemand spricht darüber, weil für Gefühle wie Angst, Überforderung und Reue nun mal offiziell kein Platz ist, wenn man gerade Mutter oder Frauchen geworden ist. Dann hat man glücklich und beseelt zu sein. Und wehe, man reagiert nicht angemessen auf das Kindchen- oder Welpenschema! Also, machen Sie sich keine Sorgen und hören Sie auf, sich mit Leuten zu vergleichen, die erstens anders sind als Sie und Ihnen zweitens wahrscheinlich nicht die Wahrheit sagen. Sie müssen Ihr Tier in Ihrem eigenen Rhythmus allmählich kennenlernen, und das braucht Zeit. Zusammenzuwachsen ist ein Prozess, kein Ereignis.»

4. Februar

ORT: Barclaycard Arena in Hamburg. Fünfzehntausend Menschen! Ausverkauft! Und das ist nur der Zusatztermin zum Programm «Nachsitzen» von Martin Rütter. Bis vor einem halben Jahr hat mir der Name wenig gesagt, der Mann war mir da in etwa so wichtig wie Fernsehköche, Fernsehauswanderer und Dschungelcampkandidaten. Jetzt aber gehe ich nicht ohne Stolz vorbei an den kilometerlangen Schlangen vor der Kasse.
Denn ich habe Backstage-Karten!
Um den Caniden-Kosmos in seiner erhabenen Ganzheit kennenzulernen, hatte ich beschlossen, die Show des sagenumwobenen Hundeflüsterers, des berühmtesten Hundetrainers Deutschlands, des Super-Herrchens, das die größten Hallen füllt und jedem Hundebesitzer von Föhr bis Fröttma-

ning ein Begriff ist, zu besuchen. Und dieser Mann hatte sich bereit erklärt, mich kurz vor seinem Auftritt zu einer privaten Audienz hinter der Bühne zu empfangen!
STIMMUNG: **Angesichts der Menschenmassen, die vor dem Eingang auf Einlass warten, werde ich nun doch ein wenig nervös. Was würde Helga sagen, wenn sie mich jetzt hier sehen könnte? Ich, in wenigen Augenblicken Seite an Seite mit der Lichtgestalt der deutschen Hundehalter! Ha, Helga, jetzt bist du platt, was? Da kannst du deinem doofen Shih Tzu fünf Shiatsu-Massagen am Tag verpassen – ich bringe meiner Hilde ein Selfie von mir mit Martin Rütter nach Hause!**

Ich laufe durch lange, einsame, schmuck- und fensterlose Flure. Was hatte der Mann an der Pforte des Backstage-Eingangs noch mal gesagt? Erst links, dann rechts und dann in Richtung Block A? Oder andersherum und dann zu Block B? Ich möchte nur ungern im Bauch dieses Ungetüms von Stadion verlorengehen – zumal ich zu Klaustrophobie neige und immer gerne weiß, wo sich der nächste Fluchtweg befindet.

Ich schiele gerade verunsichert auf den nächsten Notausgang, als sich neben mir eine Tür auftut und ein Mann herauskommt, der entfernt an die Person auf dem Veranstaltungsplakat erinnert.

Ich als alter Bühnenprofi – immerhin fülle ich mit meinen Lesungen Großraumhallen mit bis zu zweihundert Sitzplätzen, manchmal sogar deutlich weniger – weiß, dass die Fotorealität oft nur wenig mit der Wirklichkeit gemein hat.

Auf Plakaten sehe ich immer aus wie meine zehn Jahre jüngere Schwester, die in ihrem Leben noch keinen Tropfen Alkohol getrunken, keine Zigarette geraucht hat und keine Nacht nach zwölf Uhr ins Bett gegangen ist.

Die Haare – ein fluffiger Traum aus seidig glänzendem Braun.

Die Haut – ein gerade gereifter Pfirsich, prall und zum Anbeißen.

Die Zähne – eine perlweiße Reihe ebenmäßiger, schillernder Schmuckstücke.

Nicht selten erlebe ich schlecht überspielte Fassungslosigkeit, wenn ich einer Leserin plötzlich und ohne Vorwarnung in echt gegenüberstehe. «Sie sehen ja so natürlich aus», bekomme ich dann oft verdattert entgegengestammelt. Ein fadenscheiniges Kompliment, wie ich finde. Marlene Dietrich, eine Frau, mit der ich liebend gern verglichen werden würde, hat auch nicht natürlich ausgesehen.

Herr Rütter hat auch nichts von Marlene Dietrich, sondern sieht ebenfalls sehr natürlich aus. Er trägt eine Jeans und einen kleinen Bauch unter seinem schwarzen T-Shirt. Drei bis sechs Kilo zu viel, würde ich schätzen, blasse Mischhaut mit Unreinheiten in der T-Zone, eine Frisur von der Stange und hauptsächlich bequeme Schuhe.

Ein Typ wie du und, ja, leider auch wie ich.

In all unserer Durchschnittlichkeit sind wir uns sofort sympathisch. Die Begegnung zweier Megastars, die trotz ihres phänomenalen Erfolges und Ruhmes ganz am Boden geblieben sind. Was soll da schon schiefgehen?

«Komm rein!», ruft Herr Rütter freundlich, schüttelt mir die Hand und weist mir einen Platz in einem kahlen, von Neonlicht ungünstig ausgeleuchteten Raum zu. «Ich bin der Martin», sagt Herr Rütter, und ich sage, dass ich die Ildikó bin und mich sehr freue, dass er sich Zeit für mich nimmt, und ich frage mich, ob er sich wohl vor seinem Auftritt noch mal umzieht und ob er sich der Menschenmasse, die draußen bereits auf ihn wartet, bewusst ist. Und wenn ja, warum er gar keine Anzeichen von nervlicher Zerrüttung zeigt.

Ich erfahre, dass Martin Rütter zu den Menschen gehört, für

die es keinen Unterschied macht, ob sie auf der Bühne vor zehntausend Leuten stehen oder in einem Hinterzimmer mit einer verunsicherten Hybrid-Hundehalterin rumsitzen.

Nie Lampenfieber und immer auf Sendung.

Meine Güte, wie ich ihn darum beneide!

Ich brauche schon ein Beatmungsgerät, wenn ich bei Elternabenden eine Frage an den einschüchternden Mathelehrer richte. Und in den Sekunden, bevor sich der Vorhang zu einer meiner Lesungen öffnet, sieht die Schlagader an meinem Hals aus wie ein Trampolin, auf dem sechs betrunkene Halbwüchsige hüpfen.

Aber Martin sagt, er trete auf die Bühne, als würde er nur kurz im Nebenraum etwas holen wollen. Nach seinen Shows geht er grundsätzlich noch mal raus, badet in der Menge, signiert Bücher, verteilt Autogrammkarten und stellt sein freundliches Gesicht für Selfies zur Verfügung. Martin ist ein Typ zum Anfassen.

«Ein Albtraum für meine Security», sagt er.

Ich nicke verständnisvoll.

Wenn ich Security hätte, dann dafür, um mich vor mir selbst zu schützen. Meine Disziplinlosigkeit gegenüber den belegten Brötchen und den Schalen voller Süßigkeiten, die stets hinter den Bühnen auf mich lauern, ist legendär.

Keine Käsesemmel ist vor mir sicher. Und selbst von den obligatorischen Mettbrötchen, aus denen ich mir eigentlich gar nicht so viel mache, kommt keines lebend aus meiner Garderobe wieder raus.

Es gab schon Auftritte, da bin ich mit noch vollem Mund vor mein Publikum getreten. Und wer einmal ein hartnäckiges Klümpchen Mettwurst ganz hinten zwischen den letzten beiden Backenzähnen hängen hatte, der ahnt, was ich da oben auf der Bühne manchmal durchzustehen habe.

Martin sieht auch so aus, als sei er für ein schönes Butterbrot oder einen gutgebauten Schokoriegel jederzeit zu haben. Elton

John, Mario Barth und Britney Spears tun sich sicherlich auch schwer mit der Selbstdisziplin hinter der Bühne. Wenn ich ein Superstar und drei Viertel des Jahres auf Tour wäre, dann würde ich schon allein aus Selbstschutz divenhafte Allüren entwickeln und in meinem näheren Umfeld keine Kohlehydrate dulden.

Elton John hat ja, das habe ich gelesen, ein ausgesprochen enges Verhältnis zu seinem Cockerspaniel Arthur. Der Hund war sogar Trauzeuge bei Elton Johns Hochzeit mit seinem Lebensgefährten David Furnish. Guido Maria Kretschmers Windhunde trinken grundsätzlich nur Wasser aus Kristallschalen, und der Modedesigner Tom Ford hat ein Marmormausoleum errichten lassen, wo er selbst, sein Mann und sein Hund posthum Platz finden.

Martin Rütter kann in dieser Hinsicht nur noch wenig überraschen. «In meinem Publikum sitzen völlig unterschiedliche Leute», sagt er. «Aber egal, ob Anwalt oder Gerüstbauer, Model oder Kassiererin – sie haben immer eines gemeinsam: Jeder von denen hat mehr Fotos von seinem Hund auf dem Handy als von seinem Partner.»

Das gilt ganz gewiss auch für die Queen mit ihren Corgis und für Paris Hilton. Deren Hund heißt Tinkerbell und sieht aus wie eine Nacktschnecke. Frau Hilton war, so erzählt man sich, sehr erbost, als Tinkerbell, anders als vom Züchter angekündigt, plötzlich zu groß wurde für die Prada-Handtaschen, die extra in rauen Mengen für den Transport des Tieres angeschafft worden waren. Paris Hilton – eine Frau muss im Leben klare Prioritäten setzen – entschied sich für Prada und brachte Tinkerbell bei einer Verwandten unter.

«Den größten und schlimmsten Fehler machen die allermeisten Leute schon bei der Anschaffung des Hundes», sagt Martin Rütter. Auch Paris Hilton hätte bei einer seiner Hundeschulen eine kostenlose Kaufberatung in Anspruch nehmen sollen. «Das macht aber leider kaum jemand», sagt Martin, «und so landen Rhodesian Ridgebacks, die in Südafrika ursprünglich zur Löwenjagd ausgebildet wurden, in Einzimmerwohnungen, Hunde für Fortgeschrittene bei blutigen Anfängern.» Und unschuldige Nacktschnecken versinken in Promi-Handtaschen, aus denen sie schneller rauswachsen, als sie stubenrein sind.

Wir plaudern noch ein bisschen über Hilde und über Kacke. «Gesunden Kot kannst du mit zwei Fingern werfen», sagt der Star und: «Heute sind Mischlinge absolute Modehunde. Früher war der Bauer froh, wenn du einen von denen mitgenommen hast.»

Ich berichte von meiner Telepathie-Erfahrung, und Martin erzählt, dass er für seine Fernsehsendung mal eine dieser Tierkommunikatorinnen auf eine Schildkröte angesetzt habe. Es war ganz außerordentlich, was die sensible Frau der Kröte durch die spirituelle Kontaktaufnahme alles entlockt hatte. Besonders wenn man bedenkt, dass das Tier eine Nachbildung aus Plastik gewesen war.

«Wusstest du», sagt Martin, «dass Doppelnamen für Hunde ein Trend sind? Ich kenne einen Philipp-Pascal. Ehe du den gerufen hast, hat der doch schon zwei Enten geschreddert!»

Tatsächlich ist auch mir ein Setter namens Finn-Lukas aus den Hamburger Elbvororten bekannt, und mit Enten habe ich erst vor wenigen Tagen sehr schlechte Erfahrungen machen müssen. Das kam so:

Hilde und ich befanden uns auf unserer Morgenrunde in einem nahe gelegenen Park mit Wasserzugang. Meine Taschen waren gut gefüllt mit Käse, und entsprechend groß war mein Vertrauen in meinen Welpen, dass er in der Nähe bleiben würde.

Ich hatte Hilde bereits deutlich gemacht, dass sich bedingungsloser Gehorsam heute kulinarisch lohnen würde, und wir marschierten leinenlos glücklich in den heranbrechenden klaren, kalten Tag.

Mit einem Hund, dachte ich beglückt, erlebst du immer wieder unvergleichliche Momente. Morgenstimmung im Park, Nebel über der Alster, Raureif auf den Wiesen. Es gab an der Gesamtsituation nichts auszusetzen, bis Hilde die Versammlung von Enten in direkter Ufernähe bemerkte.

Mein Welpe liebt Vögel jeder Art, denn es sind die einzigen Kreaturen, die Respekt vor ihm haben und lustig flatternd auffliegen, sobald er heranstürmt. Bisher hatte ich, naiver Laie, der ich bin, immer gedacht, dass Enten und anderes Geflügel vom Schöpfer dazu gemacht seien, hin und wieder in die Luft zu steigen, und dass es ihnen auch nicht weiter schaden würde.

Ja, ich gebe zu, dass ich Hilde bisher nicht gemaßregelt habe, wenn sie sich voller Elan auf eine Krähe stürzte oder ein paar Enten aufmischte. Zumal nicht ansatzweise zu befürchten ist, dass mein Hund jemals einen dieser Vögel erwischt, verletzt oder gar verspeist. Dazu fehlen Hilde nicht nur das Selbstbewusstsein und das Geschick, sondern auch der Appetit.

Ich hielt die Entenjagd bis zu diesem Morgen immer für eine typische Win-win-Situation beider Parteien: Zwei degenerierte

Großstadttiere bekommen auf diese Weise Herz-Kreislauf-Training und dürfen sich für ein paar Sekunden mal so fühlen, als lebten sie in freier Wildbahn, bevor die eine Spezies von Omas widernatürlich mit trockenem Brot vollgestopft und die andere von Frauchen mit widernatürlichem Trockenfutter belästigt wird.

Hilde hatte das Ufer und die Enten noch nicht erreicht, da schrie plötzlich eine Frau, die ich übersehen hatte, weil sie zusammengekauert vor einer Bank direkt am Rand des Wassers hockte: «Nehmen Sie Ihren Hund an die Leine!»

Ich verlieh meiner Stimme das Selbstbewusstsein, das du nur dann glaubwürdig rüberbringen kannst, wenn du weißt, dass sich in deiner Hand ein mittelaltes Stück Käse befindet: «Hilde! Hier!»

Und das Wunder geschah. Mein vortrefflicher Welpe, hin- und hergerissen zwischen Ente und Gouda, entschied sich gegen die Jagd und für den mundgerecht aufbereiteten Käsewürfel, machte mitten im Lauf kehrt und kam zu mir zurück. Ich leinte Hilde stolz und zufrieden an, aber die Frau hörte nicht auf zu schimpfen.

«Hier herrscht überall Leinenzwang, das wissen Sie schon, oder?»

Da hatte die Dame natürlich recht. Zwar hält sich niemand daran, aber streng genommen dürfen Hunde in Hamburg nur auf einigen extra ausgewiesenen Freilaufflächen ohne Leine laufen.

«Es ist ja nichts passiert», versuchte ich die Frau zu beschwichtigen.

«Aber fast! Vor vier Wochen wurden diese beiden unschuldigen Tiere», die Frau deutete anklagend auf die Gruppe von Enten, die in meinen ungeschulten Augen alle gleich aussahen, «von einem Labrador angefallen und vor meinen Augen schwer verletzt.»

Ich machte ein angemessen betroffenes Gesicht. «Mein Hund frisst nur Käse», sagte ich, aber die Frau fand das nicht lustig.

«Tierschutz ist unsere gemeinsame Verantwortung», sagte sie mit bebender Stimme und griff mit kaum verhohlener Aggression in eine Plastiktüte und schmiss eine Handvoll Brotkrumen in Richtung der versehrten Enten.

«Dann sollten Sie vielleicht mal aufhören, die Enten zu füttern», sagte eine schnarrende Stimme hinter mir. Ohne dass ich es bemerkt hatte, war ein Mann mit seinem Rauhaardackel hinzugekommen. «Als Tierschützerin müssten Sie doch wissen, wie gefährlich das ist.»

Der Rauhaardackel bemerkte offenbar die Spannungen in der Luft und fing an zu bellen, die Enten brachten sich eilig und vorwurfsvoll schnatternd auf dem Wasser in Sicherheit, während Hilde den Schwanz einzog und mir, Unheil witternd, kleinlaut vorschlug, zurück nach Hause zu gehen.

«Erziehen Sie erst mal Ihren Hund richtig, bevor Sie anderen Leuten Ratschläge geben!», keifte jetzt die Enten-Frau und wedelte mit der Plastiktüte.

«Mein Hund bellt nur Vollidioten an», sagte der Dackel-Mann kaltblütig.

«Leute wie Sie dürften keine Hunde haben und auch keine Kinder! Sie sind ein schlechter Mensch!» Die Stimme der Frau überschlug sich, auch die Enten wirkten angeschlagen.

Der Mann lachte hämisch auf. «Und Sie sind eine Frau, die Enten füttert. Das sagt ja wohl alles. Komm, Rufus, lass die Alte in Ruhe, die kann einem nur leidtun.»

Im «Hamburger Abendblatt» habe ich gelesen, dass Tiere die Kommunikation und Interaktion zwischen Menschen fördern. Studien hätten ergeben, dass die Anwesenheit von Tieren Depressivität, Schmerzwahrnehmung, Aggressivität und Ängste reduzieren kann. Dass sie Entspannung fördern und Stresssituationen abpuffern kann.

Der Dackel-Mann und die Enten-Frau hatten von besagter Studie anscheinend noch nichts gehört. Bedrückt ging ich mit Hilde nach Hause, das Streiten der beiden militanten Tierschützer noch im Ohr.

Ich finde solche Begegnungen sehr anstrengend, und sie erinnern mich an Restaurantbesuche mit meinen beiden Söhnen. Als Welpen- und Jungsmutter kommt es auf eine gute Haftpflichtversicherung und gute Nerven an. Ständig muss ich mich entschuldigen, erklären, jemanden beschwichtigen.

Als Hundebesitzer bist du nie im Recht.

Ob für Kinder, Jogger, Fahrradfahrer, Picknicker, Nachbarn, Krähen oder Enten – ein Hund ist eine potenzielle Gefahr, oft ein Stein des Anstoßes oder einfach ein kackender, haarender und lärmender Störfaktor.

Manche haben Angst, manche haben schlechte Erfahrungen gemacht, und manche haben schlicht keine Lust auf eine Hundebekanntschaft, was man ihnen nicht übelnehmen darf, aber selbstverständlich trotzdem übelnimmt.

Und der Interessenkonflikt zwischen einer spätgebärenden Mutter und einem junggebliebenen Frauchen, einer Joggerin und einer Hundehalterin oder eben einer Entenfütterin und einem Jagdhundbesitzer könnte nicht größer sein.

Neulich wurde meine Freundin Uta Zeugin einer beschämenden Auseinandersetzung am Elbstrand in Neumühlen. Eine Joggerin war von einem großen Hund undefinierbarer Herkunft beinahe umgerannt worden. Die Frau war ins Straucheln geraten, hatte sich gerade noch fangen können und wütend losgebrüllt: «Ich rufe die Polizei! Hunde dürfen hier nicht frei laufen! Das ist gemeingefährlich!» Die Besitzerin des groben Mischlings, eine massive, gut durchblutete Frau in gefütterten Wanderschuhen, ging sofort zum Angriff über und schrie zurück: «Jogger gehören auch an die Leine! Mein Hund ist total harmlos. Sie sind hier gemeingefährlich!»

Innerhalb weniger Sekunden wurde der Streit nicht jugendfrei und schließlich sogar handgreiflich, und die beiden keifenden Frauen schubsten und schlugen einander wie zwei preisgekrönte Kampfhennen, bis ein mutiger Walker beschwichtigend dazwischen ging.

Tierliebe macht einen nicht automatisch zum besseren Menschen. Manchmal habe ich den Eindruck – bei mir selbst und anderen –, dass Hunde wie Katalysatoren sind, die ihre Halter dazu veranlassen, ihre Masken des Anstands und der Zurückhaltung fallen zu lassen und authentisch zu sein. Im Guten wie im Negativen.

Man wird sozialer und asozialer, gelassener und wütender, offener und engstirniger. Ungehemmt zeigen wir unsere besten oder unsere schlechtesten Seiten, je nachdem, ob unserem vierbeinigen Ein und Alles wohlgesinnt oder ablehnend begegnet wird.

Und die Konfrontation findet ständig statt. Hunden kann man nicht aus dem Weg gehen. Anders als Katzen, Echsen oder Meerschweinchen sind sie weder Einzelgänger noch unauffällige, nachtaktive Käfig- oder Indoor-Existenzen.

Hunde sind keine Privatsache. Das weiß jeder, der auf öffentlichem Grund in einen Haufen getreten, von einem Terrier verbellt oder von einem Boxer vollgesabbert wurde.

Jetzt, wo ich selber einen Hund habe, habe ich plötzlich viel mehr Angst vor fremden Hunden. Mir ist unangenehm klargeworden, was man bei der Erziehung alles falsch machen und wohin es führen kann, wenn man der Verantwortung, die es bedeutet, einen Hund zu haben, nicht gerecht wird.

In den erst vier Monaten mit Hilde bin ich sieben Leuten begegnet, deren Hund von einem anderen Hund lebensgefährlich verletzt wurde. Ich traf eine Mutter, die ihre eigenen Eltern mit ihrem kleinen Sohn nicht mehr besucht, weil der von deren Hund ins Gesicht gebissen wurde. Mein Orthopäde zog aufs Land ohne direkte Nachbarn, weil er seinem Australian Shepherd das Bellen in der Wohnung nicht abgewöhnen konnte. Ein Junge aus der Schule wurde von einem Schäferhund angegriffen, der ihn vom Fahrrad warf und in die Beine biss. Ich kenne vier Familien, die ihre Hunde nach wenigen Monaten wieder abgeben mussten, weil sie deren neurotisches und aggressives Verhalten nicht in den Griff bekommen haben.

Hundehalten ist wie Autofahren. Du musst es lernen, du musst es können, und du musst dich an die Regeln halten.

Und wie unter Autofahrern gibt es leider immer etliche Stümper und Vollidioten, die weder ihren Hunden gute Halter noch ihrer Umwelt zumutbare Mitmenschen sind. Es sind die Falschparker und Raser unter den Hundebesitzern, die allen das Leben schwermachen und den Ruf der braven Hunde ruinieren.

Dasselbe gilt im Übrigen für Eltern. Und das Unheil, das durch schlechte, lieb- und verantwortungslose Kindererziehung angerichtet wird, ist noch um ein Vielfaches dramatischer.

Manchmal frage ich mich in besonders düsteren Momenten, ob es nicht für die Hundehaltung und das Großziehen von Kindern strenge Eignungsprüfungen geben sollte. Denn in den falschen Händen werden beide zu gepeinigten, neurotischen und im allerschlimmsten Fall aggressiven Geschöpfen, die nicht die Schuld tragen an dem, was aus ihnen geworden ist.

Ich bin keine Vorzeigepädagogin, weder in Sachen Hunde- noch in Sachen Kindererziehung. Ich mache viel falsch, bin ungeduldig, unbeherrscht, unsicher, inkonsequent und mir selbst auch oft genug wahnsinnig peinlich. Ich weiß also, wovon ich rede.

Aber ich bin eine gute Autofahrerin.

In Hamburg leben fast achtzigtausend Hunde, in ganz Deutschland sind es sieben Millionen, Tendenz steigend. Die Lebensbedingungen von Hunden haben sich verbessert, und ihre Lebenserwartung hat sich innerhalb weniger Jahrzehnte verdoppelt. Ein Drittel der Hundehalter nimmt ihr Tier nachts mit ins Bett, und acht Prozent kochen das Futter selbst. Millionen werden allein für die Anschaffung diverser Leckerlis ausgegeben. Hunde heißen wie Menschen und werden so wichtig genommen wie noch nie zuvor, werden verwöhnt, geföhnt, bekocht, betüdelt und verzogen.

Wohin ist der wohlmeinende Pragmatismus entschwunden, mit dem noch vor zwanzig Jahren Haustiere und im Übrigen auch Kinder durchs Leben geleitet wurden?

Ich musste zu Hause sein, wenn es dunkel wurde, mehr Vorsichtsmaßnahmen gab es nicht, und aus meinem ersten Urlaub ohne Eltern meldete ich mich einmal telefonisch zu Hause und schickte eine Postkarte, die nicht ankam. Und sieh einer an: Ich lebe noch.

Unsere Hunde waren geschätzte Familienmitglieder. Sie durften jedoch selbstverständlich nicht im Bett schlafen oder Vaters Sessel benutzen, und wenn ein Hund starb, wurde er angemessen betrauert, aber er bekam kein Mausoleum, noch nicht einmal eine Urne auf dem Fensterbrett.

Heute kreisen wir mit Helikoptern über unseren Söhnen und Töchtern und Pudeln und Doodlen. Richten unsere Suchscheinwerfer auf die Wesen, die uns lieb und teuer sind, ringen um Sicherheit durch verschärfte Sicherheitsmaßnahmen, üben uns in Achtsamkeit und Meditation, mieten Hühner, buchen Wanderurlaube und stricken grobmaschige Pullover.

Wir stricken gegen die Angst, wir wandern an gegen die Unsicherheit, und wir meditieren und gehen nach innen, weil wir uns fürchten vor dem Draußen.

Dabei ist Welt ist gar nicht gefährlicher als früher. Ganz im Gegenteil. Wir haben nur mehr Angst. Am meisten wahrscheinlich vor uns selbst und dem Gefühl, nicht mehr Herr der Lage zu sein, einer Lage, die sekündlich unübersichtlicher wird.

Was hilft gegen die Angst?

Ein Hund.

Einen Hund aus pragmatischen Gründen zu halten, macht heutzutage keinerlei Sinn mehr.

Er muss und er kann so viel mehr sein als nur ein Kumpel, der sich immer freut, wenn du nach Hause kommst. Er ist deine Verbindung zu Natur und Natürlichkeit. Auch wenn er überzüchtet ist, häufiger als du zum Friseur geht und im Winter Pantoffeln trägt – er ist ein Wesen mit leidlich intakten Instinkten, stets authentisch und leicht zu erfreuen. Er ist immer im Hier und Jetzt, sorgt sich nicht um die Zukunft oder die Vergangenheit, kennt keine Existenzängste und ist nicht besonders nachtragend. Er ist so ganz anders als du und die meisten Leute, die du kennst.

Der Hund ist die stets liebenswürdige Konstante, der analoge Anker, der sichere Hafen in einer Welt, die aus den Fugen platzt. Alles ist so wahnsinnig komplex, so irre schwierig, so schnell, so atemlos, so anstrengend digital – da ist es schlicht fein fürs Seelenheil, ein Wesen zu streicheln, das ein Grad wärmer ist als du.

Dein Hund zwingt dich, innezuhalten, Zeit zu haben, tief durchzuatmen und zu bemerken, dass es draußen Herbst wird und die Luft nach reifen Äpfeln riecht. Dein Hund zwingt dich zum besseren Leben. Es wäre nur schön, wenn du dabei nicht vergessen würdest, dass er ein Hund ist.

In der Barclaycard Arena machen sich fünfzehntausend Herrchen und Frauchen warm und freuen sich auf den selbsternannten «Dogfather der Hundeerzieher».

Zehn Minuten bis zum Auftritt, und ich sitze mit Martin noch immer irgendwo im kalt beleuchteten Dickdarm des Stadions, und wir reden über die seltsame Rasse der Hundehalter.

«Die wissen alle, dass ihre Hunde sehr gut hören. Trotzdem schreien sie sie ständig an», sagt Martin. Und: «Dominanz meint nicht Aggression. Je besser dein Hund erzogen ist, desto mehr Freiheit kannst du ihm lassen.»

Unsere Zeit ist um. Die Verabschiedung ist selbstverständlich sehr natürlich und herzlich, und keine drei Minuten später sehe ich Martin Rütter auf der Bühne wieder.

Ich habe einen ausgezeichneten Platz in einer der vorderen Reihen. Die Halle tobt, und ich könnte schwören, dass der Martin irgendwas zwischen den Zähnen hat. Womöglich Mett. Umgezogen hat er sich jedenfalls nicht.

März

✷

Tanzkurs mit Hilde

✷

Der Hund und das Meer

✷

Ein Döner auf Sylt und die Kunst
des sinnvollen Spaziergangs

✷

Über die Furien des Vergessens
und der Erinnerung und über
die Sehnsucht, mal wieder
etwas zum ersten Mal zu erleben

✷

5. März

ORT: Insel Sylt, Campingplatz Wenningstedt.
WETTER: Unwirtlich und grau, Sprühregen bei etwa zwei Grad über null.
BEFINDEN: Ich versuche, mit aktiv gestaltetem innerem Frieden und gelebtem Wohlwollen gegen die äußere Tristesse und meine kalten Füße anzuarbeiten. Es gelingt mir, selbst dem mürrischen Dackelbesitzer in Jägeroptik voll Warmherzigkeit und mit positiver Einstellung zu begegnen. Ich will gefälligst in sonniger Syltlaune sein, auch wenn sich die Insel hier auf diesem jetzt noch völlig brachliegenden Campingplatz nicht von ihrer besten Seite zeigt.
Menschenleere Orte, die von ihrer Funktion her eigentlich belebt sein sollten, haben auf mich stets eine bedrückende, oft gar unheimliche Wirkung.
Schulgebäude während der Ferien, geschlossene Freibäder im Spätherbst, ein Theater in der spielfreien Zeit und ein Festraum, den die Gäste verlassen haben und in dem nur noch die überquellenden Aschenbecher und ein paar ungeleerte Weingläser an die verklungenen Stimmen und die verhallte Musik erinnern: Das sind alles Orte der Wehmut und des Abschiedes, an denen im Film stets Morde geschehen oder Liebespaare auseinandergehen.
Auf dem Campingplatz von Wenningstedt erzählen Dutzende von festinstallierten Wasserhähnen und die akkurat durch Steinreihen voneinander abgetrennten Stellflächen für Zelte und Wohnmobile vom gemäßigten Trubel deutscher Sommer.

Ich reiße mich zusammen und nicke Rita freundlich zu, die an diesem trüben Morgen das «Begegnungstraining für Hunde und Halter» leitet. Rita trägt eine Kette mit einem silbernen Pfotenabdruck und ist, wie sie sagt, vor ihrer Abreise nicht mehr zum Friseur gekommen.

Die «Hundstage» auf Sylt sind meine ersten Ferien allein mit Hilde. Bildungsurlaub für Hund und Frauchen. Ich bin aufgeregt.

Rita begrüßt eine Versammlung von sieben Hunden und Menschen, allesamt in naturfarbene Fleecestoffe und wasserabweisende Funktionswear gekleidet.

Nur Leah hat keinen Hund und einen viel zu dünnen Mantel an, der sich langsam mit Regen vollsaugt.

Leah ist unter dreißig und meine einzige Freundin, die fast immer ja sagt, wenn ich sie frage, ob sie spontan Lust hat, zu was auch immer. In ihrer winzigen Küche feiert sie Partys, auf denen es Wodka aus dem Kanister gibt und wo es im Abstellraum bereits mehrfach zu Geschlechtsverkehr gekommen ist.

Leah hat keinen Mann, keine Kinder, keinen Hund. Wenn sie ausgehen will, muss sie niemandem Bescheid sagen. Einfach Tür abschließen und dann mal sehen, was geht oder was kommt.

Wenn sie erst um vier Uhr morgens zu Hause ist, dann muss sie nicht drei Stunden später Gassi gehen und um halb acht Nutellabrote schmieren oder ein fehlendes Legoteil suchen.

Das Leben hat Leah noch nicht in das engmaschige Netz aus Verantwortlichkeiten eingewoben, das den Terminkalender füllt und die Freiheiten verkümmern lässt.

Wenn ich mich heute spontan für einen Ausflug von Samstag auf Sonntag verabreden wollen würde, dann wäre das höchstwahrscheinlich Ende Juni möglich. Aber nur, wenn mein Sohn beim Tennis nicht ins Endspiel der Clubmeisterschaften kommt. Das würde sich aber erst am Freitag vorher entscheiden.

Kein Wunder, dass mich niemand mehr fragt, ob ich Lust auf einen Mini-Urlaub habe. Denn fast allen meinen Freundinnen ergeht es ähnlich. Immer sind sie irgendwo eingeladen, verkaufen Kinderklamotten auf einem Flohmarkt, jubeln auf Hockeyturnieren, betreuen ein Schwimmcamp, besuchen die Schwiegereltern oder verbringen endlich mal ein Wochenende allein mit dem Partner für die Beziehungshygiene.

Mittlerweile werden Save-the-Date-SMS bis zu einem Jahr im Voraus verschickt. Unsere Sommerurlaube versuche ich spätestens im Herbst zu buchen, und die Karten für das Weihnachtstheater habe ich letztes Jahr im August bestellt, und da gab es schon keine guten Plätze mehr. Selbst bei Kindergeburtstagen tut man gut daran, die Einladungen Monate vorher zu verschicken.

Und manchmal möchte ich Mütter rütteln und fragen, ob sie eigentlich noch ganz dicht sind, wenn sie mir auf die Frage, ob unsere Kinder die Woche mal zusammen spielen können, antworten: «Gern. Der Heinrich hat jeden Mittwoch zwischen der Tubastunde und dem Fechtunterricht sein Verabredungsfenster.»

Wir Eltern vererben unseren Stress an unsere Kinder. Erholung ist ein Menschenrecht. Faulheit ist kein Luxus und auch kein Laster, sondern ein Grundbedürfnis. Freizeit ist ein Heilmittel, und das Leben zu genießen ist lebensrettend.

Was ich von meiner Meditationslehrerin Susanne Kersig gelernt habe, ist: «Was uns wirklich wichtig ist, ist selten dringend und taucht deshalb nicht auf unseren To-do-Listen auf. Wir müssen uns für das Wichtige bewusst Zeit schaffen, weil es sich, anders als das Dringende, nicht aufdrängt.»

Das ist wunderbar richtig – und es misslingt mir jeden Tag aufs Neue. Weil mich das Dringende so viel Zeit kostet, bleibt das Wichtige zu oft liegen. Auf meinem Schreibtisch liegen zwei Briefe, für deren Beantwortung ich mir richtig Zeit und Muße nehmen möchte. Die Briefe liegen dort seit drei Monaten. Rechnungen bezahle ich sofort.

Mein Leben ist zu voll.

Aber meine Freundin Leah hat noch Platz in ihrem Leben, für mich zum Beispiel, und so steht sie jetzt kurzentschlossen neben mir auf dem Campingplatz.

Als sie sich der Runde kurz vorstellt, tönt es ergriffen aus einer dunkelbraunen Kapuze heraus: «Mein Labbi heißt auch Leah!» Und damit ist die Primatin Leah auch ohne Hund voll in die Herrchen- und Frauchengruppe integriert. Und ich bin nicht wenig stolz darauf, eine Freundin zu haben, die so jung ist, dass ihr Vorname zusammen mit Emma, Paula, Ben und Sophie sowohl auf der Liste mit den beliebtesten Baby- als auch auf der mit den populärsten Hundenamen steht.

Als der Dackelhalter sich vorstellt, erfahre ich, dass er Heinz heißt, aus dem Thüringischen kommt und sein Dackel gar kein Dackel, sondern ein Teckel ist, der auf den Namen «Quitte» hört und aus einem exquisiten Q-Wurf stammt mit Jagdausbildung und einem Stammbaum, länger als der des ehrenwerten Hauses zu Habsburg-Lothringen.

Ich sage, dass Hilde ein Mischling mit fragwürdiger Herkunft sei und benannt wurde nach meiner Tante Hildegard Lücke aus dem Münsterland.

Die dunkelbraune Kapuze, unter der sich Leah-Frauchen Mareike verbirgt, gerät nun schier außer sich, weil sie ebenfalls eine Tante Hilde hatte, jedoch aus der Gegend um Kassel.

Ich muss mich an dieser Stelle im Nachhinein loben für die Namenswahl meines Hundes. Denn ich habe auf unterschiedlichsten Hundewiesen und in mannigfaltigen Hundegruppen erfahren: Fast jeder hat oder hatte eine Tante Hilde. Und so was schafft einfach sofort eine starke positive Bindung.

Mit Rita üben wir, wie man sich korrekt verhält, wenn sich

zwei Hunde und ihre Halter begegnen. Wenn der herannahende Hund angeleint ist, muss man auch seinen eigenen Hund anleinen, sonst gibt es leicht Streit, weil sich der eine dem anderen automatisch überlegen fühlt.

Man darf auch ruhig darum bitten, dass der entgegenkommende Besitzer sein Tier anleint, wenn der das nicht von selbst tut. Ein Hund an der Leine signalisiert: Wir wollen nicht spielen, wir wollen zügig vorankommen und nicht jedem Hallo sagen und stundenlang am Hintern schnüffeln.

«Das interessiert aber die wenigsten», sagt der Teckel-Besitzer wütend und wird ganz rot im Gesicht. Da kann ich ihm nur recht geben. Hilde setzt sich mittlerweile schon prophylaktisch hin, um ihren Anus in Sicherheit zu bringen, wenn sich ihr ein Hund ohne Leine und mit eindeutigen Absichten nähert.

«Mittlerweile», sagt Herr Teckel grimmig, «rufe ich dann immer: ‹Vorsicht! Meiner hat Zwingerhusten!› Das wirkt sofort, da wird man in Ruhe gelassen. Flöhe oder eine eitrige Bindehautentzündung tun es auch.»

Das ist ein guter Tipp, der einen jedoch auch sehr schnell ins soziale Hunde-Abseits manövrieren kann.

«Ich sage immer, meine Hündin sei läufig», ergänzt eine magere Dame mit einem riesenhaften Bobtail, an dessen Seite sie aussieht wie ein Strichmännchen neben einem haushohen Balloon Dog von Jeff Koons. «Dabei habe ich einen Rüden. Aber bei den vielen Haaren sieht man das ja nicht.»

Das finde ich sehr pfiffig. Ich erinnere mich aber an meine Freundin Anne, die mit ihrer läufigen Boxerdame Herta nachts um eins spazieren gegangen ist, weil sie tagsüber die Anfeindungen der Halter und die Zudringlichkeiten der Hunde nicht mehr ausgehalten hat.

Anne sagte: «Mit einer läufigen Hündin wirst du wie eine Aussätzige behandelt. Und wenn du auch noch einen großen, menstruierenden Boxer hast, dann bist du sowieso immer automatisch an allem schuld. Kleine Hunde sind oft schrecklich verzogen und kläffen meine Herta an, als hätten sie keinen Spiegel zu Hause. Aber wehe, mein Hund wehrt sich und bellt zurück oder schmeißt so einen nervigen Winzling mal kurz auf den Rücken! Dann sind die Bürger entrüstet, gehen schreiend auf Herta los oder strangulieren ihren eigenen Hund, indem sie ihn panisch an der Leine in der Luft herumschwenken, obwohl nichts passiert ist. Es ist alles so aufgeregt geworden, seit Hunde bei uns genauso verzogen werden wie Kinder.»

Kursleiterin Rita sagt, sie würde jetzt gerne noch mal eine Begegnung zwischen Labbi Leah und dem Teckel Quitte üben, aber meine zweibeinige Leah wirkt in ihrem nassen Mantel und den aufgeweichten Schuhen mittlerweile recht unglücklich. Auch Hilde scheint zu frieren.

Wir verabschieden uns ein wenig vor dem offiziellen Ende des Kurses und drehen eine Runde über die kleine Hundemesse im Kurhaus des Ortes.

An einer Handvoll Ständen werden allerliebste Leinen, ausgefallenes Spielzeug, aufwendige Hundekissen und eine riesige Auswahl an Futter und Leckerchen angeboten.

Hilde darf die selbstgemachten Pansenklöße des ortansässigen Anbieters probieren. Zum Knabbern nehme ich ein Tütchen Schlundchips und ein paar getrocknete Bullenhoden für sie mit. Leider übergibt sich Hilde, noch während ich an der Kasse anstehe, neben Leahs Schuhe.

Leah verabschiedet sich auf ihr Zimmer zu einem Mittagsschläfchen. Mittagsschläfchen?

Ich schaue ihr entgeistert und neidvoll nach. Ach, diese Unbekümmertheit des jungen Menschen! Einfach mal mitten am Tag ein Stündchen Leben verschlafen, ist ja noch genug da.

Mein Hund und ich nutzen die Mittagspause und gehen das

Meer besuchen. Mein sonst so zurückhaltendes Hildchen ist nicht wiederzuerkennen: Sie tobt und buddelt, bellt fröhlich die Wellen an, rast mit flatternden Ohren über den Strand, spielt mit Seetang und Muscheln und hopst mit allen Beinen gleichzeitig aus dem Stand hoch in die Luft und sieht dabei aus wie ein bepelzter Riesenflummi.

Das sind die kostbaren Momente, in denen das Vertraute zum Abenteuer und das graue Meer zu einem schillernden, märchenhaften Phantasieozean wird. Der schmutzig gelbe Schaum, den die Wellen an den Strand spülen, formt sich zu phantastischen Gestalten, die Muscheln erzählen unerhörte Geschichten, und die Sonne, die gar nicht scheint, taucht alles in warmes Licht.

Und das alles nur, weil ein kleiner Hund zum ersten Mal das Meer sieht.

Das Bezaubernde an den neugeborenen Wesen, die in deiner Obhut sind, ist, dass du an ihrer Seite sein darfst, wenn sie Dinge zum ersten Mal erleben. Die ersten Schritte, der erste Schnee, das erste Stück Schokolade, das erste Stück Blättermagen. Ein Vogel, ein Regenbogen, Pusteblumen und Eiscreme, die Sonne auf dem Bauch und dann ganz unerwartet einen Kumpel im Park treffen.

Wann hast du das letzte Mal etwas zum ersten Mal erlebt?

Und ich spreche nicht von der Darmspiegelung, der Scheidung oder der Beerdigung deiner Mutter.

Das Leben, wenn es in die Jahre kommt, hält immer weniger dieser wunderbaren Premieren für uns bereit. Das Schicksal geht nicht mehr mit dem Silbertablett an uns vorbei, um uns ungefragt Champagner und Kaviarblinis mit Crème fraîche zu reichen.

Der erste Schultag. Gewesen.

Der erste Kuss. Geküsst.

Die erste Liebe. Geliebt.

Das erste Kind. Geboren.

Aber was für ein Geschenk ist es, wenn du einen Lebensneuling ein Stück des Weges begleiten darfst. Wenn du ihm über die Schulter schauen kannst während seiner Rendezvous mit den Uraufführungen des Glücks. Dein Sohn mit der Schultüte im Arm, glühende Wangen vor Begeisterung. Dein Hund im Schlammloch, außer sich vor Dankbarkeit, dass das Leben solche wunderbaren Momente für ihn bereithält.

Und dann färbt etwas von dem Zauber des Neuen auch auf dich ab, du alter Glückspilz!

Am Abend ziehen Hilde, Leah und ich planlos durch die Straßen von Westerland. Keine Reservierung, keine Termine, keine To-do-Liste. Wir landen zunächst im Kaminzimmer des Hotels «Stadt Hamburg», ein altvertrauter Raum in dem herrlichen Haus, in dem ich vor zwanzig Jahren meine Hochzeitsnacht verbracht habe.

Meine Eltern lebten damals bereits nicht mehr, und nur meiner Tante Hilde hatte ich erzählt, dass ich heiraten würde. Zwei Minuten bevor mein zukünftiger Mann und ich uns in Richtung Standesamt auf den Weg machten, hatte ich sie angerufen. Und wie immer hatte sie alles, was ich tat, uneingeschränkt gutgeheißen und mir alles Glück der Welt gewünscht.

Als meine Tante Hilde starb, war ich, trotz ihrer langen Krankheit, nicht auf ein Leben ohne sie vorbereitet gewesen. Unvorstellbar, dass diese unbezähmbare Frau ihren Kampf eines Tages verlieren würde. Unvorstellbar, auf der Autobahn nicht mehr wie selbstverständlich die Abfahrt Münster-Süd zu nehmen. Tante Hilde hatte diese Welt so widerborstig und unfreiwillig verlassen, dass man neben ihrem Bett die Spuren ihrer Fingernägel an der Wand fand. Da, wo sie sich in ihrer letzten Nacht wild und vergeblich an ihr Leben geklammert hatte.

Mit ihr war der letzte Mensch gegangen, dessen bedingungsloser Liebe ich mir sicher sein konnte. Der Kummer darüber war abgrundtief, und er dauert bis heute an.

Manchmal habe ich den Eindruck, dass Hunde ihren Haltern diese kindliche Erfahrung fragloser Liebe zurückbringen sollen, dieses Gefühl, immer geliebt zu werden, egal wie man gerade ist oder was man tut.

In Umfragen darüber, was Menschen an ihrem Hund am allermeisten schätzen, steht an erster Stelle stets: «Seine bedingungslose Liebe und Treue.»

Ich verstehe die Sehnsucht dahinter, aber ich werde den Verdacht nicht los, dass menschliche Gefühle nicht auf Hunde übertragbar sind. Und ein Hund, der sich von seinem Herrchen täglich prügeln lässt, kommt nicht aus Liebe und wunderbarer Treue schwerverletzt winselnd zu ihm zurückgekrochen, um ihm die Hand zu lecken.

Ist es Instinkt, Konditionierung oder dass es dem Hundehirn schlicht nicht möglich ist, frei zu entscheiden, wem es seine Liebe schenkt und wer sie nicht verdient? Dein Hund kann sich nicht gegen dich entscheiden.

Ich bin, außerhalb engster familiärer Beziehungen, per se kein Freund bedingungsloser Liebe. Ich kann auf der Stelle einige Taten und Gesinnungen aufzählen, die mit Liebesentzug beantwortet werden müssen. Nicht alles ist verzeihlich, und Treue kann ein Zeichen von Willensschwäche und Inkonsequenz sein.

Wo sich jeder Mensch völlig zu Recht von dir abwenden würde, da bleibt dein Hund an deiner Seite. Dein Hund und deine Mutter. Und deine Tante Hilde. Hunde lieben auch durch und durch böse Menschen. Dein Hund verlässt dich nie. Er hat keine Wahl.

Hilde rollt sich gemütlich vor dem Kamin zusammen, und ich vertreibe die düsteren Gedanken.

Das Hotelierspaar erinnert sich noch an mich als Braut, liebt Hunde, hat die neue Bar «Hardy's» nach ihrem Vierbeiner benannt und lädt uns zu haufenweise edelsten Getränken ein.

Gegen Mitternacht wanken Leah und ich, Hilde führt uns an

der Leine, durch die menschenleeren Fußgängerzonen von Westerland, dringend auf der Suche nach fetthaltigem Essen, womit wir nachträglich eine Grundlage für den Alkohol schaffen können.

Bei «Habibi Sylt» essen wir mindestens zwei Portionen Döner mit Fritten und Krautsalat, die uns der Eigentümer, der bezaubernde Habibi, persönlich zubereitet. Wir plaudern mit Peter, der einen Puff in Niebüll hatte und jetzt als Zuhälter im Ruhestand eine Fernbeziehung zwischen Frankfurt und Archsum führt.

Peter spendiert eine Runde Dosen-Prosecco und zeigt Habibi und uns mehrere Fotos seiner Freundin. Zwei betagte Inselschönheiten gesellen sich dazu, rufen «Yalla, Yalla» und streicheln Hilde überschwänglich.

Als ich gegen zwei Uhr im Bett liege, lalle ich «Hilde! Hopp!», weil ich denke, dass man in Hotelbetten ruhig mal eine Ausnahme machen kann.

Hilde riecht etwas streng aus dem Maul, das mag an dem Bullenhoden liegen, den ich ihr als Betthupferl zugesteckt habe.

Aber jemand, der vermutlich aus dem Fang nach Döner mit Zwiebeln in Kombination mit Dosen-Prosecco stinkt, sollte sich da nicht zu sehr aus dem Fenster lehnen.

Und schließlich schlafe ich Arm in Arm mit meinem Hundchen und dem betörenden Gefühl ein, heute ziemlich viel zum ersten Mal im Leben erlebt zu haben.

6. März

Ich habe Kopfschmerzen, und die Frau macht mir Angst.

Die Referentin des Theorieseminars «Beziehung ohne Leine» hat, flankiert von zwei selbstverständlich unangeleinten Windhunden, den Konferenzsaal betreten.

Die Ähnlichkeit zwischen den dreien ist verblüffend. Sowohl

bei den Hunden als auch beim Frauchen zeichnen sich die Knochen unter der Haut ab, ihre Bewegungen sind langsam, nachlässig und irgendwie überheblich, der Ausdruck ihrer Augen kühl bis gelangweilt, die Gesichter schmal, langgezogen und beleidigt.

Die Referentin Frau Schlesinger wirkt keinen Deut zugänglicher als ihre Hunde. Die Windhunde lassen sich auf den extra für sie mitgebrachten Decken nieder und würdigen uns Teilnehmer keines Blickes. Hilde, die neben mir liegt, wirkt im Vergleich wie eine Fußmatte zwischen zwei edlen Berbern.

Die vier Teilnehmerinnen, wir sind eine reine Damengruppe, stellen sich vor, indem sie den Namen ihres Hundes, sein Alter, seine Vorlieben und seine Probleme nennen.

Die Frauchen selbst bleiben namenlos.

«Ich möchte», sagt Frau Schlesinger mit strenger Stimme, mit der sie auch sehr schön ein Heim für jugendliche Straftäter leiten könnte, «dass Sie am Ende dieses Seminares vergessen, dass Ihr Hund ein Hund ist. Er ist Ihr Gefährte und Ihr Schutzbefohlener. Hunde durchschauen die Menschenwelt nicht. Stellen Sie sich bitte vor, Sie seien der Chef eines Atomkraftwerkes in Asien. Und wenn die rote Alarmlampe angeht, erwarten Ihre Mitarbeiter, dass Sie sagen, was zu tun ist. Aber Sie sprechen deren Sprache nicht und haben keine Ahnung. So fühlt sich Ihr Hund jeden Tag. Zunächst ein paar Tipps zum Futter. Was füttern Sie?»

Frau Schlesingers Zeigefinger schnellt wie ein vergifteter Pfeil in meine Richtung, und mir fällt vor Schreck nur die Wahrheit ein.

«Trockenfutter. Premiumqualität», sage ich.

«Das verursacht Allergien und Krebs», sagt Frau Schlesinger. «Fragen Sie sich doch bitte mal, was Sie Ihrem Hund da antun.»

Die Dame vor mir, die ich der Einfachheit halber Django nennen möchte, weil ihr mannshoher Irischer Wolfshund so heißt, wendet sich zu mir um. «Unser Hund bekommt jeden Tag frisch zubereitet neunhundert Gramm Eiweiß, dreihundert Gramm Gemüse, einhundertzwanzig Gramm Innereien, Öle und etwas frisches Blut. Wir haben eine extra Gefriertruhe für Django. Was Sie heute am Futter sparen, das kostet Sie morgen der Tierarzt.»

«Wir brauchen das Thema jetzt nicht zu vertiefen», sagt Frau Schlesinger unfreundlich. «Ich denke, die Botschaft ist angekommen. Was ist Ihr Problem mit Hilde?»

Ich überlege.

«Hilde ist ziemlich ängstlich und hat sich angewöhnt zu bellen, wenn sie etwas erschreckt. Das Klingeln an der Tür, der Rasenmäher des Nachbarn, eine Polizeisirene. Das würde ich ihr gerne wieder abgewöhnen.»

Frau Schlesinger und ihre Windhunde schauen mich jetzt durchdringend an. Dann gähnen die beiden Hunde wie auf Kommando. «Alles, was an der Haustür klingelt, ist für Ihren Hund ein potenzieller Feind», sagt Frau Schlesinger. «Und jeder Hund, der nicht entspannt liegen bleibt, wenn es klingelt, hat in seinem Menschen keinen vertrauenswürdigen Entscheidungsträger vor sich. Hilde denkt, sie muss die Sache regeln, weil sie es ihrem Frauchen nicht zutraut. Erziehen heißt, Familienoberhaupt und Hinwendungsort zu sein. Ziehen Sie bei jedem Klingeln Ihren Hund an der Hüfte von der Tür weg. Sehr bestimmt und immer wieder. Schimpfen Sie nicht, sonst denkt Ihr Hund, Sie bellen auch und seine Reaktion sei richtig. Bringen Sie Ihrem Hund bei, dass Sie der Chef sind. Jede Interaktion wird von Ihnen beendet, auch schmusen und spielen, und wenn Ihr Hund im Weg liegt, dann steigen Sie niemals über ihn drüber. Er muss Platz machen. Wenn Sie vom Sofa aufstehen, muss auch Ihr Hund aufstehen. Und wenn Sie sich ein Leberwurstbrot in den Schoß legen, dann darf Ihr Hund es nicht anrühren. Dem Entscheidungsträger nimmt man nichts weg. Sagen Sie jedes Kommando genau ein einziges Mal. Dann müssen Sie es durchsetzen. Loben Sie nichts, was Ihr Hund schon kann, sonst wird es ein ‹Dankeschön›. Und loben Sie niemals eine Unterlassung. Beschützen Sie Ihren Hund vor aggressiven Artgenossen. Ihr Kind würden Sie ja auch keinem Schläger überlassen. Und vergessen Sie nie: Hunde übernehmen das Selbstbewusstsein ihrer Besitzer.»

Nach vier Stunden verlasse ich das Seminar mit vielen nützlichen Informationen, aber mit einer happigen Seelen-Unterkühlung und dem Gefühl, dass ich jetzt dringend eine besonders große und besonders nahrhafte warme Mahlzeit brauche.

Aber zuvor muss ich noch etwas testen.

Ich kaufe eine Bockwurst und lege mich in meinem Hotelzimmer mit dem Bauch nach unten auf den Boden. Die Wurst halte ich mir mit beiden Händen vors Gesicht. Auch nichts, wobei man Zuschauer haben möchte. Ich bin mir der Kuriosität der Situation durchaus bewusst und habe sämtliche Jalousien und Vorhänge peinlich genau geschlossen.

Hilde schaut mich an und ist offensichtlich irritiert. Der Duft der Wurst steigt ihr in die Nase.

«Bleib!», sage ich streng, bevor sie sich auch nur rühren kann.

Mein Hund windet sich vor Anstrengung und Selbstüberwindung. Gehorchen oder Würstchen essen?

Ich weiß genau, wie ich mich entscheiden würde.

Hilde setzt sich einen Meter von mir entfernt hin und starrt abwechselnd mich und die Wurst an. Sie leckt sich die Lippen, sie duckt sich zum Sprung, sie grunzt beschwörend, sie jault auffordernd – aber sie bleibt sitzen. Zwei Minuten lang.

Dann sage ich: «Na komm», und gebe meinem tapferen Hund das Würstchen.

Ich bin stolz auf uns und finde, dass ich ein vorzüglicher Entscheidungsträger bin.

7. März

Hilde ist ein Naturtalent!

Besonders die Position des Dieners scheint ihr im Blut zu liegen. Aber beeindruckend ist auch, wie sie sich elegant und willig zwischen meinen Beinen hindurchschlängelt und schließlich mit einem fast fehlerfrei ausgeführten Rückwärtsslalom hinter mir zum Stehen kommt.

Ich weiß nicht, ob es an meiner überragenden Führungsfähigkeit liegt oder an den Leckerchen, mit denen ich mir zu Beginn der Dogdancing-Stunde die Taschen vollgestopft habe, aber Hilde und ich machen eine ausgesprochen gute Figur.

Ich bin allerdings froh, dass ich vorher eine Vierhunderter-Ibuprofen eingenommen habe. So eine Tanzstunde wollte ich meinen alten Knochen nicht ohne medizinischen Beistand zumuten.

Hilde und ich befinden uns erneut bei ergiebigem Dauerregen auf dem Wenningstedter Campingplatz, wieder angeleitet von Trainerin Rita.

Ihre selbstgemachten Leckerchen – Aldi-Fleischwurst bei achthundert Watt für etwa zehn Minuten in der Mikrowelle trocknen lassen – hat sie freizügig an die vier Teilnehmerinnen verteilt und dann die Grundregeln des Tanzens mit Hund erläutert:

«Dogdancing ist ein wunderbarer Sport. Stört bitte die Konzentration eures Hundes während des Tanzes nicht durch Streicheln und Lob. Euer Hund sollte euch ständig anschauen. Nur was er im Blick hat, hat er auch im Kopf. Schön wäre natürlich, wenn die Choreographie harmonisch aussähe und ihr euch bei den Musiktiteln eher am Massengeschmack orientieren würdet. Ich sag mal, mit Death Metal hat noch keiner ein Turnier gewonnen.»

Eine halbe Stunde später bewegt sich die Gruppe zu «We built this City on Rock and Roll» über den Campingplatz, und alle Besitzer versuchen, ihre Hunde dazu zu bewegen, im Zickzack durch die schrittweise hocherhobenen Beine zu laufen. Schwer zu glauben, dass aus diesen grotesken Hampeleien jemals elegant fließende, ja womöglich preiswürdige Choreographien werden sollen.

Ich schicke mehrere Stoßgebete in den hoffentlich drohnenfreien Himmel. Wenn du mit so was einmal bei YouTube landest, hast du mehr Klicks, als dir lieb sind, und einen für immer beschädigten Ruf.

Über der Szenerie hängt der Geruch nach Fleischwurst.

Rita ruft: «Es muss nicht schön aussehen, Hauptsache, es funzt!», und ich frage mich einmal mehr, in was für ein Paralleluniversum es mich verschlagen hat.

Hilde zeigt sich weiter rührend motiviert, sieht allerdings

ziemlich ramponiert aus, weil ihr das zunehmend nasse Fell in die Augen und in tropfenden Zotteln vom Leib hängt. Es gibt ja Leute, die sehen auch mit nassem Haar super aus, Bo Derek zum Beispiel. Aber Hilde und ich, wir gehören nicht zu denen.

Ein energiegeladener Welshterrier bringt schließlich die gesamte Gruppe durcheinander, als er sich zu «Puttin' on the Ritz», einem zu Recht vergessenen Song, auf einen heranhoppelnden Hasen stürzt.

Ich meine, ganz ehrlich: Wie blöd kann man aber auch als Hase sein, freiwillig zu einer Dogdancing-Veranstaltung zu gehen?

Das Löffelohr kann zum Glück entkommen, aber mit der Konzentration der Tanztruppe ist es jetzt nicht mehr weit her.

Sowieso ist es hier auf Sylt nicht leicht für Hunde, bei der Sache zu bleiben. Denn nahezu jeder Zentimeter der Insel, abgesehen von den Stränden, ist voller Hasenkötel, Hildes neuer Lieblingsspeise.

In jedem unbeobachteten Moment schaufelt sie sich die Kotkugeln rein, als handele es sich um Königsberger Klopse von Muttern. Der freundliche Mann vom Schleppleinentraining heute Morgen erzählte mir von einem Hundesportturnier, das letztes Jahr auf der Insel stattgefunden hat.

Das Herrchen des Favoriten, eines durchtrainierten Beagles namens Lupo, hatte sich die Mühe gemacht, am Abend vor dem Turnier den gesamten Platz mühevoll mit Kehrblech, Handfeger und einer Kohlenzange von Hasenköteln zu befreien.

Nichts sollte Lupos Konzentration auf den Sieg stören.

Am nächsten Morgen war der Turnierplatz wieder komplett vollgekackt gewesen, und Lupo hatte sich mit einem dritten Platz begnügen müssen.

Unseren letzten Abend auf Sylt verbringen Hilde und ich beim Spieleabend «Hot Dogz» im Gemeindehaus. Wieder ist es Rita, die durch den Abend führt.

Sie hat zwei große Tapeziertische aufgebaut, auf denen die seltsamsten Gebilde liegen. Ihre Funktionen demonstriert sie mit den anwesenden Hunden.

Kartons mit eigentümlichen Kippvorrichtungen, Papprollen, die man ineinanderschieben kann, ein Teppichstück mit bunten Filzfetzen, umgerüstete Schachteln, zweckentfremdete Eierkartons. «Alles von mir selbstgebasteltes Hundespielzeug», sagt Rita, und ich verstehe vollkommen den Stolz, der in ihrer Stimme mitschwingt.

Hilde überlegt schon seit mehreren Minuten, wie sie an die Leckerlis kommen könnte, die Rita in den Schlitz einer Papprolle gesteckt und dann mit einem Lappen zugestopft hat.

Und ich überlege schon seit mehreren Minuten, warum ich eine Komplettniete in Sachen Selbermachen bin und auch schon immer war.

Erst vor wenigen Wochen hatte ich mich an der Grundschule meines jüngeren Sohnes aus therapeutischen Gründen freiwillig als Bastelbegleitung für die erste Klasse gemeldet.

Ich wollte mich mutig meinen Dämonen stellen, scheiterte jedoch an den simpelsten Aufgaben und verbrachte die Stunde hauptsächlich quatschend und kichernd in der letzten Reihe mit einer ähnlich basteltalentfreien Mutter.

Wir mussten mehrfach von der Klassenlehrerin und einigen Mädchen, die sich durch uns gestört fühlten, ermahnt werden, und es ist sehr unwahrscheinlich, dass ich zu einem vergleichbaren Event noch mal eingeladen werde.

Der Trend geht nicht nur in Grundschulen und bei Spieleabenden für Hunde zum Selbermachen. Bedrohlicherweise greift die radikale Bastelbewegung auch massiv in anderen Lebensbereichen um sich.

Und wie jeder Trend, der was auf sich hält, hat auch dieser seinen Ursprung in Amerika und einen lässigen englischen Namen bekommen, der wie ein Modelabel oder ein Unisex-Parfüm klingt: «DIY». Das steht, wie ich als eine der Letzten herausgefunden habe, für «Do It Yourself». Angefangen hat damit Julia Roberts, als sie vor ein paar Jahren begann, in Hollywood öffentlich zu stricken. Keine sechs Monate später bekam ich ein selbstgehäkeltes Armband zu Weihnachten. Nicht von Julia Roberts, sondern von einer anderen guten Freundin.

Es folgten Marmelade, Mangochutney und Eierlikör, ein besticktes Kissen, Apfel-Zimt-Chips, Kerzenhalter und ein Schal. Alles wunderbare Geschenke aus der Baureihe «DIY», über die ich mich sehr gefreut habe, die mich jedoch auch beschämt haben, weil sie mir wieder einmal eines ganz klar vor Augen geführt haben: Ich sollte lieber möglichst wenig selber machen.

Hätte ich zum Beispiel, wie stillschweigend erwartet, die Schultüten meiner Kinder selbst gebastelt, hätte das zu einer jahrelangen Verhöhnung und womöglich nachhaltigen Traumatisierung meiner Söhne geführt.

Die Aufforderung, zu Schulfesten selbstgebackenen Kuchen mitzubringen, empfinde ich als regelrecht unhöflich, weil der Lehrkörper davon auszugehen scheint, dass ich sowohl die Zeit, die Lust als auch die Fähigkeit habe, irgendetwas selbst zu backen. Und nein, ich kann auch keine Karnevalskostüme nähen, Mobiles oder Kastanienmännchen anfertigen, Origami falten oder personalisierte Muffins kreieren.

Ich kann es nicht, und ich will es auch nicht.

Mein Eindruck ist, dass der DIY-Trend mutiert ist zu einer neuen Art, sich selber Druck zu machen.

Ursprünglich diente das Selbermachen der Besinnung, der Muße und rief das schöne und befriedigende Gefühl hervor, etwas ganz Eigenes, Individuelles zustande gebracht zu haben.

Wer etwas Selbstgebasteltes verschenkt, verschenkt damit gleichzeitig das Kostbarste, was er hat: Zeit. Aber vieles, was zu Anfang Spaß macht, wird anstrengend, sobald sich Performance-Druck aufbaut.

Besonders für Mütter ist es doch mittlerweile ein Höllenstress, dass sie nicht mehr ungestraft zu Backmischungen, Supermarkt-Chutneys und Sankt-Martins-Laternen aus dem Drogeriemarkt greifen dürfen.

Mütter haben sowieso immer viel zu viel zu tun, und nun sollen sie die Hälfte davon auch noch selber machen?

Sie sollen stricken und Kerzen gießen, Adventskalender basteln, Schatzsuchen organisieren und dabei auch noch unbedingt dem neuen Achtsamkeits- und Gelassenheitsideal entsprechen.

Denn ein ganz neuer Trend besagt: Du musst zwar perfekt sein, aber es darf auf keinen Fall so rüberkommen, als wolltest du perfekt sein, und es darf auch nicht so aussehen, als sei es perfekt.

Das ist der angesagte Shabby-Schick fürs Leben. Eine unfassbar mühsame Angelegenheit, was jeder weiß, der mal versucht hat, einen neuen Kleiderschrank auf alt zu trimmen, oder der mal, wie ich, die Unsummen bezahlt hat, die es kostet, wenn jemand, der es kann, einen neuen Kleiderschrank auf alt trimmt.

Meine Freundin Katja hat einen vierjährigen Sohn, ist alleinerziehend, arbeitet fünfundzwanzig Stunden die Woche für verdammt wenig Geld, kann sich kein Auto und keinen Babysitter leisten und ist in ihrer Freizeit damit ausgelastet, eine gute Mutter zu sein.

Auf die Frage «Wann hattest du deine letzte ruhige Minute?» weiß sie keine Antwort. Sie hat sogar schon ein schlechtes Gewissen, wenn sie aufs Klo geht. «Kack doch, wenn dein Kind schläft», raunt die innere Übermutter ihr dann zu.

Das schlechte Gewissen und die Übermüdung sind ihre treuesten Begleiter. Obwohl sie immer am Rande des Zusammenbruchs lebt, würde sie niemals Kuchen kaufen. Als ich sie neulich anrief, deutlich nach Mitternacht, war sie gerade dabei, einen Hefeteig zu schlagen.

«Warum tust du das?»

«Ich habe versprochen, etwas fürs Schulfest beizusteuern.»

«Aber warum keinen Butterkuchen von Aldi? Glaubst du etwa, die Kinder schmecken den Unterschied?»

«Nein», sagte Katja, «aber die Mütter.»

Nach zähen Verhandlungen habe ich sie jetzt dazu überreden können, wenigstens die Frikadellen beim nächsten Kindergeburtstag nicht mehr selbst zu machen.

Zum Glück haben sich hilfreiche Ratgeberforen und Online-Marktplätze für Selbstgebasteltes formiert.

Hier werden Schultüten, Kostüme, Taufkerzen, Adventskalender und zum Glück auch Hundespielzeuge angeboten – alles Dinge, von denen man dann behaupten kann, sie seien selbst gemacht. Sind sie ja auch, bloß halt von jemandem, der es kann und will.

Das ist ein Segen für uns Mütter und Frauchen mit den zwei linken Händen, die sonst Stigmatisierung und Diskriminierung fürchten müssten.

Hilde ist es inzwischen gelungen, das Tuch mit der Schnauze aus der Papprolle zu ziehen und so an die Leckerlis zu gelangen. Ich spende Beifall und Lob, und wir schlendern schließlich friedlich und müde von den aufregenden letzten Tagen zurück zum Hotel.

Ich finde, dafür, dass wir beide Anfänger sind, haben mein Hund und ich die Hundstage auf Sylt bravourös gemeistert.

Schade bloß, dass ich kein spektakuläres Foto mit zurück aufs Festland bringen kann. Denn beim Unterwassershooting gestern Nachmittag waren Hilde und ich weit hinter den Erwartungen zurückgeblieben.

Im Prospekt «Hund unter Wasser» hatte es vielversprechend geheißen: «Wir bieten Ihnen die Möglichkeit, zu atemberaubenden Bildern von Ihrem Hund zu gelangen. Bei unserem exklusiven Unterwassershooting entstehen ganz besondere Aufnahmen Ihres Hundes aus der Unterwasserperspektive.»

Ich hatte schon gleich kein gutes Gefühl gehabt, als Hilde und ich die Garage betraten, in der ein überdimensioniertes Planschbecken aufgebaut war. Darin saß im Neoprenanzug und mit ganz offensichtlich sehr schlechter Laune der Fotograf.

«Die meisten Kandidaten haben sich heute nicht getraut», begrüßte er uns maulend, als könnten wir was dafür. Dann gab er weitere Anweisungen: «Dein Hund muss die Rampe hochlaufen. Anschließend locke ich ihn mit einem Leckerchen an den Beckenrand. Von dort macht er macht zwei, drei Schritte ins Becken hinein, schnappt unter Wasser nach dem Leckerchen, und ich mache das Foto. Ganz einfach und alles tierschutzkonform.»

Hilde ist zwar nicht das, was man einen Draufgänger nennt, aber sie liebt Wasser und stürzt sich begeistert in jedes Schlammloch. Ich hatte also durchaus berechtigte Hoffnung auf phänomenale Fotos. Leider hatte Hilde keine Lust, die Rampe hochzulaufen.

Ich schmeichelte und lobte, zückte ein Würstchen. Vergebens.

Der Fotograf im Planschbecken wurde ungeduldig. Augen auf bei der Berufswahl, dachte ich ungnädig.

Schließlich hob ich Hilde kurzerhand über die Rampe hinweg auf das Podest am Beckenrand. Man muss sich und dem Hund, dachte ich mir, die Sache ja auch nicht unnötig schwermachen.

Der Froschmann begann nun, Hilde mit Spielzeug und Leckerchen ins Wasser zu locken. Minutenlang. Dabei meckerte er leise vor sich hin. Hilde betrachtete das mürrische Ungetüm im schwarzen Gummianzug interessiert, aber distanziert. Ich konnte es ihr nicht verdenken. Dieser Mann flößte mir auch kein Vertrauen ein.

«Ich glaube, sie will nicht», sagte ich schließlich.

«Wir brechen ab. Das ist nur was für wesensstarke Hunde», sagte der böse Frosch. «Hier kann man eine Menge über sich und sein Tier lernen.»

Beleidigt hob ich mein Hildchen von der Rampe.

Ich finde, mein Hund ist ausgesprochen wesensstark. Hilde macht halt nicht jeden Scheiß mit und sucht sich die Leute aus, mit denen sie ihre Zeit verbringen will. Und ein übellauniger

Planschbecken-Hocker in Neopren und mit unguter Ausstrahlung gehört eben nicht zu ihren Auserwählten.

Mein Hund hatte an diesem Tag Instinkt und Geschmack bewiesen, und ich steckte ihr ein Würstchen zu.

Der nächste Fotokandidat, ein todesmutiger Australian Shepherd, stand schon in den Startlöchern. Sobald ich beiseitegetreten war, rannte er bellend die Rampe hoch, steckte ohne Zögern seinen Kopf unter Wasser und schnappte sich das Leckerchen.

«So macht man das!», sagte der Fotograf unnötig laut und mit einem Seitenblick auf mich und Hilde.

Wir gingen zügig und ohne Gruß.

Unsere letzte Nacht auf Sylt ist stürmisch. Irgendwo in der Dunkelheit klappert ein Fensterladen.

Hilde knurrt.

«Ach, Hildchen, dafür hast du doch mich», sage ich, strecke die Hand nach meinem Hund aus und knurre ebenfalls. Tief, bedrohlich, wie ein Chef eben. Das scheint Hilde zu beruhigen. Frauchen hat die Situation voll im Griff. Ich knurre noch mal zufrieden und komme mir dabei nicht einmal doof vor.

Irgendjemand hat mir in den letzten Tagen gesagt: «Man bekommt nicht den Hund, den man will, sondern den, den man braucht.»

Was das wohl für mich und Hilde bedeutet?

Ich werde noch darüber nachdenken. Aber nicht jetzt.

Gute Nacht, Hildchen.

7. März

Ich liebe es, zu Hause zu sein. Besonders, wenn ich vorher weg war.

Es tut immer gut, Gewohntes hinter sich zu lassen – Mann,

Kind, Matratze, Geschirr, Sofa, Spargelschäler, Alltagsroutine – um dann mit wacher Dankbarkeit zurückzukehren und festzustellen, wie gut die eigene Bettwäsche riecht.

Ich war schon immer ein großer Freund des Alltags. Und ich gebe es nur ungern zu, aber je älter ich werde, desto wohler und sicherer fühle ich mich in der beruhigenden Abfolge der immer gleichen Routinen.

Um halb sieben klingelt der Wecker. Um Viertel vor acht verlassen die Kinder das Haus. Brotdosen und Fahrradhelme mitgeben. Hilde füttern, kleine Runde drehen. Kackibeutel nicht vergessen. Halb neun Arbeitsbeginn. Mittwochs um zwölf Funktionsgymnastik, Freitagnachmittag Junghundegruppe. Sonntag «Tatort» und Spaghetti. Montag Völlegefühl.

Der Rhythmus meines Alltags ist mein Herzschlag.

Wenn ich mich von der Welt da draußen bedroht fühle, bügle ich T-Shirts oder schäle Kartoffeln. Nach schlechten Nachrichten gehe ich außerplanmäßig mit dem Hund raus oder übe mit meinen Kindern rechnen. Und wenn das allgemeine Chaos mich zu verschlingen droht, stelle ich wenigstens meine innere Ordnung wieder her, indem ich schwarze Socken sortiere und Paare wieder zusammenführe, die lange voneinander getrennt in verschiedenen Schubladen leben mussten.

Abwechslung und die gezielte Erhöhung meiner Herzfrequenz genieße ich spärlich und wohldosiert. Und das Glück, dass ich ein Abenteuer überstanden habe, ist stets einen Hauch größer als das Glück, dass ich ein Abenteuer vor mir habe.

Da bin ich wie Hilde.

Sie ist gerne unterwegs. Aber wenn sie merkt, dass es nach Hause geht, freut sie sich sehr, wird immer schneller, und wenn sie die Stufen in den vertrauten Flur hochläuft, lässt sie jede damenhafte Zurückhaltung fahren und schlittert übermütig bellend übers Parkett, glücklich, dass die Herausforderung geschafft und im eigenen Körbchen noch alles in bester und gewohnter Ordnung ist.

Hilde und ich, wir sind zwei furchtsame Gewohnheitstierchen mit gemütlichem Gemüt und wenig Lust, bei schlechtem Wetter das Haus zu verlassen.

Außerdem müssen wir beide unbedingt zum Friseur.

Im Salon «Lassie» an der Hamburger Stadtgrenze zu Niedersachsen ergattere ich einen der begehrten Termine. Fünf Hunde werden dort gleichzeitig bearbeitet, vorgetrocknet, geföhnt, geschnitten.

Die Salonchefin sagt: «Ihr Hund hat ein Pudelgesicht», und irgendwie empfinde ich das nicht als Kompliment.

Meine Erfahrungen mit Pudeln und ihren Besitzern sind eher schlecht. Meist überbieten sie sich gegenseitig an Arroganz, grüßen nicht oder unwillig, ziehen sich viel zu schick an und benehmen sich auf Hundewiesen wie Kim Kardashian auf einer Yacht vor Ibiza.

«Die meisten Leute sind zu ihren Kindern härter als zu ihren Hunden», berichtet die Friseurmeisterin, während sie Hilde, sehr zu deren Missvergnügen, in einer Badewanne abduscht. «Die hören auf zu bürsten, sobald der Hund fiept. Mit der Tochter sind sie konsequenter. Und was kommt dabei raus? Total verfilzte Hunde, die komplett geschoren werden müssen. Ich hatte hier mal einen Neufundländer mit Haarverklumpungen zwischen den Beinen, der kam kaum noch voran und hat bei jedem Schritt gejault. Und ein völlig zugewachsener Shih Tzu hatte schon Ekzeme auf der Haut, weil da seit Jahren kein Sauerstoff mehr durchgekommen war. In Amerika werden Hunde gefärbt, das muss wirklich nicht sein, aber Grundpflege ist ein Muss. Neulich war ein Bobtail hier. Mit seinem neuen Haarschnitt fing der an, Kaninchen zu jagen, weil er die vorher gar nicht gesehen hat.»

Hilde wird jetzt mit einer Art Autostaubsauger trockengeföhnt, was ihr große Angst macht, trotzdem findet sie noch Zeit, von ihrem Frisiertisch herunter zwei Neuankömmlinge anzubellen.

Meine Hilde tut mir sehr leid – auch weil sie jetzt zunehmend aussieht wie ein aufgeplatztes Sofakissen. Ihre weichen, kükenhaften Welpenhaare fliegen fluffig in alle Richtungen, was leider gar keine gute Figur macht. Im Grunde sieht sie aus wie eine kleine Litfaßsäule mit zu viel Fell.

Nach drei Stunden verlassen wir den Salon «Lassie» auf allen vieren. Ich muss für die Fellpflege meines Hundes eine andere, weniger nervenaufreibende Lösung finden.

Drei Stunden! So lange hat es nicht mal gedauert, als ich noch blonde Extensions hatte. Das war eine harte Zeit gewesen, in der ich an die Grenze meiner nervlichen Belastbarkeit geraten war. Ich weiß also sehr genau, was Hilde heute durchmachen musste, und möchte ihr das nicht erneut zumuten.

Mein langes Kunsthaar war damals so pflegeintensiv wie ein Shetlandpony. Meinen Friseur habe ich zu jener Zeit häufiger gesehen als meinen Mann, und es gab Tage, da habe ich das Haus mit einer Mütze verlassen müssen, weil es mir allein schlicht nicht möglich war, meinen Haaren einen der Öffentlichkeit zumutbaren Anblick zu verleihen.

Ich wurde von Männern angesprochen, die künstliche Blondinen mögen, und ich wurde von Männern links liegengelassen, die meinen brünett-moppeligen Wesenskern unter diesem elenden Sonnengelb nicht erkannten.

Es ist nie gut, wenn man ganz anders aussieht, als man ist, und Signale aussendet, die Empfänger anlocken, mit denen man nichts anzufangen weiß.

Das gilt für Menschen – aber auch für Hunde. Hilde sieht nach diesem Friseurbesuch tatsächlich aus wie der Pudel eines überambitionierten Frauchens, das Wert legt auf einen Meisterschnitt, der den Rassestandards entspricht und mit dem man auf den

Showtreppen und Hundeausstellungen dieser Welt Punkte sammeln kann.

Ich bin nicht die richtige Frau für so einen Hund.

Ich will meine kleine Teewurst zurück!

Aber ich verkneife mir jeden negativen Kommentar in Hildes Anwesenheit. Die Fachkraft hatte mir eingeschärft, mich auf keinen Fall abfällig gegenüber meinem Hund über dessen neue Frisur zu äußern. «Hunde haben da ein sehr feines Gespür. Ich hatte hier einen Pudel, der tagelang beleidigt war, weil seinem Herrchen der Schnitt nicht gefiel. Fragen Sie sich immer: Wie würden Sie sich fühlen, wenn Sie vom Friseur kämen und Ihre ganze Familie sich kaputtlachen würde?»

Das hatte mir augenblicklich eingeleuchtet. Noch aus dem Auto heraus rufe ich zu Hause an, und untersage jede hämische, mitleidige oder bösartige Äußerung.

Bevor wir uns auf den Heimweg machen, gehe ich mit Hilde, die wie eine Tussi im Pelz neben mir herstöckelt, in einen nahe gelegenen Park, wo ich sie dazu ermutige, sich ausgiebig in einer Schlammpfütze zu wälzen.

Danach fühlen wir uns beide viel besser.

11. März

Es wird Frühling. Aber das ist nicht meine einzige Sorge.

Hilde ist jetzt sieben Monate alt und damit auch der Junghundegruppe entwachsen. Aber so völlig ohne Anleitung und Austausch fühle ich mich dem Leben mit einem heranwachsenden Hund noch nicht gewachsen.

Ich habe jüngst von einer Gruppe «Schüchterne Hunde» erfahren und werde mich bemühen, dort einen Platz zu bekommen. Von den Teilnahmevoraussetzungen her dürfte es eigentlich keine Probleme geben. Ich halte Hilde eher für überqualifiziert.

Neulich hat sie sich höllisch erschrocken, als ich ihr ein Stück Käse zugeworfen habe. Die beiden Riesenluftballons, die wir anlässlich des siebten Geburtstages meines jüngeren Sohnes zu Gast hatten, brachten Hilde völlig aus der Fassung. Und seit im Garten unseres Nachbarn ein Rasenmähroboter lebt und wirkt, fühlt sie sich auch dort ihres Lebens nicht mehr sicher.

Ich selbst bin ab sofort, auch das liegt mir zurzeit ziemlich auf der Seele, Teil einer Studie. Dank meiner Freundin Leah, die ja immer offen ist für alles, beginne ich heute zusammen mit ihr und zehn weiteren Teilnehmern eine dreiwöchige Saftkur.

Initiiert wird das Ganze von der Hamburger Juice Bar «lebeleicht», die uns nun alle drei Tage mit frischen Säften, selbstgemachten Suppen und hochwertiger Mandelmilch versorgen wird. Ein Arzt wird die Blutwerte während der Kur kontrollieren, und eine Trainerin soll uns Beine machen.

In mir vermengen sich derzeit Vorfreude und blanke Panik zu einem interessanten Gefühls-Smoothie mit hoher Energiedichte.

Ich freue mich auf die Entrümpelung meines Körpers, denn ich habe etwa zehn Kilo Sperrmüll auf den Rippen, von dem ich mich ohne großen Abschiedsschmerz trennen würde. Gleichzeitig habe ich schon jetzt grauenerregenden Hunger und eine schier unbezwingbare Gier nach Zucker und Frittiertem in jeder Form.

Ob ich durchhalten werde?

Werde ich das Schlusslicht der Gruppe sein, so wie damals in meinem Wochenendseminar «Nackt besser aussehen», wo ich die Einzige war, die gleich am nächsten Montag mit eindeutigen Absichten in der Konditorei gesichtet worden war?

Oder wie vor drei Jahren bei meinem Rauchentwöhnungs-Seminar, das ich mit Bravour beendet habe? Seither rauche ich nur noch sechs Wochen im Sommer. Dann aber schon vor dem Frühstück. Bei mir hatte sich der vergangene Sommer bis in den Winter hingezogen, weil mich die Anschaffung des Welpen so gestresst hatte und ich generell viel Verständnis für mich und meine Laster und Belastungen habe und außerdem fand, dass es auf zwei, drei Monate mehr jetzt auch nicht mehr ankäme.

«Die Fähigkeit, sich zu mäßigen, ist in der Persönlichkeitsstruktur begründet. In Ihrer ganz offensichtlich nicht. Sie sind ein Suchtcharakter mit exzessiven Tendenzen. Jemand wie Sie muss noch mehr aufpassen.»

Das hatte mir der Suchttherapeut von der Rauchentwöhnung gesagt und mir damit eigentlich nichts Neues mitgeteilt. Ich lebe ja schon länger mit mir zusammen und habe in all den Jahren noch nie ein Stück Zartbitterschokolade langsam im Mund zergehen lassen. Immer Vollmilch. Immer die ganze Tafel.

Eine Handvoll Erdnussflips? Ein halbes Glas Wein? Eine einzige Zigarette nach dem Essen? Lächerlich. Keine halben Sachen. Wennschon, dennschon.

Vergrätzt hatte ich dem Therapeuten damals geantwortet: «Mein ganzes Leben besteht nur aus Mäßigung, Vernunft und Impulskontrolle.»

Die Antwort war eindeutig und schonungslos gewesen: «Genau so ist es. Wir alle verzichten ständig. Da sind Sie keine Ausnahme und brauchen sich auch nicht so anzustellen. Wir müssen früh aufstehen, obschon wir lieber liegen bleiben würden. Wir müssen aufräumen, die Steuer machen, bügeln und zum Zahnarzt gehen. Und wir tun es, weil es letztlich der kleinere Preis ist. Bedenken Sie: Jede Zigarette bringt Sie einem frühen und wahrscheinlich sehr unangenehmen Tod näher. Sie müssen verzichten, weil Sie, so wie alle anderen auch, eben nicht alles im Leben haben können: Sucht und Gesundheit, Völlerei und eine gute Figur. Es gibt den Rausch nicht ohne den Kater.»

Jetzt folgt also auf einen langen und maßlosen Winter mit vielen Räuschen und entsprechenden Katern eine eisenharte Saftkur.

Meine Persönlichkeit als Mutter, Frau und Frauchen ist momentan gefestigt genug, um diesen Schritt zu wagen. Hilde ist inzwischen gereift und stubenrein, sodass ich mich an die drei Wochen Essensverzicht wagen kann. Die schlimmsten Belastungen, auch olfaktorischer Natur, dürften der Vergangenheit angehören, meine Nerven liegen nicht mehr so blank wie als Mutter eines Welpen, und der nahende Frühling ist eine Bedrohung, die sich nicht länger ignorieren lässt.

Traditionell erschrecke ich zutiefst am ersten leidlich warmen Tag des Jahres. Denn er erinnert mich daran, dass ich innerhalb weniger Wochen meine Garderobe umstellen und T-Shirts, Kleider und offene Schuhe aus den Tiefen meines Kleiderschrankes hervorholen und dann auch tragen muss.

Außerdem verlangen steigende Temperaturen meiner Meinung nach einen selbstkritischen Blick auf den eigenen Körper und auf die ein oder andere Schwachstelle, die womöglich im Laufe des Winters, verdeckt von Stretchbundhosen und Oversized-Pullovern, hinzugekommen ist.

Wie haben sich in den dunklen Monaten die Knie, die Ellenbogen und die Rückseiten der Oberschenkel weiterentwickelt? Hat sich der verfärbte Zehennagel erholt? Wie steht es um den Zustand der Bauchdecke? Ist es vielleicht an der Zeit, die Hotpants auszusortieren, und wirkt das granatentief ausgeschnittene Dekolleté womöglich inzwischen eher verzweifelt als verführerisch?

Ich finde, ein ehrlicher Blick in den Spiegel kann da niemandem schaden. Es ist nicht automatisch ein Zeichen von mangelndem Selbstbewusstsein, wenn man seine überschüssigen Pfunde kaschiert, und nicht jeder dicke Mann in zu engen Shorts hat zwangsläufig ein intaktes Ego.

Man darf heute glaubwürdig Feministin sein und sich dennoch hocherhobenen Hauptes entscheiden, nur noch Bauch-weg-Badeanzüge zu tragen und die Miniröcke der dreizehnjährigen Nichte zu vermachen.

Ich habe keine dreizehnjährige Nichte.

Und mal sehen, vielleicht darf der ein oder andere Minirock nach der Saftkur noch mal raus ins Freie.

21. März

STIMMUNG: Supergut.
GEWICHT: Ich behalte meine Miniröcke.
HUNGER: Was ist das?
ALKOHOL, ZIGARETTEN, KOHLEHYDRATE, CHOCO CROSSIES, CHIPSLETTEN, POMMBÄREN: Jugendsünden aus der Vergangenheit, von denen ich mich heute ausdrücklich distanziere.
ZIELSETZUNGEN FÜR DIE ZUKUNFT: Idealgewicht für immer halten, nie wieder abends Kohlehydrate, kein Alkohol, kein Kater, nie wieder Aspirin. Drei Liter Heilwasser aus PET-freien Flaschen pro Tag, viermal in der Woche mit Hund um die Alster joggen. Hilde muss dafür allerdings noch ordentlich trainieren. Nach zwei Wochen Saftkur bin ich geradezu unheimlich fit, sodass mein Hund kaum mehr mithalten kann, wenn ich lospese. Hilde nutzt meine Trainingseinheiten an Parkbänken, wo ich Liegestütze und Sit-ups mache, als Verschnaufpausen. Hundehasser Philipp ist mit seiner Familie und seinen drei Familienpackungen Toffifees mittlerweile ausgezogen. In unserem Kühlschrank stehen nur noch Säfte und Suppen. Ich will nie wieder was essen! Das Leben ist so einfach, wenn man sich nicht ständig überlegen muss, was man isst – und vor allem, was man nicht isst.

Das ist wie bei Hilde mit ihrem Trockenfutter: jeden Tag einen Messbecher voll, dazu frisches Wasser. Fertig.

Gedanken kann man sich über was anderes machen.

Zumindest wäre das so, würde Hilde ihr Trockenfutter fressen.

Hilde befindet sich im Hungerstreik. Sie isst nur Käse, Schweineohren und Wurststückchen.

Ich habe ihr jetzt schon sämtliche hochwertigen Trockenfutteralternativen angeboten. Sie schnüffelt daran, isst ein paar Brocken und wendet sich dann ab mit einem Ausdruck abgrundtiefer Verachtung im Puschelgesicht. In diesen Momenten sieht sie wirklich aus wie eine Pudeltusse aus gehobenen Kreisen, die Besseres gewohnt ist.

Ich sehe die Barf-Fraktion wissend nicken und die Nummer des örtlichen Tierschutzes wählen. Aber ich will mich noch nicht geschlagen geben.

Ich war schon beim Tierarzt, der mir bestätigte, dass Hilde gesund und normalgewichtig ist und wie fast jedes pubertierende Wesen versucht, seine Erziehungsberechtigten unter Druck zu setzen.

Die Verkaufsberaterin bei «Fressnapf» hatte sehr viel Verständnis für meine Situation und Ähnliches mit ihrer Bulldogge Nancy erlebt. Nancy hatte über Wochen nur das Überlebensnotwendige aus ihrem Napf gefressen.

«Irgendwann habe ich alles andere weggelassen. Keine Leckerchen, keine Kauknochen, keine Schweineohren mehr, nichts zur Belohnung und nichts zwischendurch. Nancy hat noch ein paar Tage durchgehalten und schließlich einfach vergessen, dass es außer dem Trockenfutter überhaupt noch was anderes gibt. Zum Schluss habe ich ihr eine Möhre neben den Napf gelegt, also etwas, was sie noch weniger mag als Trockenfutter. Und seit dem Tag frisst sie wieder normal und gern. Es ist alles eine Frage der Konsequenz.»

Das ganze Leben ist eine Frage der Konsequenz.

Mein Mann fragte mich neulich in einem Anflug geradezu rheinländischer Herzenswärme: «Soll ich Hilde ein Stück Käse geben?»

Was? Käse? Ich verstand erst gar nicht, wovon er sprach. Käse ist für mich ein milcheiweißhaltiges Gift aus einem früheren, verfehlten Leben, das ich lange hinter mir gelassen habe. «Wurst und Käse sind so schädlich wie Rauchen», hatte der Saft-Arzt gesagt. Und auch Laugenbrötchen, Leitungswasser, Zucker und Milch hatten vor den Augen des Mediziners keine Gnade gefunden.

Ich befand mich also in radikalisierter Anti-Käse-Stimmung und fauchte, gerade den Saft «Bee Happy» aus Apfel, Ingwer, Zitrone und Zucchini zwischen den Zähnen: «Leckerchen nur gegen Leistung!»

Mann: «Verstehe. Das habe ich bei dir auch immer falsch gemacht.»

Ein Abschiedsbrief

Es erstaunt mich immer wieder, wie wenig kalt uns Hunde lassen.

Auf einzigartige Weise provozieren sie heftige Reaktionen und bringen Menschen sogar dazu, Giftköder zu verstecken, um ihnen völlig fremde Hunde umzubringen. Es gab eine Zeitschrift für den deutschen Hundefeind «Kot und Köter» – undenkbar ein ähnliches Fachblatt der Anti-Wellensittich-Liga oder der Hamster-Hasser.

Zwischen Liebe und Ablehnung scheint es in Sachen Hund kaum Grauabstufungen zu geben.

Warum?

Wer könnte das besser erklären als mein Freund und Hildes unfreiwilliger ehemaliger Mitbewohner Philipp?

Auf meinen ausdrücklichen Wunsch hat er, wohlweislich nach

seinem Auszug, seine Ablehnung gegen Hunde im Allgemeinen und gegen Hilde im Besonderen analysiert und niedergeschrieben.

Ein letzter Gruß an das verhasste Tier. Nichts für schwache Nerven. Ich habe mich tagelang nicht davon erholt.

Liebe Hilde,
Menschen sind eine Zumutung. Egal ob alleine oder in der Masse. Eine der wenigen guten Eigenschaften von Menschen ist allerdings, dass sie fremden Artgenossen nicht am Hintern herumschnüffeln und überallhin pissen. Wo wir schon bei Hunden sind. Und damit dann auch schon bei dir, Hilde – der nervigen Fell-Steckdose aus Hamburg-Harvestehude.
Zur Erklärung: Gezwungenermaßen (Bauarbeiten) musste ich drei Monate unter einem Dach mit dir verbringen.
Abgesehen davon, dass ich das Konzept «Postmoderner Stadtmensch lebt mit Tier» vorher schon nicht verstanden habe, verstehe ich es nach einem Zusammenleben mit dir noch viel weniger.
Es gibt ja sogenannte Nutztiere, Kühe zum Beispiel, deren Lebensberechtigung ich einsehe und auch ausdrücklich gutheiße. Sie geben Milch und Filetsteak. Das Gegenteil von Nutztieren wäre dann – sprachlich korrekt gespiegelt – ein Unnutztier.
In diese Kategorie fällst du, Hilde.
Denn du bist wirklich zu gar nichts zu gebrauchen. Stehend bekommt man dich kaum zu Gesicht. Eigentlich liegst du den ganzen Tag nur rum. Natürlich mitten im Hauseingang. Das Übersteigen ist hierbei nicht mal das Nervige. Es ist die Art, wie du da liegst. Du liegst einfach schlimm. Wie eine höhere Tochter nach ihrem ersten Baileys-Rausch im Hockeyverein.
Manchmal hebst du träge den Kopf, wenn man mit fünf Einkaufstüten über dich hinwegsteigt, und glotzt einen gelangweilt an aus deinen schwarzen Augen, die wie eine Steckdose aussehen. Wenn du wenigstens dazu taugen würdest, dass man in

deinem Gesicht zum Beispiel einen Staubsauger anschließen könnte. Das wäre was. Dann würde deine Existenz einen Sinn ergeben. Aber da hat die Evolution mal wieder geschlampt. Richtig düster wird es allerdings, wenn du dann aufstehst. Und am Familienleben teilnimmst. Ungefragt. Genau wie Herpes. Dann, wenn man dich gar nicht gebrauchen kann, tauchst du plötzlich auf. Zum Beispiel abends. Beim Seriengucken. Dann willst du auf einmal auf die Couch. Aber nicht liegen. Das wäre zu einfach. Dann stellst du dich hin. Drehst dich im Kreis. Schmeißt Weingläser und Lampen um und versperrst allen die Sicht auf Frank Underwood und Co.
Und hatte ich erwähnt, dass du sogar zu blöd zum Bellen bist? Ich habe dich in drei Monaten kein einziges Mal bellen gehört. Nicht mal einen Einbrecher könntest du vertreiben. Du würdest einfach liegen bleiben. Vielleicht kurz den Kopf heben und gucken, was der so alles rausträgt. Aufstehen würdest du nur, wenn der Ganove den Fernseher anmachen würde.

Es wird Sie, liebe Leser, nach der Lektüre der ersten Zeilen sicher überraschen: Ich bin kein besonders umgänglicher Typ. Ich finde es aber nur fair, wenn Menschen, die ich frisch kennenlerne, das selber herausfinden können. Ein Hund nimmt einem die Möglichkeit, Zeit zu schinden, bis die Leute begreifen, dass man nicht besonders nett ist. Denn runtergebrochen gibt es im aufgeklärten Deutschland doch nur zwei Geisteshaltungen, die als völlig inakzeptabel gelten: Helene Fischer unironisch gut und Hunde doof finden. Wenn ein fremdes Kind auf der Straße angerannt kommt und seine mit Eis verschmierten Finger an der Anzughose eines Fremden abwischt, kommt sofort eine Mutti angerannt. «Entschuldigung! Das tut mir leid! Soll ich die Reinigung übernehmen?» Aber wenn ein fremder Hund an einem hochspringt, kommt niemand angerannt. Irgendwo, zehn Meter weg, steht jemand mit

einer Leine in der Hand. Lächelt. Winkt. Und ruft vielleicht noch: «Er mag Sie!»
Wie Leute auch nur auf die Idee kommen können, dass es mich und andere normale Menschen auch nur einen Zentimeter interessieren könnte, ob ihr Hund mich mag, ist mir komplett schleierhaft. Aber wenn man den Hund wegschiebt, gibt es strafende Blicke. Nicht nur von dem Besitzer. Sondern von allen Umstehenden. Das kann kein netter Mann sein. Der mag ja keine Tiere!
Hilde scheint das zu wissen. Und gegen mich auszuspielen. Denn immer, wenn fremde Menschen bei meinen Gastgebern zu Gast waren, interessierte sie sich plötzlich für mich. Kam an. Sprang. Wollte spielen. Obwohl sie mich ein paar Minuten vorher noch ignorierte. Wenn ich sie dann wegschob, also mit dem Fuß («Ksch! Ksch!»), gab es böse Blicke. Und ich ging lieber schnell auf mein Zimmer. Ich hatte das Gefühl, dass Hilde dann hinter meinem Rücken über mich lachte. Auf die Idee, eine Hundeallergie zu erfinden, kam ich zu spät. Da war ich schon sozial disqualifiziert. Danke, Hilde!

Ich habe aber nicht nur schlechte Erinnerungen an Hilde. Einmal hat sie den Überraschungs-Geburtstagskuchen von ihrem Frauchen aufgegessen. Sie hatte den ganzen nächsten Tag Bauchschmerzen. Und hat richtig Ärger bekommen. Wie ein Häufchen Elend schleppte sie sich durch das Haus. Das war wirklich lustig und schön anzusehen.
Nach diesem Vorfall habe ich Essen öfter nahe der Tischkante abgestellt. Leider ist sie nicht noch mal darauf reingefallen. Ich glaube: Nach ein paar Monaten konnte Hilde mich lesen. Gut also, dass die Bauarbeiten irgendwann erledigt waren. Und ich ausziehen konnte. Abgesehen von Hilde hatte ich eine herrliche Zeit. Lust, mich bei Hilde zu verabschieden, hatte ich nicht. Aber das möchte ich nun an dieser Stelle nachholen:

Liebe Hilde, das Gegenteil von Liebe ist nicht Hass, sondern Gleichgültigkeit. Du bist mir absolut nicht gleichgültig. Gibt es also doch noch Hoffnung für uns?
Ich hoffe es wirklich, wirklich nicht.
Dein
Philipp

26. März

Training mit meiner Saftgruppe an der Alster. Alle sind bestens gelaunt, sehen prächtig aus und haben zwischen vier und neun Kilo verloren. Hilde läuft brav mit uns mit.

Wir plaudern angeregt über Fastenkrisen, Stuhlgang und diverse Verdauungsproblematiken. Es ist immer wieder erstaunlich zu sehen, wie sehr es Menschen zusammenschweißt, wenn sie ein gemeinsames Ziel und einen gemeinsamen Feind haben und dasselbe Abführmittel nehmen.

Mit Hilde fühle ich mich ein wenig wie ein alternder, wohlhabender Mann an der Seite einer wohlgeformten Blondine. Sie ist vielleicht nicht klüger als ich, aber deutlich jünger, deutlich leichter und deutlich schneller und will abends noch mal raus, wenn ich längst mit einem zerlesenen Dorothy-Sayers-Krimi meiner Mutter in die Kissen sinken möchte.

Insofern hat uns die Saftkur einander nähergebracht.

Auf dem Rückweg nach Hause treffe ich Helga und Tashima.

Hilde ist mittlerweile doppelt so groß wie der kleine Shih Tzu, und die beiden verstehen sich gut.

«Wie geht es euch?», fragt Helga.

«Prächtig!», rufe ich eine Spur zu laut, fest entschlossen, unsere Trockenfutter-Krise zu verschweigen. «Und wie läuft es bei euch?»

«Eigentlich recht gut. Tashima ist mir ans Herz gewachsen wie mein eigenes Kind. Aber in letzter Zeit weigert sie sich zu fressen. Das macht mir große Sorgen.»

Innerlich singe ich laut ein dreifaches Hosianna und preise die ausgleichende Gerechtigkeit des Weltengefüges, mache nach außen hin aber selbstverständlich einen angemessen betroffenen Eindruck.

«Das tut mir leid. Woran könnte das nur liegen? Barfst du denn noch?»

«Natürlich. Mittlerweile isst sie aber, wenn überhaupt, nur noch gekochtes Fleisch mit etwas Gemüsereis und gehobeltem Cheddar. Davon aber auch nur das Nötigste.»

«Sie kommt in die Pubertät», sage ich altklug. «Da sind Hunde wie Teenager. Die lehnen erst mal alles ab, was von zu Hause kommt. Selbst das beste Essen wird stehengelassen und nur aus einem einzigen Grund: weil Mama es gekocht hat. Das darfst du nicht persönlich nehmen. Das sind die Hormone.»

Helga nickt nachdenklich, und ich kann es mir nicht verkneifen, noch hinzuzufügen: «Vielleicht versuchst du es mal mit Trockenfutter?»

Helga mustert mich intensiv.

«Hast du abgenommen?», fragt sie mich plötzlich, und ihre Stimme klingt mit einem Mal deutlich alarmiert. Ich lächele zustimmend und versuche, die Angelegenheit so bescheiden wie möglich zu kommunizieren, um die leicht übergewichtige Helga nicht unnötig zu beschämen.

«Fünf Kilo in zwei Wochen. Ich mache eine Saftkur. Aber du weißt ja, wie das ist, die paar Pfunde hat man auch schnell wieder drauf.»

Helgas Augen verengen sich und bekommen etwas Lauerndes und Ablehnendes.

Ich weiß, was jetzt in ihr vorgeht, und ich kann sie so gut verstehen.

Bei unserem letzten Treffen hatten Helga und ich noch gemeinsam über Winterspeck und mangelnde Disziplin geklagt. Ich hatte Helga gebeichtet, dass ich heimlich aus dem Schulranzen meines älteren Sohnes ein Päckchen Maoam, das er als Belohnung für das Putzen des Klassenraumes bekommen hatte, entwendet und innerhalb von Sekunden aufgegessen hatte.

Helga hatte mir gestanden, dass sie sich manchmal im Badezimmer einschließt und so tut, als trage sie eine nährende Gesichtsmaske auf, die zwanzig Minuten einwirken muss, bloß um in Ruhe und ohne ihren gefräßigen vier Kindern etwas abgeben zu müssen, eine ganze Tüte Chips essen zu können.

Helga und ich hatten nebeneinander auf der Parkbank gesessen, und auch wenn wir uns über Hundeerziehung und Hundeernährung nicht einig gewesen waren, so hatten uns doch unsere acht bis zehn Kilo Übergewicht auf eine wohltuende Weise verbunden.

Schlanke Frauen, so meine Erfahrung, konkurrieren miteinander, beobachten einander argwöhnisch, während sie sich gegenseitig versichern, dass sie noch niemals eine Diät gemacht hätten, mit einem guten Stoffwechsel gesegnet seien und essen könnten, was sie wollen. Dicke Frauen halten zusammen. Sie sitzen im selben überladenen Boot und beten das Mantra der Übergewichtigen, nämlich dass sie alle lebenszugewandte Genussmenschen seien, denen ein paar Kilo mehr recht gut stehen würden. Sie lästern über die dünnen Übelkrähen, die das Fett von der Putenbrust tupfen und vor lauter Selbstkontrolle faltig und verbiestert einem kohlehydratfreien Lebensabend entgegenvegetieren.

Aber wehe, du fängst an abzunehmen.

Dann verlässt du die wärmende Solidargemeinschaft der Dicken und begibst dich gleichzeitig in den klirrend kalten Konkurrenzkampf der Schlanken.

Ich weiß das, denn ich nehme ständig ab.

Und wieder zu.

Ich weiß, was es heißt, wenn die beste, stets zuverlässig leicht übergewichtige Freundin unvermittelt eine F.-X.-Mayr-Kur macht und ihr plötzlich nicht mehr die Hosen tauschen könnt, weil deine Jeans an ihr so aussehen wie ein großzügiges Zweimannzelt mit Vorraum.

Und ich weiß, was es heißt, wenn sich deine beste, stets zuverlässig leicht übergewichtige Freundin nicht mehr abends mit dir verabreden mag, weil es einfach keinen Spaß mehr macht, mit dir essen zu gehen. Du bittest den Kellner, ob er dir die salzfreie Lebeleicht-Selleriesuppe, die du in einem Mehrwegglas mitgebracht hast, warm machen könnte. Dazu trinkst du stilles Heilwasser und schaust ab halb zehn ständig auf die Uhr, weil sich so ein Abend ohne Alkohol und ohne Nachtisch doch ziemlich hinzieht und du deinen Hunger einfach nicht mehr spüren musst, sobald du endlich im Bett liegst und einschlafen darfst.

Als Frau, die mal schlank und mal vollschlank ist, die zwei Kleidergrößen im Schrank hat und über Ostern spielend vier Kilo zunehmen kann, habe ich für alle Gewichtsprobleme Verständnis.

Außer für keine Gewichtsprobleme.

Ich gebe es zu, es fällt mir sehr schwer, Toleranz aufzubringen für Mitmenschen, die seit ihrem neunzehnten Lebensjahr dasselbe wiegen und, selbst angesichts eines perfekt zubereiteten Zürcher Geschnetzelten, mit einem natürlichen Sättigungsgefühl ausgestattet sind.

Solche Radikalkuren sind aber nicht besonders gesund und bringen auch meistens nichts auf Dauer, höre ich Helga missgünstig denken, denn ich würde an ihrer Stelle genau dasselbe denken.

Laut sagt sie das, was ich auch sagen würde: «Du siehst auch wirklich ganz toll aus. Aber bei mir ist im Moment einfach zu viel los. Ich brauche meine Nervennahrung.»

«Völlig klar. Man muss den richtigen Zeitpunkt abwarten, sonst hat es gar keinen Zweck.»

«Ganz genau. Und seit gestern ist Tashima auch noch läufig. Das löst in mir unheimlich viel aus. Mein kleines Baby wird erwachsen! Das erste Schamhaar meines Ältesten war für mich auch so ein emotionaler Wendepunkt. Und weißt du, was mich wirklich total bewegt?» Helga senkt ihre Stimme zu einem vertraulich-fraulichen Murmeln, und ich ahne Schlimmes. Frauchen unter sich neigen zu einem dramatischen Diskretionsverlust, und nicht selten wird man Zeugin intimer Geständnisse, die sich einem ins Hirn brennen wie die scheußlichen Szenen eines Horrorfilms.

Helga sagt: «Tashima und ich, wir menstruieren gleichzeitig!»

April

✷

Frühling im Park zwischen Grillwürstchen
und geifernden Rüden:
der beschwerliche Alltag mit einer
läufigen, launischen Hündin

✷

Und dann: Ein unbeobachteter Moment,
und schon stellt sich die Frage:
Wir sind schwanger!
Wie sag ich's meinem Mann?

✷

1. April

Hilde ist jetzt eine Frau.

Heute Morgen sah man mich ungeschminkt und mit wehendem Haupthaar in Richtung Hundeshop rennen, um eilig die notwendigen Hygieneartikel einzukaufen, die für das Zusammenleben mit einer menstruierenden Hündin notwendig sind.

Zuvor hatte ich den neuen Teppich in meinem Arbeitszimmer, den ich erst wenige Wochen zuvor ausgerollt hatte, eilig wieder eingerollt und die Blutflecken auf den Treppenstufen beseitigt, ehe mein Mann sie bemerken konnte.

Männer, so mein Eindruck, stehen der menstruierenden Frau stets mit ambivalenten Gefühlen gegenüber und fühlen sich häufig durch die unheimliche Macht des ewig Weiblichen verunsichert. Man tut als Frau gut daran und dem jeweiligen Partner oder Mitbewohner einen großen Gefallen, wenn Monatsblutungen nicht bei Tisch thematisiert oder sonst wie an die große Glocke gehängt werden.

Diskretion ist hier das Mittel der Wahl.

Mein guter Freund Karl hat mir mal in betrunkenem Zustand gestanden, dass das typische Knistern von Tamponfolien in ihm Bindungsängste und körperliches Unwohlsein auslöse.

Ich versuche also, mit Hildes Zustand so unauffällig und undramatisch wie möglich umzugehen, um meinem Mann und eventuell auch meinen Söhnen ein Trauma zu ersparen. Ich muss jedoch gestehen, dass ich meinen kleinen Hund auf einmal mit anderen Augen sehe. Es hat etwas Anrührendes, wenn man ein Wesen heranreifen sieht und seine Entwicklungsstadien miterleben darf.

Ein tiefer Respekt dem Leben gegenüber macht sich in mir

breit, der sich jedoch sofort verflüchtigt, als ich Hilde ihre Menstruations-Schutzhose anziehe.

Selbst in dezentem Schwarz hat diese Blutauffanginstallation eine Wirkung auf die Gesamterscheinung des Hundes, die an Tierquälerei grenzt.

Meine Söhne können ihr Entsetzen nicht verbergen, und mein Mann tut so, als hätte er überhaupt nichts von Hildes entwürdigender Aufmachung mitbekommen.

Bei ihm ein sicheres Zeichen für größtmögliche seelische Zerrüttung.

6. April

Leider kann Hilde aufgrund ihrer Unpässlichkeit die nächsten Wochen nicht zu Ina, der Hundesitterin.

«Das wäre viel zu stressig für deinen Hund», hatte Ina gesagt. «Und ich kann dir nicht garantieren, dass ich es schaffe, die Rüden aus meiner Gruppe von ihr fernzuhalten. Sag mir einfach Bescheid, wenn's vorbei ist. Ach ja, und noch ein Rat: Falls Hilde von einem Rüden besprungen wird, darfst du die beiden Hunde auf keinen Fall mit Gewalt trennen. Die verhakeln sich beim Sex regelrecht ineinander, und du könntest sie schwer verletzen. Das Einzige, was hilft, ist ein Eimer mit eiskaltem Wasser.»

Aber den hat man ja unter Umständen nicht immer dabei.

Ich sehe den kommenden Wochen mit innerer Anspannung entgegen und fühle mich wie der Vater einer gerade geschlechtsreif gewordenen Tochter.

Wenige Tage später erleidet mein Mann genau das Trauma, das ich ihm ersparen wollte:

Gerade als er nichtsahnend das Haus verlässt, fährt Ina in ihrem Transporter an ihm vorbei, auf dem Weg, die Hunde aus der Nachbarschaft einzusammeln.

Ina, als zugewandtes Wesen, das sich auch von einem hanseatischen Gesichtsausdruck nicht abschrecken lässt, lehnt sich aus dem Fahrerfenster und ruft lautstark: «Guten Morgen, Sven! Na, wie sieht's denn bei euch untenrum aus? Habt ihr noch eure Tage?»

Es gibt Zeugen dieses Vorfalls, die mir unisono bestätigt haben, dass die Schmallippigkeit meines Mannes an diesem Morgen neue und ungeahnte Ausmaße angenommen hat.

7. April

Ich nehme Platz und fühle mich augenblicklich unwohl.

Ich habe mir, wie immer, wenn ich mich selbst oder irgendjemanden sonst mit Hildes bedingungslosem Gehorsam beeindrucken will, die Taschen mit Käse vollgestopft.

Hilde und ich sind mit Michael Grewe verabredet, dem Leiter der Ausbildungseinrichtung «Canis» für professionelle und geprüfte Hundetrainer. Er ist ein umstrittener und wie viele umstrittene Leute ein besonders kluger Mann, der seit dreißig Jahren mit Problemhunden und Problemmenschen arbeitet.

Während ich auf seinem riesengroßen Trainingsgelände in einem hölzernen Unterstand auf ihn warte, betrachte ich das Plakat über mir mit schlechtem Gewissen. «Persönlichkeit statt Leckerli» steht darauf, und der Käse in meiner Jackentasche scheint auf vorwurfsvolle Art immer schwerer zu werden.

«Wenn ich keine Persönlichkeit habe, an die es sich anzupassen lohnt, dann stehen Kinder und Hunde alleine da», sagt Michael Grewe wenig später, und ich bin mir ganz sicher, dass noch nie ein Kind oder ein Hund an Grewes Persönlichkeit gezweifelt hat. Der braucht keinen mittelalten Gouda, um sich durchzusetzen, so viel ist schon mal klar. So wäre ich auch gerne.

«Was wir als Hundeliebe interpretieren, ist gelernter Opportunismus. Das ist nicht schlimm und schadet niemandem, solange der Hund über diese Verzerrung hinaus das bleiben darf, was er ist: ein Tier. In den letzten fünfzehn Jahren hat sich das Verhältnis des Menschen zum Hund dramatisch verändert. Der Markt und die Medien tun ihr Übriges. Wir wollen an unseren Hunden gesund werden, wir binden ihnen Eukalyptushalsbänder um, damit sie nicht mehr nach Hund riechen, und wechseln die Wohnung, wenn sich der Vierbeiner darin nicht wohlfühlt. Wir verurteilen die Chinesen, weil sie Hunde essen, und bereiten uns im selben Moment eine Fünf-Minuten-Terrine mit Trockenhühnchen zu. Keiner traut sich mehr zuzugeben, dass Bestrafung zur Hundeerziehung gehört. Strafen ist funktional – man muss es nur können. Aber die Leute sind lieber sechs Jahre lieb als einmal streng, und kommen dann mit ihrem bissigen Problemhund zu mir und wundern sich, warum sie mit ihrer Körperspannung, die einer alten Gurke gleicht, von ihrem Tier nicht ernst genommen werden. Ich mag Menschen, und ich mag Hunde. Aber für ein Tier zu leben ist derselbe kranke Irrsinn wie für ein Kind zu leben. Das sind Zeitzeichen unserer ausgebrannten Gesellschaft.»

Der Mann nimmt kein Blatt vor den Mund, deswegen können ihn viele auch nicht gut leiden. Ich selbst nehme oft und gerne Blätter vor den Mund, aus Bequemlichkeit, Unsicherheit, aus Mangel an eigener Meinung oder einfach aus Feigheit.

Ich bewundere Menschen, die nicht so sind wie ich.

«Was halten Sie von Hilde?»

«Sie haben kein Problem mit Hilde. Sie lieben Ihren Mann, Sie lieben Ihre Kinder, und Sie mögen Ihren Hund, mal mehr und mal weniger. Das ist völlig in Ordnung. Sie leben mit Hilde, nicht für sie. So soll es sein. Lassen Sie sich keine Angst machen. Und nehmen Sie sich selbst ernst, dann werden Sie auch von anderen, zum Beispiel Ihrem Hund, ernst genommen.»

Da hat der Herr Grewe natürlich ein wahres Wort gelassen ausgesprochen. Und die unangenehme Frage drängt sich mir auf: Wer bin ich, wenn ich keinen Käse in der Tasche habe?

Ein Hund, der nur zu dir kommt, wenn du mit Würsten winkst, erinnert ein wenig an Kinder, die ihre Oma nur gegen Bezahlung besuchen.

Ich muss dringend an meiner Körperspannung und an einer ausdrucksstarken Persönlichkeit arbeiten. Das denke ich, und weil ich, wie immer, Hunger habe, esse ich den Hilde-Käse entschlossen auf.

Ein kleiner, aber wichtiger Schritt in die richtige Richtung.

9. April

Heute endet meine Saftkur, die ich freiwillig noch um eine Woche verlängert hatte.

Vier Wochen. Zehn Kilo.

Beim Joggen habe ich keine Schmerzen in den Knien mehr und zu Hause einen Kleiderschrank, aus dem ich praktisch alles wieder tragen kann. Langzeitarbeitslose Gürtel kommen nun zum Einsatz, und es rückt in den Bereich des Vorstellbaren, das Freibad meines untergewichtigen Stadtteils nicht länger erst nach Einbruch der Dunkelheit zu besuchen.

Komplimente werden über mir ausgeschüttet wie Rosenblätter über einer Braut, meine Blutwerte haben sich radikal verbessert, und der Blick in den Spiegel sagt mir, dass ich alles richtig gemacht habe. Verzicht lohnt sich. Das Leben ist leichter und schöner und höchstwahrscheinlich deutlich länger, wenn man sich gesund ernährt, ausreichend bewegt und zeitig und ohne Alkohol oder Nikotin im Blut ins Bett geht.

Ich müsste glücklich sein über mein neues, porentief reines Ich mit aufpoliertem BMI.

Bin ich aber nicht.

Denn jedes Kompliment erinnert mich doch bloß daran, dass auch diese Phase wieder vorbeigehen wird, dass ich nicht bereit bin, ein Leben lang konsequent zu sein, dass die Versuchung, der ich erliegen werde, schon jetzt hinter der nächsten Ecke auf mich lauert.

Seit ich mich erinnern kann, verläuft mein Leben in Phasen, in Wellen, um es freundlich zu formulieren. Man könnte es auch die Schwankungen einer labilen Persönlichkeit mit ausgeprägten Suchtstrukturen, niedriger Impulskontrolle und Hang zu Radikalität und Drama, gerne auch hausgemacht, nennen.

Karl, mein alter Freund, sagt, ich würde ihn an ein Kind erinnern, das nach seinem Mobile schlägt, sobald es aufgehört hat, sich zu bewegen. «Ruhezustände und Kontinuität sind dir ein Graus», sagt Karl. «Und wenn mal nichts los ist in deinem Leben, dann machst du eine Saftkur oder fängst einen Streit mit deinem Mann an. Fasten oder Fressen. Idylle oder Hölle. Wein oder Wasser. Niemals Schorle. Das ist deine Devise. Klingt toll und aufregend und mag einem Teenager gut zu Gesicht stehen. Aber als Frau, die mehr als die Hälfte ihres Lebens hinter sich hat, solltest du dein Gewicht, deine Süchte, Sehnsüchte und Stimmungen in Schach halten und nicht mehr aus jedem Mottenfurz im Nebel eine Frage der nationalen Sicherheit machen.»

Das ist hart. Und eventuell nicht ganz falsch.

Auch Sehnsucht ist im Übrigen eine Sucht. Die Sucht, sich zu sehnen. Die Unfähigkeit, die Vergangenheit freizugeben, das Verlangen, sie und ihre Protagonisten, auch die darin vorkommenden Hunde, gnadenlos zu idealisieren und einzusperren in diese trügerische Endlosschleife verlorenen Glücks, in der die Sonne nie aufhört zu scheinen und in der alles besser war, als es später jemals werden kann.

Harte Zeiten für die Gegenwart bei so einer vergoldeten Vergangenheit und womöglich schlechte Karten für einen Mini-Goldendoodle namens Hilde, der gegen so eine unstillbare Sehnsucht antreten muss.

15. April

Wenn Hilde morgens aufwacht, ist sie außer sich vor Glück.

Warum?

Weil die Sonne wunderbarerweise wieder aufgegangen ist? Weil sie sich freut, dass sie eine Familie hat, was ihr über Nacht im Tiefschlaf entfallen war? Oder einfach nur, weil ein neuer Tag beginnt?

Sobald ich mich in meinen Kissen rege, scheint sich Hilde daran zu erinnern, dass es mich gibt.

Eine Sensation! Jeden Morgen aufs Neue.

Hilde stürzt voll ungläubiger Begeisterung aus ihrem Körbchen heraus, springt mit einem Satz ins Bett, wedelt, was das Zeug hält, dreht sich mehrmals auf der Stelle und wirft sich dann wohlig stöhnend auf die Seite, um sich den Hals kraulen zu lassen.

Dieses Ritual der Freude wiederholt sich in den Kinderzimmern. Mit grenzenlosem Erstaunen und überschäumender Dankbarkeit stellt Hilde fest, dass da zwei kleine tolle Typen in ihren Betten liegen, die zu ihrem Rudel gehören. Hilde weckt meine Söhne mit purem Hundeglück, leckt ihre kleinen, fröhlichen Gesichter, verlangt Streicheleinheiten und macht jeden Morgen zu einem Gute-Laune-Morgen.

Auch diesen Ostersamstag.

In einer Art Slalomlauf mache ich mich mit Hilde auf den Weg, um die Einkäufe für die Feiertage zu erledigen. Bei entgegenkommenden Rüden wechseln wir die Straßenseite, bei freilaufenden Hunden bitte ich die dazugehörigen Halter per Zuruf, ihre Hunde anzuleinen.

Nicht selten ernte ich böse Blicke und genervtes Kopfschütteln. Nein, in Begleitung einer menstruierenden Hündin ist man hier nicht gern gesehen.

Gestern hatte ich unseren Ausflug in den Park aufgrund des gesellschaftlichen Drucks vorzeitig abbrechen müssen. Apollo, der Golden Retriever einer Bekannten, hatte sich bei Hildes Anblick in einen regelrechten Lustrausch hineingesteigert. Mit seinem unablässigen Stöhnen und Seufzen hätte er einen Pornofilm synchronisieren können.

Als sich noch ein jaulender Rottweiler dazugesellte, ein lüsterner Veteran mit Rheuma im Schultergelenk, war ich mit Hilde nach Hause geflohen, um ihre Jungfräulichkeit in Sicherheit zu bringen. Und auch, weil die ganze Sache angefangen hatte, wirklich peinlich zu werden.

Ich leine Hilde vor dem Fischgeschäft an einem eigens dafür in die Wand eingelassenen Haken an und reihe mich in die Schlange ein.

Ich will meinen Saft-Magen langsam an feste Kost gewöhnen und hatte mir und meiner Familie ein Ostern ohne Lammbraten, stattdessen mit schonend zubereitetem Fisch und gedünstetem Gemüse verordnet.

Damit hatte ich mir wenig Freunde unter meinen Angehörigen gemacht.

Als ich zwanzig Minuten später mit achthundert Gramm Lachs und vier Thunfischfilets das Geschäft verlasse, hat Hilde zwischenzeitlich ihre Unschuld verloren.

Irgendein Vollidiot hat seinen Hund an denselben Haken wie Hilde gebunden! Direkt neben sie! Ohne die geringste Möglichkeit für Hilde zu entkommen!

Ich komme mir vor wie eine Mutter, die gerade die Tür zum Jugendzimmer ihrer pubertierenden Tochter aufgerissen hat und eine kompromittierende Situation vorfindet. Der kleine Misch-

lingsrüde schaut mich an wie ertappt, und Hilde setzt sich erschrocken hin und richtet ihre Frisur.

Ist es hier, vor dem Schaufenster von Fische-Schmidt in Hamburg-Eppendorf, etwa zum Äußersten gekommen?

Aus dem Schaufenster glotzen mich ein paar tote Fischaugen an. Fangfrische Doraden: Was habt ihr gesehen?

Hat sich hier, vor euren gebrochenen Pupillen, ein Sündenfall zugetragen?

Ich schaue böse ins Geschäft hinein. Welcher dieser Trottel hat seinen Rüden neben meiner läufigen Hündin angebunden?

Wie ist hier die Rechtslage? Liegt womöglich eine Straftat vor?

Kann ich im Fall einer Schwangerschaft eventuell Unterhaltszahlungen fordern?

Ich bin außer mir und betrachte den Mischlingsmann, meinen zukünftigen Schwiegersohn, unwillig und ungnädig. Er ist kleiner als Hilde, hat weißes, langes Fell und nicht das Gesicht eines Intellektuellen. Womöglich hat er nie eine weiterführende Hundeschule besucht. Immerhin sieht er gepflegt aus und scheint ein freundliches Wesen zu haben.

Ich beschließe, auf das Schicksal zu vertrauen und den Halter des Rüden nicht zur Rede zu stellen.

Die Doraden schauen ins Leere. Ein zum Tode verurteilter Hummer winkt uns träge nach.

Eine Woche später zeigt Hilde deutlich die ersten Anzeichen einer Schwangerschaft.

25. April

«Hallo, Frau Robbe, wir gehen jetzt zum Schwangerschaftstest!»

Ich möchte sehr gern im Boden versinken.

Die Versammlung von Nachbarinnen, die sich gerade auf dem Bürgersteig über die neue Frühlingsbepflanzung unterhält, reckt interessiert die Köpfe.

Mein siebenjähriger Sohn hatte darauf bestanden, mich zum Tierarzt zu begleiten, und hat nun nichts Besseres zu tun, als lauthals und missverständlich die Anwohner über unsere Absichten zu informieren.

Mit fast fünfzig noch ein Kind? Das wäre selbst in diesem Stadtteil der späten Gebärmütter mehr als ungewöhnlich.

Gut zwei Wochen nach Beendigung meiner Saftkur würde ich allerdings leider bereits wieder als Schwangere im ersten Trimester durchgehen, da ich eine etwas unglückselige Veranlagung zur körpermittig orientierten Ablagerung von Fettgewebe habe.

Auch aus diesem Grund war ich unheimlich gern schwanger gewesen, weil ich auf die oftmals konspirativ geflüsterte Frage «Wann ist es denn so weit?» endlich nicht mehr verbiestert antworten musste: «Es handelt sich um eine Pizza Calzone mit doppelt Käse. Und die wird verdaut, nicht geboren.»

Ich winke den konsternierten Nachbarinnen hektisch zu und deute überengagiert, um ungebetene Gerüchte im Keim zu ersticken, auf meinen Hund.

«Wir gehen zum Tierarzt! Es könnte sein, dass Hilde schwanger ist.»

Wir nehmen angespannt im Wartezimmer Platz.

Werden wir diesen Ort als zukünftige Hundegroßfamilie verlassen?

Zur Ablenkung lese ich in dem Buch «Tierisch beste Freunde» von Dr. Christoph Jung. Darin steht, dass der Wolf nur zum Hund geworden ist, weil es Menschen gab. Es war einfach praktischer, zahm zu werden und eine Win-win-Konstellation mit dem Menschen einzugehen, der mehr auf dem Kasten hatte, aber auch mehr Schutz brauchte. Hunde wurden zu unseren Helfern, Hütern und Wachposten, dafür brauchten sie sich nicht mehr in freier Wildbahn durchzuschlagen. Umgekehrt unterstützten sie uns bei der Menschwerdung.

«Menschen und Wölfe mussten einen Deal eingehen, wollten sich durch innovative Formen der Zusammenarbeit Vorteile im Überlebenskampf sichern», schreibt Dr. Jung. «Der Wolf musste sich in die sozialen Regeln und Gepflogenheiten des Menschen einordnen und so zum Hund werden. Er tat dies konsequent und umfassend. Er lernte die Gesten, Zeichen und Grundelemente der Sprache des Menschen verstehen und entwickelte das Bellen zur Erweiterung der aktiven Kommunikation mit dem Menschen. Die Eingebundenheit in die soziale Struktur wurde dem Hund schließlich zu einem inneren Bedürfnis, zu seinem vielleicht wichtigsten Bedürfnis überhaupt. Der gut sozialisierte Hund, verankert in einer liebevollen Menschenfamilie, braucht den Kontakt zu Artgenossen nicht mehr zwingend.»

Hilde scheint mir, wissenschaftlich fundiert gesehen, ein besonders moderner, gut sozialisierter Hund zu sein. Sie unterhält sich gern mit Menschen, interessiert sich auch auf Hundewiesen eher für die Herrchen, Frauchen und Kinder als für ihresgleichen. Sie geht rüpeligen Artgenossen konsequent aus dem Weg, bleibt bei schlechtem Wetter am liebsten zu Hause und bekommt nach zu viel rohem Fleisch Blähungen und Durchfall.

Sie hat nicht mehr viel von einem Wolf.

Und das ist ein Kompliment. Die Menschen, die einen immer noch sehr an Menschenaffen erinnern, und es gibt nicht wenige davon, würde man ja auch nicht als die Krone der Schöpfung bezeichnen.

Ich betrachte mein Hildchen freundlich. Sie wirkt nervös. Ich glaube, sie muss mal.

Im Park vor der Tierarztpraxis kommt es zu einer dramatischen Szene.

Ein grauer, struppiger, wadenhoher Mischling betritt die Wiese, bleibt kurz stocksteif stehen, und noch ehe sein bärtiges Herrchen reagieren kann, stürzt sich das kleine Mistvieh trotz seines Maulkorbes sofort wütend und zähnefletschend auf Hilde und begräbt sie unter sich.

Hilde schreit wie am Spieß, und der andere Hund knurrt und geifert auf diese markerschütternde, horrorfilmhafte Weise, bei der du sofort weißt, dass dieses Tier keine Gnade kennt und sich erst mit einer blutigen herausgerissenen Gurgel zufriedengibt.

Der Halter zerrt seinen wild um sich schnappenden Hund routiniert von meiner Hilde runter, zieht sich ein paar Meter zu einer Bank zurück, nimmt den Verbrecher auf den Schoß, streichelt ihn und spricht sanft auf ihn ein.

Ich versuche, zunächst Hilde und meinen Sohn zu beruhigen. Der Typ mit seinem Killerhund würdigt uns keines Blickes mehr und setzt in aller Gemütsruhe seinen Spaziergang fort.

Ich bin außer mir vor Empörung und Schreck und versuche, mich im Rahmen einer gelungenen Konfliktbewältigung an das wunderbare Zitat des österreichischen Psychiaters Viktor E. Frankl zu erinnern: «Zwischen Reiz und Reaktion liegt ein Raum. In diesem Raum haben wir die Freiheit und die Macht, unsere Reaktion zu wählen.»

Ich versuche also, tief durchzuatmen, innerlich einmal um den Block zu gehen, meine Wut in den Griff zu bekommen, souverän zu sein und zur Managerin meines Konfliktes zu werden.

Das fällt mir als impulsgesteuertem Menschen, der sich nicht einmal einer Tüte Chips gegenüber emotional im Griff hat, naturgemäß sehr schwer. Um ehrlich zu sein, gelingt es mir meistens gar nicht.

Der Raum zwischen Reiz und Reaktion ist bei mir nicht größer als ein Pillendöschen. Wenn überhaupt.

Ich hatte stets gehofft, dass mit zunehmendem Alter nicht nur die Verspannung im Lendenwirbelbereich, sondern auch die innere Entspannung zunehmen würde. Ich hatte mir lange eingebildet, Gelassenheit und Souveränität seien, wie Kurzsichtigkeit und Nasenhaare, selbstverständliche Begleiterscheinungen des Alterns. Aber entweder bin ich noch nicht alt genug, oder ich wurde da schlichtweg falsch informiert.

Denn ich rege mich oft auf. Über Autofahrer, Radfahrer, Beifahrer, Herrchen, Frauchen, Kinder, Eltern, Politiker und Fußgänger.

Und ich beschwere mich ständig. Allerdings nur bei mir selbst, denn ich möchte auf keinen Fall eine dieser blöden Meckerziegen sein, die sich ständig beschweren.

Also ärgere ich mich still vor mich hin, schimpfe vehement in mich hinein und explodiere Tage später beim geringsten Anlass unsachlich und unangemessen wie ein Kanonenschlag im Tepidarium. Vorzugsweise im häuslichen Bereich, wo man sich ja sehr gerne gehenlässt und wo mich mein Mann dann zu Recht ungehalten fragt, ob es wirklich gerechtfertigt sei, unsere gesamte Beziehung anzuzweifeln, bloß weil er an dem Abend, an dem ich mit einer Freundin essen war, die Serie, die wir zusammen angefangen hatten, allein zu Ende geschaut hat.

Wenn man mich fragt: Ja, das ist ein Grund, ein sehr guter sogar!

Aber insgesamt ist meine Streitkultur unterirdisch und hat mit Konfliktkunst so wenig zu tun wie van Gogh mit van der Vaart.

Altersweitsichtig bin ich schon. Jetzt fehlt es mir nur noch an Weitsicht.

Durchatmen. Sammeln.

Meine Wut auf diesen Hunderüpel mit seinem beißwütigen Tier will ich diesmal nicht an meinem Mann auslassen.

Ich gehe ihm nach, fasse mir ein Herz und sage so sachlich wie möglich: «Gehört das für Sie zu normalem Hundeverhalten? Oder warum halten Sie es nicht einmal für nötig, sich zu entschuldigen? Ihr Hund hätte meinen Hund fast umgebracht.»

«Wie soll das denn gehen? Daisy hat einen Maulkorb», sagt der Mann, geradezu gelangweilt, und streichelt seine Horror-Hündin, als wolle er sie über die Tatsache hinwegtrösten, dass der Maulkorb sie daran gehindert hatte, Hilde zu zerbeißen und sich ihren Skalp an den Gürtel zu heften.

Daisy? Das Gänseblümchen? Dass ich nicht lache! Eher eine fleischfressende Pflanze!

Mir fallen so viele Schimpfworte und Pöbeleien gleichzeitig ein, dass ich gar nicht weiß, wo ich anfangen soll.

Sachlich war jedenfalls gestern.

Attacke!

«Ihr Verhalten ist so was von ...», setze ich schnaubend an, aber der Mann unterbricht mich sofort wütend: «Sie haben doch überhaupt keine Ahnung! Sie mit Ihrem Wohlstandspudel! Mein Hund stammt von einer Tötungsstation aus Rumänien. Zwei Projektile stecken noch in seinem Körper. Daisy war halbtot, als man sie in einem Graben fand. Sie ist ein geprügelter Straßenhund, hat immer Angst und immer Schmerzen. Das würde Sie wahrscheinlich auch etwas aggressiv machen, oder?»

Der Gutmensch schaut mich durchdringend an und genießt mein hilfloses Schweigen.

Tötungsstation.

Totschlagargument.

Klar, mit zwei Projektilen im Leib ist es okay, wenn man schon mal um sich beißt.

Wer wagt denn da noch zu kritisieren?

Ich jedenfalls nicht.

Ich traue mich ja kaum, mich selbst zu fragen, ob es für das Opfer wohl einen maßgeblichen Unterschied macht, ob es von einem Straßenhund aus Rumänien oder einem Rassehund aus Kaiserslautern totgebissen wird.

Ich bewundere Menschen zutiefst, die notleidende Tiere retten und die es sich zutrauen, schwer traumatisierte Hunde bei sich aufzunehmen. Die große Güte und die Engelsgeduld, mit der sie ihre Hunde aufpäppeln und erziehen, fehlt mir ja meist schon morgens um kurz nach halb acht, wenn ich feststelle, dass mindestens einer meiner Söhne seine Jacke in der Schule vergessen, der andere in seiner Brotdose Schnecken gesammelt und Hilde mal wieder in den Garten der Nachbarn gekackt hat.

Als meine Freundin Barbara sich einen Hovawart-Welpen kaufte, wandten sich langjährige Freunde von ihr ab, weil Barbara keinen Hund aus dem Tierheim oder von einer Tötungsstation geholt hatte. Das sei, sagten sie, auch eine Form von Tierquälerei, weil durch jeden Zuchthund einem Tier aus dem Heim eine Zukunft genommen und es zum Tode verurteilt würde.

Tierschutz ist ein heikles Thema, bei dem man nicht nur Freunde verlieren, sondern sich erbitterte Feinde machen kann. Da prallen Überzeugungen mit einer Wucht aufeinander, die mir oftmals unheimlich ist.

Der Experte Dr. Christoph Jung, den ich in meiner Ratlosigkeit dazu befragt habe, sagt: «Deutschland ist der größte Markt für Hunde von Tötungsstationen. Und nur wenige der Hundehalter, die sich für so ein Tier entscheiden, wissen, dass sich hinter den scheinbar ehrenvollen und uneigennützigen Rettungsaktionen nicht selten ein perverses Geschäft verbirgt. Das Geschäft mit dem Mitleid und dem Wunsch zu helfen. Wahrscheinlich werden mehr als die Hälfte dieser Straßenhunde extra für Tötungsstationen gezüchtet. Der Handel mit Hunden, denen eine Tragödie angedichtet wird, boomt. Er ist besonders widerlich und unterstützt den Kreislauf aus Massenproduktion und Massentötung. Der gerettete Mischling aus dem Ausland ist auf seine Weise eben auch ein Modehund und der Gegentrend zur Rassezüchtung.»

Wo beginnt der Tierschutz? Und wo sollte er enden?

Wann wird der Schutz zur Quälerei? Und wer soll das entscheiden?

Christoph Jung bekam wütende Drohungen gegen seine Familie und gegen seine Hunde, weil er auf Missstände in der Rassezucht aufmerksam machen wollte und forderte, dass Qualzucht per Gesetz verboten wird. Er sagt: «Jede Gurke im Supermarkt wird strenger kontrolliert als die Hundezucht. Wieso tut der Mensch das seinem besten Freund an? Wieso züchtet er ihn zum Krüppel? Als Tierfreund darf man im Grunde keine kurzschnäuzigen Rassen kaufen. Dobermänner, Berner Sennenhunde, Deutsche Doggen, Schäferhunde: Auch sie leiden alle unter weitverbreiteten, schwerwiegenden Erbkrankheiten. Aber jeder Hund mehr ist ein Verbraucher mehr, und vom kranken Hund profitieren besonders viele.»

«Luxuskrüppel» nennt die österreichische Populationsgenetikerin Prof. Irene Sommerfeld-Stur diese durch Mode und Zucht gebeutelten Tiere.

Hunde und Katzen bekommen in Deutschland eine bessere medizinische Versorgung als mindestens 70 Prozent der Weltbevölkerung. Mir ist ein Rassemops bekannt, der in seinen ersten vier Lebensjahren sieben Operationen für insgesamt 36 000 Euro an Herz, Augen, Zähnen und Nase über sich ergehen lassen musste.

Mein Tierarzt sagt: «Ich behandele keine Hunde von Züchtern, die Qualzucht betreiben. Diese Menschen sind die Ursachen des Problems. Aber wenn ich keine zuchtbedingten Leiden behandeln würde, müsste ich zumachen. Ich hoffe inständig, dass es in zehn Jahren peinlich sein wird, mit einem Mops rumzulaufen. Das sind wunderbare Hunde, die gefangen gehalten werden in falschen, pervers verzüchteten Körpern.»

Mit solchen Aussagen macht man sich natürlich unbeliebt.

Meine Freundin Anja bekam die beängstigende Wut der Tierschützer in dem Moment zu spüren, als sich ihr Labradoodle Curry in einen Ententeich stürzte. Curry jagte die Enten mit allergrößtem Vergnügen durch das Wasser, während Anja mit wachsender Verzweiflung versuchte, ihren Hund von der Straftat abzuhalten.

Innerhalb weniger Minuten hatten sich etwa fünfzehn Spaziergänger zusammengetan, schrien und tobten und drohten Anja, ihren Hund zu ersäufen, würde sie ihn nicht augenblicklich unter Kontrolle bekommen.

Als es Anja schließlich gelang, Curry am Fell zu packen, und sie ihn schimpfend auf den Boden drückte und in die Demutshaltung zwang, um ihm sein Fehlverhalten klarzumachen, wendete sich plötzlich das Blatt.

Nun schrien die entrüsteten Menschen auf sie ein, was sie sich einbilde, ihren Hund so zu behandeln, sie solle das Tier gefälligst sofort loslassen und ob sie ihre Kinder auch mit brutaler Gewalt erziehen würde.

Schweißgebadet rannte Anja aus dem Park mit einem nachhaltigen Eindruck von Menschen, die gelebten Tierschutz praktizieren.

Warum rasten die Leute so aus, wenn es um Enten, Hunde und Katzen geht, während sich ihr Mitleid für wundgelegene Rentner in Grenzen hält?

Wehe, man gibt offen zu, dass man sich mit drei kleinen Kindern in direkter Nachbarschaft eines bissigen Schäferhundes, der trotz aufwendiger Resozialisierungsmaßnahmen einen Maulkorb tragen muss, womöglich nicht besonders wohlfühlt. Warum darf sich ein Achtzehnjähriger einen gefährlichen Hund kaufen? Sollte es nicht eine Wesensprüfung für Hundehalter geben? Warum dürfen untergewichtige Frauen ohne Selbstbewusstsein riesige Jagdhunde halten, denen sie charakterlich und körperlich unterlegen sind?

Oder, wie es einmal Hundetrainerin Mia anschaulich und sehr direkt zu einer Halterin sagte, die von ihrem Terriermix absolut nicht ernst genommen wurde: «Ihr seid aber auch eine Kack-Kombi: ein Straßenhund, der weiß, wie der Hase läuft, mit einem total unsicheren Frauchen. Der denkt doch, er muss sich um dich kümmern! Dein Hund will einen starken Partner, der ihm sagt, wo es langgeht. Und wenn er den in dir nicht hat, dann übernimmt dein Hund das Kommando und nimmt dich an die Leine, um mit dir spazieren zu gehen.»

In solchen Momenten bin ich stets dankbar, dass Hilde kein dominantes Alphatier mit stählender Straßenhundvergangenheit ist. Hilde weiß definitiv nicht, wie der Hase läuft, und das gibt mir ein gutes Gefühl von Überlegenheit und überragenden Führungsqualitäten.

Und ja, ich bin froh, dass ich mich nie um die Rudelspitze mit einer Deutschen Dogge streiten musste, deren Pranke größer ist als Hildes Schädeldecke.

Man braucht, da will ich ganz ehrlich sein, keine besonders wuchtige und imposante Persönlichkeit, um Hilde zu beeindrucken. Meist reichen ein scharfer Blick und ein wenig Käse in der Tasche.

Hatte ich eigentlich erwähnt, dass ich gegen Ende meiner letzten Fastenkur so hungrig war, dass ich in einem unbeobachteten Moment während des Junghundeunterrichts meine eigene Jackentasche geplündert und sämtliche Käseleckerlis aufgegessen habe?

So viel zu meiner Willenskraft und starken Persönlichkeit.

«Entschuldigen Sie, wir hatten einen Notfall. Die Hilde bitte.»

Mein Hund, mein Sohn und ich trotten stimmungsmäßig deutlich gedämpft in das Behandlungszimmer. Der Vorfall im Park steckt uns noch in den Knochen.

Hilde wird diesmal von einer Tierärztin behandelt, die ich noch nicht kenne. Sie hebt mein liebes Hundchen auf den Behandlungstisch, tastet ihren Unterleib ab und lässt sich die näheren Umstände des sexuellen Übergriffs schildern.

«Die geschwollenen Zitzen und der pralle Bauch sind Anzeichen einer Schwangerschaft – oder einer Scheinschwangerschaft», sagt die Ärztin schließlich. «Scheinschwangerschaften kommen recht häufig vor und sind von tatsächlichen Schwangerschaften in den ersten Tagen nicht zu unterscheiden. Mit Gewissheit kann ich das erst in zehn bis zwölf Tagen per Ultraschall feststellen.»

In mir steigt leichte Panik hoch.

Unser Wohnzimmer, demnächst ein Hunde-Kreißsaal? Ein Haufen wilder Welpen im Garten? Und das, wo unsere nachbarschaftlichen Beziehungen bereits durch einen Hund relativ belastet sind.

Mein Mann als stolzes Herrchen eines ganzen Wurfs winziger, weißer Mischlinge? Hilde als alleinerziehende Mutter? Würde ich jemals wieder meinen Teppich im Arbeitszimmer ausrollen können, oder würden ganze Brigaden kleiner Hundebabys unser Haus für Monate in ein streng riechendes, halbdunkles und überheiztes Gehege verwandeln?

«Hoffentlich ist Hilde schwanger», sagt mein kleiner Sohn strahlend.

Ich zwinge mich zu einem Lächeln, und die Ärztin erzählt uns fröhlich, womöglich um mich auf andere Gedanken zu bringen, dass sie am Morgen einer Wüstenrennmaus einen Eierstocktumor entfernt hat und diese OP den ganzen Terminplan durcheinandergebracht habe und wir deshalb so lange warten mussten.

«Möchtest du den Tumor mal sehen?», fragt die freundliche Ärztin meinen Sohn, und noch ehe ich Einspruch erheben und auf meinen leeren Magen hinweisen kann, hält sie uns stolz ein mit einer klaren Flüssigkeit gefülltes Glasgefäß unter die Nase.

Darin schwimmt ein von Adern durchzogenes, ausgesprochen widerliches, hellrosafarbenes Geschwür.

Der hühnereigroße Tumor erinnert mich an die sehr gelungene Eingeweidedekoration auf meinem Halloweenbuffet im Herbst letzten Jahres. An diesem Abend ist nicht viel gegessen, dafür aber umso mehr getrunken worden, und es war ein sehr ausgelassenes Fest.

«Der ist ja riesig», sage ich fasziniert und angeekelt zugleich. «Wie passt den so ein Tumor in eine Maus überhaupt rein?»

«Schauen Sie mal!» Die Ärztin zeigt mir auf ihrem Handy das Foto einer kleinen hellbraunen Maus mit einem riesenhaften, prallen Bauch, der doppelt so groß ist wie das gesamte Tier.

«Eine halbe Stunde später sah sie so aus.»

Die erschlankte Maus mit einer Bauchnarbe vom Hals bis zum Schwanz schaut dösig in die Kamera. Die Maus trägt eine winzige Halskrause.

«Die Halskrause mussten wir selber basteln. Das hat noch mal viel Zeit gekostet.»

Ich weiß nicht, ob ich die Frage, die sich mir unangenehm aufdrängt, überhaupt laut stellen darf.

«Lohnt sich das? Der Aufwand? Die Kosten? Für eine Maus?»

«Medizinisch gesehen ist die OP eine große Herausforderung», sagt die Ärztin. «So was macht einfach Spaß. Aber tatsächlich würden die wenigsten Tierärzte diesen Aufwand betreiben. Ich bin eine der wenigen, die zum Beispiel auch verletzte Tauben behandeln, statt sie nur einzuschläfern. Das Mädchen, dem die Maus gehört, hat vor Glück geweint, als ihr Tierchen aus der Narkose aufgewacht ist und alles gutgegangen war. Ich frage mich, warum sich Liebe nach der Größe eines Lebewesens definieren soll. Warum soll man eine Rennmaus weniger lieben als einen Hund oder einen Mann?»

Und da ist sie wieder, die große Liebe zum Tier, der ich irgendwie hinterherhinke wie ein ungedopter Fahrradfahrer bei der Tour de France.

Elke Heidenreich schreibt im Vorwort zum Buch «Frauen und ihre Hunde»: «Ein Hund liebt bedingungsloser, als das ein Mensch kann. Frau und Hund – das ist eine besondere Allianz. Zwischen diese beiden kommt kein Blatt Papier. Der Hund ersetzt, nein, übertrifft Partner, Freunde, Ehemänner bei weitem.»

Habe ich vielleicht nicht den richtigen Hund? Oder den falschen Mann?

Habe ich mich bei meiner Welpenauswahl womöglich zu sehr von pragmatischen Kriterien leiten lassen und Hilde in eine Art Vernunftehe gezwungen, die emotional weit hinter dem zurückbleibt, was heute von einer Mensch-Hund-Beziehung erwartet wird?

Wobei ich neulich beim Friseur in einem ernstzunehmenden Magazin gelesen habe, dass der Trend zurück zu rational begründeten Beziehungen gehe, weil die weit stabiler seien als Ehen, die im Liebeswahn geschlossen werden. Da ist dann oft die Enttäuschung groß, wenn sich nach dem Rausch die Realität bemerkbar macht, in der sich herausstellt, dass der Partner haart, kläfft oder einen ausgeprägten Jagdinstinkt hat.

Alle Profis scheinen sich darin einig zu sein, dass die meisten, schlimmsten und nicht wiedergutzumachenden Fehler bereits bei der Anschaffung des Hundes geschehen.

Michael Grewe hat ein nachdenkliches und besonders kluges Buch über Hundeerziehung geschrieben: «Hoffnung auf Freundschaft – Das erste Jahr des Hundes». Darin schreibt er: «Mit unserem Welpen übernehmen wir Verantwortung für einen Hund und ein ganzes Hundeleben. Wie viel Leiden könnten wir vermeiden helfen, indem wir uns nicht selber Probleme schaffen, die wir nicht lösen können! Immer wieder sind Schwierigkeiten darauf zurückzuführen, dass Menschen ihre Hunde nach optischen Kriterien aussuchen. Der ist niedlich, der sieht toll aus. Die Frage aber sollte lauten: Wer steht da vor mir? Wer bist du? Wer bin ich? Eine schonungslose Selbsteinschätzung ist hier unbedingt notwendig, eine Fehleinschätzung der eigenen Fähigkeiten leider häufig fatal. Möchte ich einen Kumpel, einen Freund, oder geht es mir darum, dass der Hund auf der Straße etwas hermacht? In diesem Fall muss ich mich knallhart fragen: Und was mache ich her?»

Auf dem Heimweg betrachte ich mein womöglich schwangeres Hildchen. Wir trotten grübelnd durch den Park, und sie knurrt erschrocken, als wir das Denkmal des südamerikanischen Unabhängigkeitskämpfers Simón Bolívar passieren. Bei diesen unberechenbaren Statuen weiß man schließlich nie, ob sie sich nicht doch irgendwann mal bewegen.

Passen wir zusammen, Hilde und ich?

Rein äußerlich sind wir uns heute auf eher ungünstige Weise ähnlich. Ausgelöst durch die feuchte Witterung der letzten Tage, tragen mein Hund und ich derzeit eine schockierende Minipli-Frisur. Wir sehen aus wie eine sehr misslungene Mischung aus Paul Breitner und Rainer Langhans.

Ein verzweifelter Mann, dessen bildschöner Collie mitten auf den Gehweg gekackt hat, reißt mich aus meinen Gedanken und fragt mich, ob ich ihm mit einem Gassibeutel aushelfen könne. Am anderen Ende des Parks sehe ich den bärtigen Menschen mit seinem struppigen Straßenhund. Mein blond gelockter Wohlstandspudel und ich machen einen großen Bogen um die beiden. Ein Frauchen ruft mehrfach «Hiiiiier», aber ihr Schäferhund möchte lieber auf dem Spielplatz einen Tunnel graben. Auf dem Rasen prügeln sich zwei Jungs, ausnahmsweise nicht meine.

Ich setze mich auf eine Bank und lasse Sohn und Hilde laufen. Sie beschließt, sich nicht an der lustigen Rangelei zwischen zwei knöchelhohen Artgenossen zu beteiligen, sondern stattdessen lieber an ein paar Blumen zu schnuppern.

Eine alte Dame setzt sich neben mich und lässt ihren schneeweißen Malteser von der Leine.

«Wie heißt denn Ihr Hund?», frage ich, denn mir ist nach dem Zwischenfall mit dem angeschossenen Straßenrowdy nach ein wenig harmlosem Geplauder zumute.

«Heintje», sagt die alte Dame. «Er ist schon dreizehn Jahre alt.»

«Ein stolzes Alter.»

«Mein Mann war ein großer Heintje-Fan – also von dem Sänger, meine ich, aber von unserem Hund natürlich auch. Kennen Sie was von Heintje?»

«Selbstverständlich», sage ich begeistert und fühle mich angenehm an meine letzte 60er-Jahre-Mottoparty erinnert. «Unvergessen ist sein Lied ‹Mama›! Das mag ich besonders.»

«Ich auch», sagt die Dame lächelnd und streckt eine ihrer verhutzelten Hände in die Höhe, als wolle sie ein nicht vorhandenes Orchester dirigieren.

Die Frau beginnt, leise zu singen, und ich, textsicher, wie ich bin, stimme ein:

«Mama, du sollst doch nicht um deinen Jungen weinen!
Mama, einst wird das Schicksal wieder uns vereinen!
Ich werd es nie vergessen, was ich hab an dir besessen,
dass es auf Erden nur eine gibt, die mich so heiß geliebt!»

Wir schweigen ergriffen, und ich bemerke, dass die alte Frau begonnen hat zu weinen. Ich greife unbeholfen nach ihrer Hand, die jetzt wieder wie leblos in ihrem Schoß liegt und sich so leicht anfühlt, als ob sie jeden Moment wegfliegen könnte.

«Wie dumm von mir.» Die Dame wischt sich die Tränen aus den Augen und lächelt ihren Hund an, der ihr besorgt das bestrumpfte Knie leckt.

«Wenn ich Heintje nicht hätte, dann wäre ich schon längst tot», sagt sie, erhebt sich langsam und nickt freundlich zum Abschied. Heintje hebt noch einmal das Beinchen und trottet dann gemächlich neben ihr her.

Hunde können so viel mehr sein als nur Hunde. Sie sind Retter in der Not, sie machen die Einsamkeit erträglich, sie schenken Lebensmut und das Gefühl, für jemanden eine Bedeutung zu haben. Sie bringen sterbende Kinder zu einem letzten Lachen und erreichen unerreichbare, kranke Seelen.

Hilde ist nicht der Hund, von dem ich geträumt habe.

Und mit den Fragen, die sich mir und meinem heranwachsenden Hund stellen, bin ich nicht selten überfragt.

Wer bist du?

Wer bin ich?

Bin ich der richtige Mensch für dich?

Mai

Hilde und das Hunderennen:
Dabei sein ist alles

Der Hund, die Ferien und
das Handgepäck

Warum Hilde ein Heim bei einem
prominenten Katzenbesitzer fand,
wie sie mit der Deutschen Bahn
erster Klasse fuhr und letztlich alle
froh waren, als sie wieder zurück
nach Hause kam. Besonders die Katzen

1 2 3

1. Mai

STIMMUNG: Ich bin zu allen Abenteuern bereit! Was für eine fremde, sonderbare Welt, in die ich da geraten bin. Hilde, ich und meine Söhne beim «Jederhund-Spaßrennen»! Mein Mann wollte zu Hause gelassen werden, und wir haben ihm den Gefallen getan. Jetzt bin ich froh, dass er nicht dabei ist. Die große Anzahl an bedrohlich aussehenden schwarzen Hunden, die knurrend Frauen mit zweifarbigen Frisuren und Leggins in Camouflage-Optik begleiten, hätten den Feingeist womöglich irritiert. Auch sehe ich meinen Mann eher nicht als Hildes Trainer, der sie auf der Rennbahn, mit Rufen anfeuernd und mit Würstchen winkend, ins Ziel lockt.
WETTER: Heiter mit hoher Birkenpollenkonzentration in der Luft. Ich als sensible Pollenallergikerin hoffe, dass meine Laufleistung nicht beeinträchtigt wird. Ich will hier und heute alles geben!
KONSTITUTION UND KONDITION: Hildes eventuelle Schwangerschaft, das hat mir die Tierärztin versichert, ist kein Grund, dass mein Hund nicht beim Rennen mitlaufen könnte. Sie ist ein schnelles, wendiges Tierchen und, aus meiner Sicht und der meiner Kinder, selbst als Anfängerin ein echter Favorit. Ich selbst bin saftkurgestählt und leicht wie eine Feder.
GRUNDREGELN FÜR DAS «JEDERHUND-SPASSRENNEN»:
«Sie erhalten für fünf Euro eine Laufkarte. Sie können wählen, ob Ihr Hund nach dem Hasen (Maschine mit Lockmittel) oder auf Zuruf laufen soll. Die Hunde werden je nach Größe in fünf Rennklassen eingeteilt: klein, mittel, groß, Rhodesian Ridgeback und Windhund-Mix. Einige Läufe bevor Ihr Hund an der Reihe ist, begeben Sie sich bitte zum Start, dort werden

Sie vom Starterpersonal weiter instruiert. Sie sollten zu zweit sein. Einer startet den Hund, und einer fängt den Hund am Ziel wieder ein. Bitte beseitigen Sie evtl. Kothäufchen umgehend.»

Eine Ansage dröhnt aus den Lautsprechern, und ich bekomme eine Gänsehaut vor Aufregung und Rührung: «Und jetzt mit der Startnummer 160: Hilde!»

Mein Hund!

Unser Family-Racing-Team hat sich eine ausgeklügelte Taktik zurechtgelegt: Mein großer Junge steht am Startpunkt und wird Hilde mit einem lauten «Lauf, Hildchen!» auf die Bahn schicken. Ich werde, so wie ich es bei einigen Teilnehmern beobachtet habe, in der Mitte der Bahn warten, peinliche, schrille Lockrufe ausstoßen und, wenn Hilde mich fast erreicht hat, in Richtung Ziel losrennen und mich von meinem Hund verfolgen lassen.

Am Zielpunkt wird mein jüngerer Sohn stehen, ebenfalls anfeuernd schreiend und winkend, um Hilde und mich in Empfang zu nehmen.

Die Profis unter den Hunden laufen selbstverständlich hinter dem «Hasen» her, einem motorisierten Zugarm, der am Rand der Rennbahn vor dem Hund herfährt und ihm eine Hasenattrappe vor die Nase hält.

Ich muss zugeben, dass die Konkurrenz hier sehr hart ist. Butch, ein Boxer mit blutunterlaufenen Augen, hat wenige Läufe vor uns eine saubere Leistung von 7,32 Sekunden für die einhundert Meter lange Rennstrecke abgeliefert.

Die Namen der Hunde, die zum Rennen ausgerufen werden, erinnern an die Klassenlisten meiner Söhne: «Maja, Frieda, Nelly, Martha, Paul, Max!»

Gut hat mir der Lauf von einem Spaniel-Mix namens Friedemann gefallen. Friedemann hatte satte 19,71 Sekunden für die hundert Meter gebraucht, weil er mitten auf der Bahn abgebogen war und einen Umweg über die Würstchenbude gemacht hatte.

Ein anderer Hund, Sammy, hatte sich so über die jubelnden Zuschauer am Rand der Bahn gefreut, dass er sich während des Rennens kurzfristig entschied, jeden von ihnen persönlich zu begrüßen. Er hatte das Ziel schließlich nach einer knappen Minute erreicht.

Salome hingegen, eine etwas ältere Mischlingsdame, hatte sich erst gar nicht in Bewegung gesetzt. Am Startpunkt hatte sie sich partout nicht von ihrem Frauchen trennen wollen. Das wiederum hatte das Herrchen – brüllend und mit einem Stofftier wedelnd auf der Bahn stehend – offenbar aufgebracht. «Los, du dicke Zwiebel!», hatte der verärgerte Mann mehrfach gereizt geschrien, und es war nicht klar gewesen, ob er seinen Hund oder seine Partnerin damit meinte.

Und jetzt ist Hildes großer Moment gekommen.

«Auf die Plätze! Fertig! Los!»

«Lauf, Hildchen, lauf!»

Wie ein Plüschpfeil schießt Hilde auf mich zu.

«Komm, Hildchen!», kreische ich hochstimmig wie ein Quietscheentchen auf Speed, jegliche Konventionen vergessend.

Meine wunderbare Hilde gibt alles!

Die Ohren fliegen, und das Publikum tobt – glaube ich zumindest. Hilde rast mit einem Affenzahn auf mich zu. Ich drehe mich um und renne auch los. Leider holt Hilde mich bereits etliche Meter vor dem Ziel ein.

Offenbar habe ich meine eigene Leistungsfähigkeit deutlich überschätzt. Ich hatte mich irgendwie schneller in Erinnerung, schließlich habe ich bei den Bundesjugendspielen 1981 über hundert Meter Gold geholt.

Sobald Hilde mich erreicht hat, wird sie natürlich langsamer, springt fröhlich an mir hoch und wartet höflich auf ihr lahmes

Frauchen, damit wir gemeinsam über die Ziellinie laufen können. Das kostet uns wertvolle Zeit!

Nach 9,24 Sekunden erreichen mein Hund und ich gemeinsam das Ziel.

Ich bin so stolz und finde, dass es ein fabelhafter Achtungserfolg für unser erstes Rennen ist. Meine Söhne, Hilde und ich fallen uns jubelnd in die Arme, als hätten wir bei den Olympischen Spielen gewonnen.

Wir sind glücklich, allerdings bemerke ich schon jetzt eine leichte Zerrung im Oberschenkel.

Erneut brandet Jubel auf. Als ich mich schüchtern verbeuge, bemerke ich, dass der Applaus wohl hauptsächlich dem Düsenblitz gilt, der gleich hinter uns nach sagenhaften 6,4 Sekunden über die Ziellinie prescht.

Hilde und ich gönnen ihm den Sieg von Herzen.

Der Champion des Rennens ist ein Cockerspaniel.

Er heißt Cocker.

Joe Cocker.

19. Mai

Ich schaue Hilde nach, und es bricht mir das Herz.

An der Seite dieses großen, breitschultrigen Mannes wirkt sie noch kleiner, zerbrechlicher, schutzbedürftiger.

Sie schaut zu ihm hoch, wie eine Ameise zu einem Wolkenkratzer.

Es regnet.

Hilde setzt sich mitten auf den Gehweg. Sie will nicht weiter.

Ameise im Sitzstreik.

Ich bin kurz davor, den beiden aufgelöst hinterherzulaufen, unseren Familienurlaub zu stornieren und das ganze großartige Ferienarrangement rückgängig zu machen.

Es hatte sich nämlich herausgestellt, dass Hilde in den letzten Wochen nahezu unbemerkt über die üblichen Handgepäckmaße hinausgewachsen war und wir sie keinesfalls in unseren langgeplanten Urlaub nach Griechenland mitnehmen konnten.

Sie hatte zwar immer noch eine angenehme Größe und ein tragbares Gewicht, aber kabinentauglich war sie nicht mehr, und eine Reise irgendwo in den Untiefen eines rumorenden Flugzeugbauches wollte ich ihr in keinem Fall zumuten.

Und so hatte es sich eigentlich ganz prächtig gefügt: Jörg, mein guter Freund und Partner auf den Bühnen Deutschlands, mit dem ich schon so manches Mettbrötchen geteilt habe, hatte sich bereit erklärt, Hilde während unserer Ferien zu sich nach Berlin zu nehmen.

Und das, obschon er Katzen liebt und mit drei Stück davon

zusammenlebt. Er hat auch eine wunderbare Frau, aber bei der war ich mir sicher, dass sie sich Hilde gegenüber korrekt verhalten würde.

Doch die Katzen?

Würden sie meine Hilde als Eindringling empfinden?

Würden sie hinter Hildes Rücken schlecht über sie reden? Würden sie sie verlachen, piesacken, ihr Gemeinheiten ins Ohr flüstern, eine Vase umschmeißen und nachher geschlossen behaupten, der doofe Hund sei's gewesen?

Oder würde Hilde in Berlin mit offenen Armen empfangen werden? Würde sie neue Freundschaften schließen, mit den Katzen kuscheln, Mäuseinnereien essen, wertvolle Sozialerfahrungen machen und vielleicht sogar den Reichstag sehen?

Mein Freund Jörg war sofort bereit gewesen, dieses Experiment zu wagen. Aber Jörg zählt auch irgendwie nicht. Denn er ist ein Sonderfall. Jörg ist der mutigste und neugierigste Mensch, den ich kenne. Und wenn er mal vor etwas Angst hat, dann tut er es erst recht.

Ich bin da ja ganz anders gestrickt. Ich umschiffe, wenn möglich, jede Herausforderung weiträumig wie einen gefährlichen Eisberg. Ich liebe das Vertraute, ich freue mich, dass der Schlachter mich mit Namen kennt, und hoffe, dass mich nie jemand fragt, ob ich seine Katze in Pflege nehmen oder mal einen neuen, funky Aufschnitt ausprobieren möchte.

Jörg tut besonders gern Dinge, die er noch nie zuvor getan hat. Was er nicht kennt, das macht ihn neugierig.

Was ich nicht kenne, das macht mir im Zweifelsfall Angst, und ich tue am liebsten das, was ich immer schon getan habe.

Hilde und ich, wir gehören zur bedrohten Art der Gewohnheitstiere. Scharen von Coaches, Therapeuten und Abenteurern versuchen, uns aus unserer angestammten Komfortzone zu vertreiben. Wir sollen über unsere Grenzen gehen.

Machen wir ja auch. Manchmal.

Aber man soll es nicht übertreiben, scheint sich Hilde jetzt zu denken.

Sie sitzt auf dem Gehweg und guckt störrisch. Sie sind auf dem Weg zum Auto. Jörg dreht sich verwundert zu ihr um. In der einen Hand hält er ihre Schmusedecke, sie wirkt jetzt wie ein Topflappen, in der anderen die große Hilde-Reisetasche mit Futter, Spielzeug, Leckerlis und Kotbeuteln für ein ganzes Hundeleben.

«Was ist mir dir, Hildchen? Hast du Angst, möchtest du zu Hause bleiben?», scheint der große Mann zu fragen.

Wie in einem außerordentlich anspruchslosen Film, der mit wenig Budget und noch weniger Talent auskommen musste, drücke ich meine triefende Nase an die Fensterscheibe.

Draußen alles grau. Drinnen auch.

Hilde und Jörg schauen sich an.

Jörg nickt ihr aufmunternd zu. Wahrscheinlich laufen ihm erste Regentropfen in den Mantelkragen.

Wenn sich mein Hund nicht alsbald in Bewegung setzt, werden wir das Experiment hier und jetzt, keine zwanzig Meter vor meiner Haustür, vorzeitig beenden müssen, ohne dass je eine der Katzen überhaupt die Gelegenheit bekommen hat, Hilde zu mobben.

«Komm, Hilde, Angst ist dazu da, überwunden zu werden!», flüstere ich mantramäßig gegen die Fensterscheibe. Auch so ein altkluger Abreißkalendersatz, der rein gar nichts mit dem wirklichen Leben zu tun hat. Er gehörte zur pädagogischen Grundausstattung meines Vaters, Gott hab ihn selig, und sollte aus mir ein mutiges Mädchen machen, das stolz den Elementen, dem Schicksal und dem inneren Angsthasen trotzt. Ist nach hinten losgegangen. Jeder Wind ist für mich ein Sturm und jede Herausforderung tendenziell eine Überforderung.

Nach ein paar Sekunden fügt sich mein kleiner Hund schließlich in sein Schicksal und trottet weiter zu dem Auto mit dem Berliner Kennzeichen.

Mir kommen die Tränen, und ich wende mich melodramatisch ab, um Wäsche zusammenzulegen, Socken zu sortieren oder mit meinem Mann zu zanken.

Ich muss meine Nerven beruhigen.

Ich habe vergessen, Jörg zu sagen, dass Hilde nicht gern rausgeht, wenn es regnet.

Hilde im Urlaub.

Der Erfahrungsbericht eines Katzenfreundes.
Von Jörg Thadeusz

Mit dem Namen komme ich klar. Hilde.

Frauennamen sind viel mehr als einfach nur Rufnamen. Eher wie Denkmäler. In meinem Fall Mahnmale.

Weibliche Vornamen rufen: Bitte vergiss nicht, was früher ganz schlecht gelaufen ist.

Petra. Die, die mich erwecken sollte. Vom Jungen zum jungen Mann. Auf dem unvermeidbaren Willst-du-mit-mir-gehen?-Zettel hatte sie angekreuzt, überschrieben, wieder überschrieben und schließlich ein Ausrufezeichen hinter Nein gesetzt.

Andrea. Ich war rauschhaft verliebt. Sie sagte, sie würde meine Gefühle erwidern. Schlief dann aber lieber mit meinem Bruder.

Julia vertraute mir an, wie sehr sie Männer mag, die rote Pullover und dunkelblaue Hosen tragen. In dieser Kombination saß ich ständig vor ihr. Sehnte mich. Gab vor, prächtig amüsiert zu sein, wenn wir ein Brettspiel nach dem nächsten miteinander ausprobierten. Später zogen wir immerhin in eine gemeinsame WG. Bevor wir die erste Lampe auspackten, hatte ihr bekiffter Liebhaber bereits den Möbelwagen gegen das Vordach unseres neuen Heims gesetzt.

Nicht Petra. Nicht Andrea. Nicht Julia. Sondern Hilde. Zu deren Namen es zum Glück keine Geschichte gibt.

Als wir zusammenkamen, brauchte ich solche optimistischen Zeichen sehr dringend. Wie Sonnenstrahlen, die durch die Wolken brechen. Auch im Wortsinn. Denn der unnachsichtige Hamburger Regen ohrfeigte mich, als ich Hilde aus ihrem Paradies riss. Wir gingen über nasses Kopfsteinpflaster zwischen den schönsten Villen Deutschlands zum Auto. In diesem Teil Hamburgs vermute ich, dass die einzelnen Pflastersteine auf der unsichtbaren, eingegrabenen Seite vergoldet sind. Denn Hanseaten sind reich, zeigen es aber eben nicht. Hilde verlässt dieses Idyll. Mit der guten Fee Ildikó als liebevolles Zentrum einer fast schon surrealen Heimeligkeit.

Für einen Menschen wäre es, als müsste er aus dem First-Class-Dasein einer Mastercard-Werbung in einen Hornbach-Spot umziehen. In meinem Haus laden tatsächlich Akkus für Gartengeräte vor sich hin. Und das ist nur die Spitze des Müllbergs. Allerdings weiß ich so wenig von Hunden, dass ich nicht einschätzen kann, wie stark Hundeseelen von Fernsehwerbung verformt werden.

Nach der emotionalen Turbulenz des Abschieds muss Hilde erst einmal abschalten. Sie krempelt sich in den Fußraum vor der Rückbank. Meine Anregung, doch auf ihrer vermeintlichen Lieblingsdecke auf der Rückbank Platz zu nehmen, ignoriert sie. Offenbar gibt es ihr nichts, wenn sie durch die Fenster beobachten kann, wie in der Wirbelschleppe von Lkws das Regenwasser auf dem Autobahnasphalt schäumt.

Hilde macht keinen Mucks. Autofahrten mit meinen Katzen sind im Vergleich ein dunkler psychischer Tunnel.

Gleichgültig wie viel von ihren Lieblingsschachteln, zerbissenem Spielzeug und Naschwerk ich im Auto verteile: Sie jaulen. Würden mich augenblicklich in einer Tierschutzsendung des Privatfernsehens denunzieren, hätten sie Zugang zu einem Mobiltelefon.

Nach 100 Kilometern agiere ich erstmals, wie ich mir das bei einem Hundehalter vorstelle. Nicht ein hastiger Kaffee und dann gleich weiter. Hilde hat mehr Zeit verdient. Wir suchen ein Stück Wiese. Dort schnuppert Hilde nach Sachen, von deren Existenz ich eigentlich nichts wissen möchte.

Ich behalte vor allem die osteuropäischen Lastwagen im Blick. Als Angehöriger der urbanen Meinungselite bin ich ein konsequent unsexistischer, nichthomophober, auf Plastiktüten verzichtender und Transgender-Toiletten-letztlich-okay-findender Supertoleranter.

Nur wenn es um Osteuropa geht, dann bumpern in mir die dunkelsten Klischees. Was, wenn einer dieser Lkw-Fahrer seinen Knechtlohn aufbessert, indem er Versuchstiere in seine kalte Heimat bringt? Ich sehe schon verwackelte Fernsehbilder vor mir. Tierschutz-Milizionäre befreien Hilde aus einem Horrorlabor. Sie ist nur noch Fell und Knochen. In einer Stadt, deren Name irgendwie auf -meszvar endet. Im Hintergrund ist die höchst traumatisierte Ildikó zu sehen. Ihr Blick von Psychopharmaka verschleiert, die sie vor Sorge um Hilde nehmen musste. Da es sich um tonlose Off-Bilder eines Nachrichtenfilms handelt, sieht man nur, wie Ildikó immer wieder den Namen «Hilde» mit den Lippen formt.

Die Anfahrt zu meinem Heim findet Hilde offenbar interessanter als die Autobahn. Sie sitzt jetzt auf der Rückbank. Unsere Ankunft und den damit unmittelbar bevorstehenden Aufprall zweier Welten kann ich jetzt nicht mehr lange hinauszögern.

Zwei Katzen werden anwesend sein.

Im günstigsten Fall nehmen sie kaum Notiz von dem fremden Tier, was letztlich auch nur ein Pelzträger ist. Aber ich lerne sehr schnell, dass sich die Angehörigen des Tierreichs eben nicht als Mitglieder einer Gesamtgewerkschaft sehen. Die goldige Hündin, die zu Hause vor allem eine Schmusemission hat, trifft auf erfahrene Killer. Auf Naturen, die täglich Nagetierleben auslöschen. Von Singvögeln nur den schwerverdaulichen Schnabel übrig lassen. Es ist, als würde eine Ostermarschiererin in eine Kneipe von Navy Seals kommen und zur Begrüßung «Hallo, ihr Schwuchteln!» rufen.

Der Kater glaubt, den Panther in sich zu entdecken. Pumpt sich auf, faucht und starrt Hilde in fiebriger Wut an. Die Katze, die ihren Artgenossen üblicherweise behandelt, als hätten sie sich nach einer Scheidung nicht mehr viel zu sagen, geht direkt zum Angriff auf unseren Gast Hilde über. Als ein Büschel von Hildes weißem Fell durch die Luft fliegt, greife ich ein. Der Widerstand des Katers ist schnell gebrochen. Mein Bruder behauptet, ich wäre aus deren Sicht eine merkwürdige, letztlich viel zu unbehaarte Großkatze. Da ich es bin, dem der Glibber beim Öffnen der Katzenfuttertüten ins Gesicht spritzt, ist in ihrem Freund-Feind-Schema mein Platz in der Mitte. Durch das hooliganhafte Betragen gegenüber Hilde sind wir aber momentan keine Freunde. Wütend rede ich über Tierheime, in denen sie vegetieren werden. Oder gleich Rumänien. Ich höre mich phantasieren, dass dort Kinder Ketten aus Katzenohren um den Hals tragen und wie schnell sie, die beiden verwöhnten Berliner Vorortkatzen, sich dort wiederfinden würden, wenn sie unseren Gast nicht in Ruhe ließen.

Hilde hat sich in der äußersten Ecke der Küche verborgen. Wahrscheinlich ist es noch nicht einmal Rache, als sie das Trockenfutter der

Katzen aus dem Napf frisst. Nur Erschöpfung. Sie begreift augenblicklich, dass es für sie einen Platz gibt, wo sie vor diesen eckigohrigen Bestien in Sicherheit ist: an meiner Seite.

Sie liegt unter dem Tisch, wenn ich esse. Oder in der Nähe des Schreibtischs, wenn ich telefoniere. Nach den Telefonaten fasse ich kurz für sie zusammen, mit wem ich gesprochen habe und worum es ging.

Sie findet immer, dass ich alles richtig gemacht habe. Jedenfalls widerspricht sie nie. Könnte sein, dass Verschwörungstheoretiker und Nazis aus diesem Grund gerne Hunde halten. Es kommt selbst zum größten Unfug schlicht kein Widerspruch. Sie fühlen sich durch die Tiere immer und immer wieder bestätigt.

Beeindruckend ist Hildes Nachtroutine.

Eine Flugbegleiterin der Lufthansa erzählte mir begeistert von den folgsamen Passagieren auf den Flügen nach Japan. Essen wird ausgeteilt, alle essen ordentlich. Essen fertig, Licht aus, alle schlafen ordentlich.

Sobald ich auf Hildes Körbchen zeige, rollt sie sich hinein und steht erst dann wieder auf, wenn ich es auch tue.

Die Katzen merken, wie viel Nähe sich zwischen mir und Hilde entwickelt. Sie reagieren darauf, wie sie es sich in zigtausendjähriger Evolution fest angeeignet haben: mit glamouröser Ignoranz.

Wenn sie wollten, könnten sie mich an einer schwachen Stelle erwischen und fragen: In jeder unserer Bewegungen sieht man unsere Verwandtschaft mit Tigern, Löwen und Leoparden, was ist mit deiner neuen Freundin?

Bei einem Nachtspaziergang erschrickt die ohnehin ängstliche Hilde tatsächlich vor einem im Wind wiegenden Unkraut. Steckt in dir wirklich noch ein Wolf?, könnte sie in meinem fragenden Blick lesen. Die Nachtspaziergänge beginne ich so sehr zu mögen, wie Hilde sie mag. Alles ganz still. Niemand auf der Straße, keine schön laut werdenden Geselligkeiten ohne Zweck. Nordeuropa eben. Schlaft ganz ruhig, meine lieben Nachbarn, denke ich. Ich pass schon auf. Habe Richard Wagner im Ohr. Der Fliegende Holländer. Steuermann, lass die Wacht. Trompetenpathos und ein Männerchor, der von Entschlossenheit schmettert. Die Einsamkeit, die dunkle Nacht, ein Mann und sein Hund. Ob ich rauchen sollte auf unseren Patrouillen? Mitunter zerplatzt die Vorstellung jäh. Eine Nachbarin kommt mit einer Promenadenmischung vorbei. Sie lächelt mich an. Offenbar freut sie sich, dass wir diese Schnittmenge haben. Beide keine Freunde von bissigen Kraftpaketen, die auf Kehle dressiert sind. Sie mit ihrem Kläffer, der wie geschaffen für einen dieser Winter-Hundepullover aussieht. Ich mit dem knopfäugigen Flokati Hilde.

Letztlich positiv: Ich lerne Nachbarn kennen. Es gibt plötzlich Gespräche über den Zaun. Die ich sonst für die kitschige Erfindung von ARD-Degeto-Schmonzetten-Schreibern gehalten habe. Hilde tut auch sonst gut. Auf der Arbeit rasten alle aus. Die sonst immer so gelassene Assistentin Katja wirft sich auf den Boden, um mit Hilde zu toben. Unser Garderobenmann Jörg rennt so eilig mit einem Wassernapf in Hildes Richtung, als hätten Eure Lordschaft schon mindestens dreimal nach einem Getränk geklingelt. Ich weiß nicht, was mich treibt, aber ich experimentiere mit Hildes Auswilderung. Das Trockenfutter, das mir Ildikó mitgegeben hat, macht einen Eindruck wie Gummibärchen aus dem Bioladen. Gut gemeint, aber eben überhaupt nicht lecker.

Haben sie was für den Hund?, frage ich Herrn Lindow, den Metzgermeister meines Vertrauens. Hilde soll es in sich spüren, das Puckern des Genpools ihrer Ahnen. Wie sie im Rudel dem Rotwild hinterherjagten und hinterher um die Knochen balgten. Was mir Herr Lindow mitgibt, hat eine Substanz, die jeden Veganer sofort in seinen Vorbehalten gegen Fleisch bestätigen würde. Hilde frisst mit solcher Hingabe, dass ich mir wünsche, sie möge bis zum nächsten Vollmond bleiben. Damit ich ihr zuhören kann, wenn sie endlich den Mond anheult. Sie liegt ausführlich auf der Terrasse, die Pfoten nach vorne. Hin und wieder dreht sich nur der Kopf, wenn sie ihren Knochen aus einem anderen Winkel benagen will. Atmet ihr nur, ihr Yogafreunde. Reist in Klöster und entschlackt um die Wette, ihr gelangweilten gleichaltrigen Frauen.

Ich sehe dieses friedliche Bild eines Geschöpfs, das mit sich im Reinen ist, und bin augenblicklich selbst in jeder möglichen Balance.

Meine Frau hat sich getraut, Hilde im Wald von der Leine zu lassen. Ich sah vor allem das Risiko. Sie wäre nicht das erste Mädchen, das – kaum in Berlin angekommen – jedes Lebensziel aus den Augen verliert und sich an der falschen Adresse verschenkt. Es passiert aber nichts Schlimmes. Ganz im Gegenteil. Hilde rennt. Und wie. Dazu trägt sie also dieses Fell. Damit sie alle darum beneiden können, wie schnell sie läuft und wie gut es aussieht, wenn sich die Haare im Sprintwind an den Körper schmiegen.

Katzen rennen nicht, weil sie es mögen. Sie wollen mit ihrer Geschwindigkeit nur einem Vogel beweisen, dass er besser ausreichend Abstand gehalten hätte. Und sie belassen es nie bei einer Belehrung. Unsere Spaziergänge haben wir – vor Hilde – immer unbegleitet unternommen. Die Katzen drücken immer aus, dass sie Besseres zu tun haben. Sich beispielsweise in der Hauseinfahrt in einem unbestimmten Dreck zu wälzen.

Hilde kommt gerne mit. Ob sie unsere Gesellschaft mag oder einfach nur der Geruch von vergorenem, von anderen Hunden eingepinkeltem Laub richtig kickt – ganz egal. Ich halte sie für zugewandt, loyal und aufgeschlossen. Zuverlässig ist sie auch. Auf der Rückreise zu ihrem Menschenrudel in Hamburg rastet sie eben nicht am Bahnsteig aus. Hilde wartet, als wüsste sie um die Melancholie des Moments. Auf ihrem Sitz im Zug wiederholt sie die Schlafroutine der Nacht. Nimmt zwischendurch die Komplimente des Schaffners mit unbeteiligter Höflichkeit entgegen.

Was für ein tolles Zuhause, denke ich, als Hilde zurückkehrt und sich unverhohlen freut. Die Jungs, eine tolle Frau als Frauchen. Deren Ehemann. Bei dem Hilde sicher versteht, warum er bitte nicht als ihr «Herrchen» angesprochen werden möchte. Ganz sicher erzählt er Hilde trotzdem viele schöne Geschichten, wenn er sich unbeobachtet weiß.

Berlin ⇒ Hamburg
Single Fare

Hilde ist selbstverständlich nur ein Hund. Ein Tier ohne wirkliche Erinnerung. Jedenfalls ohne Verständnis für gestern oder morgen. Ich höre trotzdem die Katzen zu Hause vor Lachen auf das Sofa trommeln, auf dem sie eigentlich gar nicht liegen sollen. Natürlich finden die meinen Abschiedsschmerz albern. Denn die wollen meine Gefühle für sich. Damit sie sie nach Katzenkräften ignorieren können.

Als ich viele Wochen später den Rasen neben der Terrasse mähe, stoppt der Mäher. Es ist einer von Hildes Knochen, der sich im recht hohen Gras verbirgt. Ich atme tief durch und denke: Ach, meine Hilde, es war wirklich schön mit dir.

Juni

✷

Mein Hund ist eine Ziege

✷

Hilde und ich beim Ultraschall
und zu Gast in einem Haus
mit Freitreppe, auf der sogar
Hilde wirkt wie das Gemälde
von einem italienischen Windspiel
Friedrichs des Großen

✷

1. Juni

Ich schaue auf den Monitor und bin enttäuscht.

Nicht sehr, aber doch genug, um mich darüber zu wundern, da ich eigentlich mit Erleichterung gerechnet hatte.

Heimlich und nahezu unbemerkt hatte sich eine leichte Vorfreude eingeschlichen, die nun ein jähes Ende findet.

Am Abend sage ich es meinem Mann: «Wir sind nicht schwanger.»

«Irgendwie schade», sagt er, und ich finde, das ist eine beachtliche Aussage für jemanden, der sich angeblich nichts aus Hunden macht und der den Rhodesian Ridgeback für einen Baseballspieler im Nationalteam von Simbabwe hält.

Zwischen Hilde und meinem Mann hat sich eine feine, in Teilen anrührende Beziehung entwickelt, die selbstverständlich ursprünglich von Hilde ausging.

Sie hat ihn zu seinem Glück gezwungen. Das muss man manchmal tun mit Männern, die selbst nicht einschätzen können, was gut ist für sie. Auch ich habe über die Jahre durch Hartnäckigkeit und kluge Konditionierung einige schöne Erfolge erzielt und meinem Mann zum Beispiel das Zurückwinken und das Zurücklächeln beigebracht.

Hilde hat irgendwann angefangen und einfach nicht mehr aufgehört, sich abends auf dem Sofa auf eine Weise an den Herrn des Hauses heranzumachen, die jeglichen Widerstand zwecklos machte: Regelmäßig, kurz nach den Nachrichten, springt sie mit einem beherzten Satz auf das Sofa und schiebt sich mit sanfter Gewalt in seine Arme. Mit militanten Stupsbewegungen in Richtung Ellenbogen und Händen bringt sie meinen Mann schließlich dazu, sie zu streicheln. Und manchmal muss er dabei, völlig gegen seinen Willen, sogar lächeln.

Es versteht sich von selbst, dass Hilde mir ab diesem Moment keinerlei Beachtung mehr schenkt und mich erst wieder wahrnimmt, wenn ich mich in Rinderhack wälze und anschließend mit fein geriebenem Pecorino bestreue.

Neulich kam es zu einem unvorhergesehenen Zusammentreffen zwischen Hilde und ihrem Herrchen in einem Szenelokal.

Meine Freundin Anne hatte sich unseren Hund für einen Spaziergang ausgeliehen und ging an einem Restaurant vorbei, wo die Leute bei herrlichstem Wetter draußen saßen.

Hilde, die einen Ball nicht findet, wenn man ihn ihr vor die Füße fallen lässt, nahm plötzlich Witterung auf, riss sich los, stürmte das Lokal und rannte direkt auf meinen Mann zu, der nichtsahnend mit einem Freund am Rande der Terrasse saß.

Hilde jaulte und jubelte vor Glück darüber, dass sie hier durch einen wunderbaren Zufall auf ihr geschätztes Alphatier gestoßen war, umkreiste den Tisch mehrfach und sprang meinem Mann schließlich glückselig auf den Schoß, von wo aus sie ihm Gesicht und Hände ableckte und mit ihrem Schwanz mehrfach über sein Tagliata di manzo auf Rucola mit Pinienkernen und Parmesan wedelte.

Nun neigt der gebürtige Hamburger ja nicht zum Zärtlichkeitenaustausch in der Öffentlichkeit, und wann immer ich versucht habe, meinem Mann das Gesicht abzulecken, scheiterte ich kläglich an seinen Vorstellungen von Stil und Etikette.

Nicht so Hilde. Mein Mann war ehrlich gerührt von so viel ungebremster Zuwendung. Die Frauen am Nebentisch seufzten vor Rührung.

Männer mit kleinen Hunden scheinen beim weiblichen Geschlecht ähnliche Endorphinreaktionen hervorzurufen wie Männer mit kleinen Babys.

Der Mann wirkt in Begleitung eines niedlichen, schutzbedürftigen Wesens menschlich, zugänglich und emotional offen. Selbst meiner, der sonst selten angesprochen wird, wurde in Sandkästen und auf dem Hundespaziergang in ausgesprochen zutrauliche Gespräche über Verdauungsproblematiken, Erziehungsfragen und Fleckenentfernung verwickelt. Und das, obschon er keine dieser typischen, teilweise würdelosen Verniedlichungsverhaltensweisen zeigt, die beispielsweise den Mann meiner Freundin Petra dazu bringen, sich abends, wenn er nach Hause kommt, grunzend vor dem Hund auf den Boden zu schmeißen und fünf Minuten herumzubalgen. Danach begrüßt er seine Frau.

Petra sagt: «Wahrscheinlich bekommt er von mir nicht genug menschliche Wärme.» Und da ich mir nicht ganz sicher gewesen war, ob sie ihren Hund oder ihren Mann meinte, hatte ich das Thema sicherheitshalber nicht weiterverfolgt.

Hilde hatte durch ihren ergreifenden Auftritt im Restaurant meinen Mann jedenfalls im Innersten berührt, und abends bekam sie von ihm so viel höhlengereiften Gruyère-Käse, dass man damit eine ganze Büffelherde hätte verstopfen können.

Am nächsten Tag jedoch zeigt sich Hilde leider von ihrer schlechtesten Seite: Mein Hund, ich muss und darf das so offen sagen, ist eine blöde Ziege.

Bisher hatte ich stets geglaubt, Hilde habe Angst vor größeren Hunden, nahm sie in Schutz und gebot den gefährlichen Biestern Einhalt. Jetzt aber muss ich mich korrigieren: Hilde kann größere Hunde schlicht nicht leiden und gibt sich überhaupt keine Mühe, das zu verbergen.

Man denkt bloß immer, wenn ein kleiner, niedlicher Puschel knurrt, habe er Schiss und brauche Hilfe. In Wirklichkeit aber riskiert der Zwerg in völliger Verdrängung seiner tatsächlichen Körpergröße eine dicke Lippe und will den Rivalen vergraulen – was besonders peinlich ist, wenn es sich bei diesem Rivalen um den Hund der Gastgeber handelt.

Von dem Moment an, in dem wir das Haus unserer Freunde betreten, bei denen wir ein verlängertes Wochenende verbringen möchten, ist die Stimmung angespannt und voll unterschwelliger Aggression.

Hilde scheint zu glauben, dass der Garten, sämtliche Zimmer sowie die Bewohner des prächtigen Anwesens ihr persönliches Eigentum seien. Wie immer freut sie sich sehr über die neuen Menschen und findet auch großen Gefallen an dem riesigen Grundstück, das gemäldegleich an einem zauberhaften See liegt,

in den wiederum außerordentlich pittoresk ein Holzsteg hineinreicht.

Hilde würde sich hier sofort wie zu Hause fühlen, gäbe es da nicht ein Problem: Lina.

Lina ist ein eleganter französischer Jagdhund edelsten Geblüts, der sich mit stolzer Anmut bewegt und, selbst wenn er kackt, aussieht, als würde er dabei innerlich Voltaire rezitieren.

Das schicke Tier begrüßt Hilde mit aristokratischer Höflichkeit und ist etwas erstaunt, dass der Gast den freundlichen Gruß mit einem zickigen kurzen Knurren erwidert.

Wie ein Aufbackbrötchen neben einer Fürst-Pückler-Torte wirkt das Hildchen im Vergleich zu der weißen Rassedame mit den dunklen Ohren und den hübschen braunen Sprenkeln.

Aber Hilde scheinen Linas Herkunft, ihr Aussehen und ihr beneidenswertes Heim in Potsdamer Adresslage nicht zu interessieren. Sie meckert rum, knurrt hochnäsig, wenn sich der fremde Hund ihr auch nur nähert, und zeigt sich insgesamt sehr unkooperativ.

Sobald jemand ruft «Lina, hier!» ist Hilde die Erste, die eilfertig angerannt kommt, auch wenn sie sich ansonsten mit dem Rückruf zurzeit eher etwas schwertut.

Und sollte Lina die Frechheit besitzen, sich von ihrem Herrchen, ihrem Frauchen oder gar von mir streicheln zu lassen, hört für Hilde der Spaß vollends auf. Dann drängelt sie sich massiv dazwischen wie ein eifersüchtiger, beleidigter Teenager, der Aufmerksamkeit und Zuwendung mit niemandem teilen will.

Rein rechnerisch gesehen befindet sich Hilde mit ihren zehn Monaten tatsächlich mitten in der Pubertät.

Und sie entwickelt ein paar unschöne Skurrilitäten, die, so wurde ich von mehreren Profis gewarnt, sich verfestigen, falls man jetzt nicht konsequent dagegen angeht.

Wenn ich nicht aufpasse, wird Hilde wie eine dieser weltfremden Wohlstandsgören, die irgendwann draußen in der Welt erschrocken feststellen, dass der Mülleimer nicht von allein leer und der Kühlschrank nicht von allein voll wird.

Hilde, der Terror-Zwerg. Sieht aus wie ein Unschuldslamm, wird aber zusehends zur Nervensäge. Sie bellt, wenn es klingelt, sie bellt, wenn sie draußen Geräusche hört, sie bellt, wenn jemand die Treppe herunterkommt. Sie bellt, wenn die Nachbarskinder in den Garten stürmen, und sie bellt, wenn ihr auf der Straße ein unbekanntes Objekt entgegenkommt – das kann eine Frau mit einer Hildes Meinung nach unpassend farbigen Handtasche sein oder ein Mann mit zu viel Haar auf dem Kopf.

Bloß wenn es angezeigt wäre, auf sich aufmerksam zu machen, dann bellt Hilde nicht. Neulich war sie anderthalb Stunden im Keller eingesperrt, weil sie meinem Mann unbemerkt gefolgt, aber in ihrer Dösigkeit nicht wieder mit ihm herausgekommen war.

Als ich ihr Fehlen bemerkte, suchten wir alle Zimmer ab, riefen und lockten. Nichts. Kein Winseln, kein Jaulen. Dabei wäre es da doch wirklich mal sinnvoll gewesen, anders, als sich eine halbe Stunde lang ein lautes Wortgefecht mit dem neuen Schulranzen meines Sohnes zu liefern.

Hilde ist nicht aggressiv oder gar gewalttätig. Sie gibt bloß zu allem und jedem ihren Kommentar ab, erschrickt leicht und unterhält sich gern. Darin erinnert sie mich ein wenig an mich.

Vorvergangene Woche verbellte sie auf der Straße ausgerechnet unseren Tierarzt, der ein aus ihrer Sicht bedrohlich wirkendes Fahrrad neben sich herschob.

Mein hilflos gezischtes «Still!» verpuffte wirkungslos. Der Tierarzt blieb gelassen, wir gingen ein Stück gemeinsam, und ich bekam einen kostenlosen Expertenrat: «Das Kläffen ist eine typische Pudel-Unart. Das sollten Sie ihr abgewöhnen, denn es nervt auf Dauer sehr. Versuchen Sie, wann immer Hilde grundlos bellt, wie unabsichtlich ein Schlüsselbund, die Leine oder einen scheppernden Gegenstand in Hildes Nähe fallen zu lassen. Der Hund lernt dann, dass immer, wenn er bellt, etwas Unangenehmes passiert. Er verbindet dieses Unangenehme aber nicht mit Ihnen. Es ist also keine personengebundene Strafe, sondern eine Kausalkette: Bellen führt zu unangenehmem Geräusch. So wird Hilde das Bellen in Zukunft auch lassen, wenn Sie nicht dabei sind.»

Ich verabschiedete mich dankbar und habe seither den Schlüsselbund versehentlich gegen eine empfindsame Bodenvase geworfen, der Karabinerhaken der Leine traf meinen jüngsten Sohn am Knie, und als ich, es war gerade nichts anderes zur Hand, einen Schneebesen neben Hilde fallen ließ, erschrak mein Mann deutlich mehr als mein Hund. Außerdem waren an dem Schneebesen noch Reste von Tomatensoße gewesen, die Hilde am Rücken getroffen hatten. Auch von der Küchentapete und der Hose meines Mannes war die Soße nur schwer zu entfernen gewesen.

Hilde bellt jetzt nicht unbedingt weniger, aber sie geht, so wie der Rest der Familie, in Deckung oder verlässt fluchtartig den

Raum, sobald ich einen Schneebesen oder einen Schlüsselbund zur Hand nehme.

Woher kommt nur Hildes arrogante, ablehnende Haltung gegenüber größeren Hunden? Vielleicht hat sie schlechte Erfahrungen als Baby gemacht? Vielleicht war der Besuch in der Welpenschule traumatisierend, als sie von den präpotenten Klassenkameraden durch die Büsche gejagt wurde? Womöglich kompensiert sie auch nur einen nachvollziehbaren Minderwertigkeitskomplex, der viele von uns beschleicht, wenn sie direkt neben einem hochbeinigen Wesen mit seidigem Fell und edler Herkunft zu stehen kommen?

Ich wirke immer dann überheblich, wenn ich entweder meine Kontaktlinsen nicht drin habe oder wenn ich verunsichert bin.

Die Hausherrin ist gertenschlank, promoviert, hat vier musizierende Kinder, einen rasanten Stoffwechsel sowie eine eigene Firma und immer gute Laune? Also, bei aller Toleranz, aber so eine würde ich auch anknurren.

So viele Ego-Booster-Seminare könnte ich gar nicht besuchen, wie ich bräuchte, um in dem Schatten, den solche Personen werfen, nicht zu frösteln.

Ich sonne mich in dem Glanz, den meine Umgebung auf mich wirft, und komme mir toll vor. In diesem alten, ehrenvollen Haus wirken selbst IKEA-Möbel wie Erbstücke aus dem Nachlass des Sonnenkönigs. Und auch ich fühle mich wie die Geliebte irgendeines Ludwigs oder eines Friedrich Wilhelms.

Ich sitze am Steg. Das Haus in meinem Rücken verleiht mir eine bisher unbekannte Noblesse. Der Blick auf die Pfaueninsel trägt zu meiner wohligen Selbstüberschätzung bei.

Meine Jungs, ich möchte sie hier Knaben nennen, sind mit dem Hausherrn in dessen Ruderboot unterwegs. Vor mir im Wasser ankern einige Segelboote, deren Besitzer, da bin ich sicher, mich mit neidvollen Blicken durch ihre Ferngläser betrachten und sich fragen, wer diese sonnenbeschienene, vom Schicksal privilegierte Gestalt dort am Ufer wohl sein mag.

Unweit von der Dame liegt ein schlanker, anmutiger weißer Hund im Gras, schön wie eine Statue. Das Haus dahinter erhebt sich freundlich, aber herrschaftlich, und hinauf führt eine jener Freitreppen, auf denen üblicherweise Prinzessinnen geküsst und Landesfürsten um die Hand ihrer pfirsichfarbenen Töchter gebeten werden.

Aber was ist das? Bei genauerem Hinsehen werden die Fernglasbenutzer von ihren Booten aus eine puschelige Erscheinung erkennen können. Am Fuße der Treppe liegt ruhmreich und voll stiller Grazie, umgeben von exotischen Pflanzen in bemalten Terrakottagefäßen, in Mittagssonne getaucht wie in flüssiges Gold: Hilde!

Selbst diesem kleinen Kuscheltier mit den flauschigen Karamellohren und dem Aussehen eines Wiener Kaffeehausgebäcks wird durch die Umgebung hier eine hochherrschaftliche Ausstrahlung verliehen.

Ich lehne mich wohlig und so elegant wie möglich zurück und lasse mir von den Bootsbesitzern die fabelhaftesten Geschichten andichten. Einen Mann vielleicht, von dessen Tapferkeit das Schicksal des Landes abhängt. Oder einen Liebhaber bürgerlicher Herkunft, der nachts unter Todesverachtung übers Wasser kommt?

Die Knaben rufen über den See: «Mama, komm ins Wasser, du bist nicht zu dick!»

Der verzauberte Moment ist vorbei. Hilde kläfft unfein. Die Leute auf den Booten senken ihre Ferngläser, enttäuscht womöglich, dass in diesem unwirklich schönen Haus auch wieder bloß echte Menschen leben, die keine Wespentaillen haben und ihrem Hund Wurmtabletten ins Futter mischen.

3. Juni

Habe Hilde vor dem Supermarkt vergessen!

Ich kam mit sechs Tüten, zwei Kindern und ohne Hund nach Hause. Das fiel mir aber erst auf, als ich die derbe Leberwurst auspackte, die ich seit einigen Tagen unter das feine Trockenfutter mische, um Hilde wenigstens einige Brocken unterzujubeln.

In Panik rasten meine Söhne und ich in Richtung Edeka, wo Hilde brav und zufrieden saß und sich von zwei Schulmädchen die Ohren kraulen ließ.

Es waren kaum zehn Minuten vergangen. Aber ich fühlte mich elend genug, um an diesem Tag ganz auf das Trockenfutter zu verzichten und Hilde lediglich mit Leberwurst und dem Putenschnitzel zu verwöhnen, das eigentlich für meinen Mann vorgesehen war.

Außerdem gönnte ich ihr – ich musste mein Rabenfrauchen-Karma wieder ins Lot bringen – einen langen Spaziergang sowie ein ausgiebiges Bad in einer schlammigen Pfütze.

Im Park begegneten wir Helga und Tashima.

Ich erwähnte den unglückseligen Vorfall selbstverständlich mit keinem Wort. Helga würde ihren Hund schon allein aus dem Grund niemals vor dem Supermarkt vergessen, weil sie ihren Hund niemals vor dem Supermarkt anleinen würde.

Ob ich nicht wüsste, dass immer wieder Hunde vor Läden geklaut würden, hatte sie mich unlängst alarmiert gemaßregelt, als sie mich am Eingang zu einer Drogerie erwischt hatte, vor der ich Hilde gerade angebunden hatte.

«Nein», hatte ich schamlos gelogen, davon sei mir nichts bekannt. In Wahrheit hatte ich bloß keine Lust auf eine Diskussion, bei der ich vermutlich mal wieder den Kürzeren ziehen würde.

Ich vermeide wirklich sehr viele Risiken. Man kann mich keinen besonders waghalsigen Charakter nennen. Ich bin nahezu die einzige mir bekannte Erwachsene, die mit Helm Fahrrad fährt. Ich renne regelmäßig zu allen möglichen Vorsorgeuntersuchungen, meine Leber steht unter engmaschiger Überwachung, ich wasche Sojabohnenkeimlinge vor dem Verzehr dreißig Sekunden unter fließendem Wasser, ich kümmere mich leidlich um meine Altersvorsorge und verlasse in Hamburg das Freibad, wenn es in München blitzt und donnert.

Aber ich habe beschlossen, ein paar wenige Unsicherheiten in meinem Leben in Kauf zu nehmen.

Als ich mir vor ein paar Jahren ein neues Auto kaufen wollte, fragte ich den Verkäufer: «Welches Modell ist denn das sicherste?»

Er antwortete. «Das kommt ganz darauf an, welchen Unfall Sie bauen wollen.»

Wer sich für alle Eventualitäten wappnen will, wird enttäuscht und erschrocken sein, wenn ihn das Ungemach aus einer unerwarteten Ecke heraus anspringt. Du fährst mit Mundschutz Skateboard und brichst dir den Ellenbogen. Du bist gegen Hagel versichert, und bei dir schlägt der Blitz ein. Du kochst mit Schürze und dir fällt ein Ei auf die Schuhe.

Natürlich würde ich meine Kinder beim Stand-up-Paddling am liebsten von etlichen Beibooten und einem Rettungshubschrauber begleiten lassen. Flughäfen würde ich sehr gerne gemeinsam mit einer Anti-Terror-Einheit und mehreren Personenschützern an meiner Seite betreten. Und wenn es möglich wäre, würde ich jedes Lachs-Sashimi vor dem Essen weiträumig absperren und auf Parasiten untersuchen lassen.

Ich versuche, nicht durchzudrehen, mich und meine Familie vor handelsüblichen Gefahren so gut wie möglich zu schützen und der Versuchung zu widerstehen, meinen Kindern einen Peilsender einpflanzen zu lassen. Das Leben ist gespickt mit puren, wunderbaren und grauenvollen Zufällen, und manchmal versuche ich, einfach darauf zu vertrauen, dass es das Schicksal gut mit mir und denen meint, um die ich mich am liebsten den ganzen Tag sorgen würde. Und natürlich auch mit Hilde.

Ich werde sie also weiter vor dem Supermarkt anleinen. Aber ich werde sie nicht wieder dort vergessen.

Hoffentlich nicht.

Training
&
feedback

Juli

✷

Eine letzte Lektion für Hilde
und mich: «Das ist keine Übung!
Das ist euer Leben!»

✷

Solche und andere
Weisheiten bei Fluglärm
und Sprühregen

✷

Urlaub ohne Hilde
und das Gefühl, dass etwas fehlt,
wenn niemand neben mir
im Schlaf schmatzt

✷

1. Juli

Der Parkplatz steht voll mit bellenden Autos. Hinter der Heckscheibe eines Minivans mit Bremer Kennzeichen drehen zwei Australian Shepherds völlig durch. Im Inneren eines Polo aus dem Hochsauerlandkreis ertönen Geräusche, als sei dort ein krimineller Hundekampf mit scharfen Dackeln im Gange.

Hilde und ich hasten durch tiefe Pfützen und über schlammigen Rasen hin zum Trainingsgelände, wo sich eine große Gruppe Menschen bereits unter einem Vordach versammelt hat.

Sie sind teilweise von weit her angereist, um an dem zweitägigen Seminar von Anita Balser und Linda Sikorski teilzunehmen.

Wir sind ein paar Minuten zu spät, und ich murmele eine Entschuldigung, während ich mir einen Platz zwischen zwei komplett wasser- und schmutzabweisenden Personen suche.

Diesmal bin auch ich bestens ausgerüstet. Ich empfinde mich als alten Hasen in Sachen Hundeerziehung und habe diesen Kurs «Die große Freiheit» im Grunde lediglich gebucht, um mein profundes Wissen noch zu vertiefen und mir meine ausgereiften Kenntnisse bestätigen zu lassen.

Die Taschen meiner Regenjacke sind bis oben hin vollgestopft mit Leckerlis und Kotbeuteln, im Auto habe ich eine Auswahl an unterschiedlich langen Leinen, einen Wassernapf und ein Handtuch zum Trockenrubbeln meines Hundes. Die Wetteraussichten sind ungünstig, ergiebiger Sprühregen, unterbrochen von heftigem Dauerregen. Ich trage Gummistiefel und eine Hose, die bei meinem ersten und einzigen Versuch, einen Zaun zu streichen, mehr Farbe abbekommen hat als der Zaun.

Ich bin vorbereitet. Ich bin Profi.

«Wir arbeiten ohne Leckerlis, ohne positive Verstärkung und

ohne Kommandos», sagt Anita Balser, eine kleine, dynamische Person mit intensiver Ausstrahlung, die in mir keinerlei Reiz hervorruft, ihr zu widersprechen.

Ich versuche, möglichst unauffällig die Leckerlis zusammen mit allem, was ich über Hundepädagogik zu wissen glaubte, in einem Kotbeutel verschwinden zu lassen.

Dabei fallen mir aus Versehen ein paar getrocknete Wurststückchen – zubereitet nach dem Rezept der Sylter Trainerin Rita – aus der Tasche und dem neben mir hockenden Bullterrier direkt vor die Pfoten.

Es entsteht ein kleiner, unschöner Tumult, weil auch Hilde und eine Französische Bulldogge Interesse an den gefallenen Würsten zeigen. Ich habe den Eindruck, dass dieser Zwischenfall beim Rest der Gruppe nicht sonderlich gut ankommt. Womöglich glaubt man hier, ich hätte mit unlauteren Bestechungsmethoden meinen Hund zu Höchstleistungen treiben wollen.

Ich fühle mich wie ein Olympionike, dem quasi auf dem Startblock die Amphetamine aus der Hosentasche gefallen sind. Mein Hund und ich, wir werden diese Scharte durch Charakterstärke, Freundlichkeit und gute Erziehung auswetzen.

Anita fährt fort: «Wenn Hunde nicht jagen wollen würden, dann wären sie längst ausgestorben, und wir säßen hier auf einem Katzenseminar. Das heißt, in bestimmten Situationen ist es für euch schlicht nicht möglich, euren Hund zu erreichen, denn er kann nicht mehr gehorchen! Dann erlebt ihr jene Worst-Case-Szenarien, in denen ein Zugriff nicht mehr möglich ist und ihr nur noch die Kapuze über den Kopf ziehen und hoffen könnt, dass euch keiner erkennt.»

Ein synchrones Nicken geht durch die Runde. Ich denke an Hildes Weihnachtsausflug in den Sandkasten, vermute aber beim Anblick eines Mastiffs mit Maulkorb, dass in seinem Fall der schlimmste Fall womöglich noch viel schlimmer war.

«Wie kann ich mit meinem Hund zusammenleben, ohne dass es zu diesen Situationen kommt?», fragt Anita. «Dazu müsst ihr verstehen, dass eure Probleme viel früher anfangen, als ihr denkt. Ihr wirkt nicht rechtzeitig auf euren Hund ein, sondern versucht ihn erst dann zu erreichen, wenn er schon längst auf einem Energielevel ist, bei dem ihr keinen Einfluss mehr auf ihn habt. Deswegen lernt ihr heute, den Hund zu korrigieren, bevor er nicht mehr ansprechbar ist. Dabei befolgen wir die hündischen Kommunikationsregeln, wie sie auch im Rudel herrschen. Die erste Stufe – grün – ist deine Grundausstrahlung: Wie wirkst du, ohne etwas dafür zu tun? Bist du ein starker Partner, bist du authentisch, stehst du hinter dem, was du tust?»

«Es ist schwer, immer konsequent zu sein», sagt eine Dame neben mir, und ich nicke voller Verständnis.

«Ihr braucht nicht konsequent zu sein», sagt Anita energisch. «Anführer sind willkürlich, nicht konsequent. Der Chef im Rudel verteidigt sein Futter nur, wenn er selber Hunger hat. Situationen sind nicht immer gleich, wir sind nicht immer gleich. Mal wollen wir mit unserem Hund auf dem Sofa schmusen und mal nicht. Seid beharrlich, aber nicht konsequent. Wenn die Einstellung zu eurem Hund stimmt, dann erzieht ihr ihn irgendwann allein durch eure Ausstrahlung. Aber bis dahin werdet ihr mindestens noch die zweite Stufe brauchen: gelb. Das entspricht unter Hunden dem Zähnefletschen oder dem Knurren und bedeutet: Bis hierher und nicht weiter! Das ist mein Raum, und den betrittst du nicht. Ich zeige euch jetzt, wie ein überzeugendes Gelb aussieht. Darf ich mir mal deinen Hund leihen?» Anita geht mit einem kleinen Münsterländer ein paar Schritte. Als der Hund sie überholen will, richtet sie sich plötzlich kerzengerade auf, schaut ihn an, zeigt auf ihn und stößt ein kurzes, scharfes «SSSS» aus, das mich an eine gereizte Boa constrictor erinnert.

Der Münsterländer weicht beeindruckt zurück und geht dann

brav weiter bei Fuß und hütet sich, die imaginäre Linie noch mal zu überschreiten.

«Bei einigen Hunden, die sehr körperlich und extrovertiert sind, ist Gelb nicht das Richtige. Da braucht ihr Rot, was unter Hunden dem Schnappen gleichkommt. Ihr schiebt den Hund etwa drei Sekunden lang zurück, nicht hektisch, sondern mit einer klaren, kontrollierten Bewegung. Korrekturen verletzen nicht! Und es geht auch nicht, dass ihr versucht, ein schlechtes Grün, also eine schwächliche Grundeinstellung, durch ein brachiales Rot, also durch Gewalt, zu kompensieren. Unser Ziel ist es, dass ihr irgendwann keine gelben oder roten Korrekturen mehr braucht. Aber das wird nur gelingen, wenn ihr von Anfang an und rechtzeitig mit hundertprozentiger Energie korrigiert. Sonst geratet ihr in eine Korrekturspirale, aus der ihr nicht mehr herauskommt.»

«Ist dieses laute Gezische nicht etwas peinlich?», frage ich vorsichtig, weil ich schon meine Söhne hören kann, wie sie mich auslachen, und die pikierten Blicke von Helga und Tashima bereits zu spüren glaube.

Jetzt ergreift Trainerin Linda das Wort, deren Augen sich zu schmalen, funkenschlagenden Schlitzen verengen.

«Wenn du dir peinlich bist, kannst du nicht überzeugend korrigieren. Dein Hund merkt es, wenn du nicht zu hundert Prozent hinter dem stehst, was du tust. Deine Gedanken müssen rocken! Du bist nicht peinlich! Du bist krass! Mach deine Erziehung nicht abhängig von Leuten, die nicht mit den Konsequenzen leben müssen. Sei krass! Das ist keine Übung! Das ist das Leben, und das machst du immer! Und wenn du willst, dass dir etwas aus dem Weg geht, dann geht dir das aus dem Weg, auch wenn es hundert Kilo wiegt!»

In diesem Moment erhebt sich hinter uns auf der Startbahn des Hamburger Flughafens donnernd wie Applaus ein Jumbo-Jet.

Dann gehen wir zum praktischen Teil des Seminars über.

Nach zwei Tagen ist meine Hilde ein anderer Hund. Und ich bin ein anderes Frauchen.

Zum ersten Mal gehe ich mit ihr unangeleint und ohne Leckerlis in der Tasche spazieren. Nach ein paar peinlichen, aber lehrreichen Gelb-Korrekturen denkt Hilde nicht mehr daran, mich zu überholen oder auf die Straße zu laufen. Sie bleibt stehen, wenn ich stehen bleibe, verliert nie den Kontakt zu mir, und sollte sie doch einmal in jugendlichem Übermut voranstürmen wollen, reicht meist ein strenger Blick oder ein leises Zischen bei aufgerichtetem Körper, um sie daran zu erinnern, dass ich hier der Chef bin und der sicherste und beste Ort für sie direkt an meiner Seite ist.

Und je besser meine Gelb-Korrekturen funktionieren, umso seltener brauche ich sie und umso größer wird mein Zutrauen in mich und in meinen Hund.

Zum Schluss des Seminars sagt Anita: «Eure Hunde akzeptieren euch so, wie ihr seid. Jetzt müsst ihr das nur noch selber tun.»

Und dem ist eigentlich nichts mehr hinzuzufügen.

Außer vielleicht:

Ich bin nicht peinlich.

Ich bin krass!

20. Juli

Voll Selbstzufriedenheit kann ich nun vermelden, dass ich Hildes Frisurproblem gelöst habe. Und das ist etwas, was nur wenige Frauen von sich behaupten können. Mir persönlich ist keine einzige bekannt.

Heute kam eine resolute Hundefriseurin zu uns nach Hause, um Hildes Haar in unserer Küche zu stutzen. Das war allerhöchste Zeit, denn weil ich das unliebsame Thema allzu lange verdrängt habe, hatten sich im Fell bereits üble, tiefsitzende Verfilzungen gebildet, die einen radikalen Kurzhaarschnitt erforderlich machten.

Hilde sieht jetzt aus wie eine Kreuzung zwischen Wiener Würstchen und Turnierpudel, und die Küche erinnert an einen Ort, in dem mehrere Federbetten zeitgleich explodiert sind.

«Beim nächsten Mal melden Sie sich bitte früher», hatte die Fachkraft nach zweistündigem Scheren und Schneiden vorwurfsvoll gesagt, und ich hatte gehorsam sogleich einen Anschlusstermin in zwei Monaten vereinbart.

Hilde ist jetzt eine ausgewachsene Frau mit einer emanzipierten Frisur und einer erkennbaren Persönlichkeit:

Hilde mag es, im Garten Löcher zu buddeln. Sie jagt gerne, allerdings nur Hummeln. Sie behandelt meine Kinder wie kleine Kumpels, lässt sich stoisch von ihnen herumtragen und gibt auf Kommando Pfötchen. Oder auch nicht.

Sie liebt meinen Mann und fordert, wie in der Telepathie vorausgesagt, einmal am Tag die Streicheleinheiten seiner großen Hände ein. Sie schläft wie ein Stein, liegt gerne in der Sonne und klaut sich abends, wenn keiner guckt, ein paar schmutzige Socken aus dem Keller, um sie in ihrem Körbchen hingebungsvoll einzuspeicheln und dann mit ihnen zu kuscheln.

Hilde frisst gerne unbezahlte Rechnungen, und wenn ich sie dabei erwische, tut sie so, als hätte sie ein schlechtes Gewissen. Daraus folgt jedoch keinerlei Art von Einsicht.

Manchmal wälzt sich Hilde glücklich und grundlos auf dem Rasen hinter dem Haus hin und her. Vor dem Schlafengehen legt sie ihren Kopf auf mein Knie und schaut mich freundlich und nachdenklich an. Dann verlangsamt sich mein Herzschlag, für einen Moment fügt sich alles zum Guten, und die ganze Welt kommt für einen langen, tiefen, wohligen Atemzug zur Ruhe.

Februar
März
April
17
17
17
18
18
19

August

✷

Das erste Jahr mit Hilde geht zur Neige

✷

Ein Abschied und ein Neuanfang

✷

Mein Hund wird erwachsen. Ich vielleicht auch

✷

«Alles fügt sich und erfüllt sich,
musst es nur erwarten können.
Und dem Werden deines Glückes
Jahr und Felder reichlich gönnen.»

CHRISTIAN MORGENSTERN

Das Zitat steht in meinem Poesiealbum. Es ist ein grünes, in Stoff gebundenes Buch mit roten Beeren und weißen Kleeblättern darauf. Geschmacklos, aus heutiger Sicht. Damals war es mein Schatz.

Es steckt voller Erinnerungen und Rechtschreibfehler, voller Sprüche, Zeichnungen und Gedichte meiner Freundinnen, meiner Klassenkameraden und meiner damaligen Lehrer.

An meinem zehnten Geburtstag, vor vierzig Jahren, schrieb mein Vater für mich sein Lieblingszitat hinein. Es sind die krakeligen, ungeübten Buchstaben eines Blinden, der sich nur noch vage an seine eigene Handschrift erinnern konnte, so wie er sich nur noch vage an das Gelb der Sonnenblumen, an die Färbung des Himmels am Abend und an sein eigenes Gesicht erinnern konnte, das er seit über dreißig Jahren nicht mehr gesehen hatte. Mich hat er nie gesehen.

«Alles fügt sich und erfüllt sich ...»

In diesen edlen Worten steckt viel weniger Wahrheit, als ich lange Zeit annahm. Nicht alles fügt sich. Unsere Träume erfüllen sich nicht, nicht alle zumindest. Manche verblassen einfach, andere verwandeln sich im Lauf der Jahre, und manchmal erfüllen sich Träume, die wir nie hatten.

Vor wenigen Wochen traf ich auf einer Party meinen Freund Hans, ein lustiger, kluger Landsmann, der, wie ich, gern ein Glas

Wein zu viel trinkt und dann in jenen bezaubernden rheinischen Singsang verfällt, der mich an meine Heimat erinnert und an mich selbst, als mein Leben noch nicht in die Jahre gekommen war und die Cocktails mit Blue Curaçao oder Persiko gemixt wurden.

«Prost», sagte Hans. Ich war in sentimentaler Laune und sagte mit der Überzeugung, etwas schicksalhaft Wichtiges von mir zu geben, wie sie einem ein Zuviel an Alkohol oft verleiht:

«Ach, Hans, ich habe ständig Sehnsucht nach früher. Aber die Brücken in meine Vergangenheit stürzen nach und nach ein. Meine Eltern sind tot, mein Impi ist tot, von Tante Hilde ganz zu schweigen. Und letzte Woche war ich schon wieder auf einer Beerdigung in Aachen. Bald kenne ich da mehr tote als lebendige Leute.»

Hans, wehmütig, aber fröhlich wie immer: «Ja, ja. Heimat ist da, wo man die Menschen auf dem Friedhof kennt.»

Ich, gefühlt bedeutsam, meinen grauen Burgunder fixierend: «Ob ich es noch erleben werde, dass sich in meinem Leben die Kreise schließen?»

Hans, überrascht: «Wieso? Kreise müssen sich nicht schließen.»

Ich, irritiert: «Möchtest du denn nicht, dass sich letztlich alles ineinanderfügt und zu einem runden Ganzen wird?»

Hans, heiter: «Auf gar keinen Fall! Das Leben ist kein Kreis, sondern eine Gerade. Hoffentlich eine möglichst lange. Lass uns auf die Zukunft trinken. Denn früher ist ja nun mal vorbei.»

Ich ging an jenem Abend beschwingt auf der Schlangenlinie meines Daseins nach Hause, beseelt von der Erkenntnis, dass es albern und vergeblich wäre, das Leben zu einem Kreis verbiegen zu wollen. Als müssten sich lose Enden verknüpfen. Als müssten Anfang und Ende irgendwann wieder zusammenfinden. Als könne man ersetzen, was einem fehlt.

Das kannst du nicht. Und das musst du auch nicht.

Wie gut, dass ich in meinem Leben Unersetzliches verloren habe: einen Hund, der nicht erwachsen werden durfte. Eltern, die keine Großeltern mehr geworden sind. Ein Haus am See, das nur noch eine Ruine ist. Eine Tante Hilde, die viel länger lebte, als man es ihr zugetraut hatte.

Ich will keinen Ersatz für das, was mir fehlt, und ich will auch nicht länger danach suchen.

Wir werden klapprig und grau, wir vergessen regelmäßig unseren PIN-Code, Telefonnummern können wir uns sowieso schon lange nicht mehr merken. Bloß die Nummer meiner besten Freundin von früher, die weiß ich bis heute: 12478.

Der Anschluss ist schon lange tot.

Aber wenn ich die Augen in wehmütiger Absicht schließe,

dann führe ich wieder lange Telefonate im Arbeitszimmer meiner Eltern an dem beigefarbenen Apparat mit dem viel zu kurzen Kabel. Dann trage ich wieder selbstgestrickte Pullover, stonewashed Jeans und ein Stirnband im ungefärbten Haar.

Dann bin ich wieder zwölf Jahre alt und habe einen Welpen namens Imperator, der neben meinem Bett schläft, der den Tag stets wahlweise mit einem wohligen Seufzen oder einem lauten Pups verabschiedet und der im Garten begraben liegt, gleich bei den Forsythien.

Was hat das alles mit Hilde zu tun?

Alles.

Sie sollte die Brücke in ein verlorenes Land sein.

Unser Hund ist immer auch das, was wir uns von ihm erhoffen und erträumen. Kein Hund ist nur ein Hund. Er ist das Zauberwesen, das uns von unserer Sehnsucht nach bedingungsloser Liebe erlösen soll.

Er ist der Spiegel, in dem wir all das sehen, was wir nicht sind und niemals sein werden. In unserem alternden Gesicht müssen wir erkennen, was für immer verloren ist und bleibt.

Ich schließe an diesem Abend leise die Haustür auf, um niemanden zu wecken. Hilde hört mich trotzdem und begrüßt mich, als hätte sie mich jahrelang nicht gesehen. Es ist schon weit nach Mitternacht.

Der sechste August.

Hildes Geburtstag!!!

Jetzt ist sie schon fast ein Jahr bei uns, und ich weiß es noch, als sei es gestern gewesen: wie sie auf mich zustürmte in dem rappelvollen Welpengehege im fernen Castrop-Rauxel. Wir sahen uns an. Der grau verhangene Himmel öffnete sich für einen Moment, und es war klar: Wir gehören zusammen!

Ich trinke in der dunklen Küche noch ein letztes Glas auf unser Wohl und auf die Zukunft.

Denn früher, das ist ja nun mal vorbei.

Hilde ist kein Imperator. Und ich bin keine zwölf mehr.

Die Schuld ist verjährt, die Träume verblichen, die Sehnsucht nur mehr ein fernes Rauschen.

«Persönlichkeit statt Leckerli», murmele ich zufrieden, und mein Hund und ich teilen uns ein großes Stück Gouda.

Mittelalt.

So, wie ihn meine Hilde am liebsten mag.

Zitatnachweise

Seite 93 aus: Kurt Tucholsky (Theobald Tiger), «Media in Vita», erschienen in der Weltbühne, 15.12.1931

Seite 94 aus: Interview mit Heiner Geißler, erschienen im SZ Magazin, Heft 22, 2015

Seite 128 aus: Dr. Albert Wunsch, «Die Verwöhnungsfalle», Kösel Verlag, München, 2013

Seite 190 aus: Hamburger Abendblatt, 10.10.2016, «Mit Hunden wird mehr gelacht» von Laura Réthy

Seite 252, 257 f. aus: Christoph Jung und Daniela Pörtl, «Tierisch beste Freunde: Mensch und Hund», Schattauer Verlag, Stuttgart, 2015

Seite 254 frei zitiert nach Viktor Frankl, österreichischer Neurologe und Psychiater, Professor für Logotherapie an der Universität San Diego

Seite 263 aus: Ulla Fölsing, «Frauen und ihre Hunde», Thiele & Brandstätter Verlag, München, 2017

Seite 266 Strophe aus: «Mama», Musik: Cesare Bixio / dt. Text: Bruno Balz, Beboton Verlag, Hamburg

Seite 312 aus: Christian Morgenstern, «Stilles Reifen», Piper Verlag, München, 1985

Weitere autorisierte Zitate im Text von Michael Grewe, Anita Balser, Linda Sikorski, Susanne Kersig und Martin Rütter.

Weitere Bücher von Ildikó von Kürthy

Blaue Wunder

Endlich!

Freizeichen

Herzsprung

Höhenrausch

Mondscheintarif

Neuland

Schwerelos

Sternschanze

Unter dem Herzen

MIX
Papier aus verantwortungsvollen Quellen
FSC® C014496

Das für dieses Buch verwendete Papier ist FSC®-zertifiziert.